金融博士论丛
JINRONG BOSHI LUNCONG

第十三辑

中国金融结构变迁的动态性研究

Dynamics of China's Financial Structure and Its Changes

徐 静 著

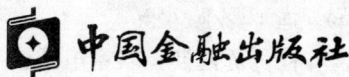
中国金融出版社

责任编辑：赵天朗
责任校对：李俊英
责任印制：张　莉

图书在版编目（CIP）数据

中国金融结构变迁的动态性研究（Zhongguo Jinrong Jiegou Bianqian de Dongtaixing Yanjiu）/徐静著．—北京：中国金融出版社，2010.5

（金融博士论丛．第13辑）

ISBN 978-7-5049-5468-8

Ⅰ．中… Ⅱ．徐… Ⅲ．金融—经济结构—研究—中国 Ⅳ．F832.1

中国版本图书馆 CIP 数据核字（2010）第 057744 号

出版	中国金融出版社
发行	
社址	北京市丰台区益泽路2号
市场开发部	（010）63272190，66070804（传真）
网上书店	http://www.chinafph.com
	（010）63286832，63365686（传真）
读者服务部	（010）66070833，62568380
邮编	100071
经销	新华书店
印刷	北京松源印刷有限公司
装订	平阳装订厂
尺寸	148毫米×210毫米
印张	8
字数	200千
版次	2010年5月第1版
印次	2010年5月第1次印刷
定价	28.00元
ISBN 978-7-5049-5468-8/F.5028	

如出现印装错误本社负责调换　联系电话(010)63263947

前　言

  21世纪的中国正处于经济增长的新阶段，要继续保持中国经济的稳定发展，就需要有稳健和高效的金融体系作为支撑。无论是不断发展的金融理论，还是世界各国的经济历史和实践都一再表明，金融发展对经济增长具有重要的促进作用。作为现代经济的核心，金融业是一国经济持续发展的保障体系，金融发展成为了备受金融理论界关注的课题，同时也是受各国政府干预最多的领域之一。

  一般来说，金融发展包括金融总量增长与金融结构优化两个方面。总量增长主要反映的是金融业的规模和产业能量的大小，同时也反映了经济增长和金融发展的速度以及经济金融化的广度。金融结构主要体现的是金融业的功能和效率，金融结构的变化在一定程度上反映了金融发展的层次和经济金融化的深度。在金融发展过程中，总量增长和结构协调具有同等的重要性，特别是当总量增长到一定程度后，发展阶段和效率的提升往往受到结构问题的制约。因此，金融结构不仅对于微观金融运作和宏观金融调控具有重大影响，而且还是金融业自身能否稳健发展并充分发挥积极作用的决定性因素。

  然而，与中国金融总量的快速增长和金融规模的急剧扩张相比，中国金融体系的结构调整和优化则显得滞后，这客观上导致了中国加快金融结构调整步伐的必要性。目前，中国金融界学者普遍认为中国在金融发展中存在着结构性问题，其中一个重要的方面便是金融结构的非平衡性。2006年3月，全国政协委员、民盟中央秘书长高拴平在提交的《关于发展和完善金融体系结构的提案》中，列举出了当前中国金融体系的五大结构失衡之处，具体包括：直接融资与间接融资比例失调；股票、债券等不同金融工具的融资规模结构失衡；农村金融与城市金融差距太大；金融业内部各行业发展参差不齐；金融混业发展的趋势与金融分业监管现状的不协调。基于这种情况，提案建议要将结构优化作为中国现阶段金融发展的重心。

在经济全球化和金融国际化的背景下，特别是根据世贸协议的规定，中国将逐步开放外资金融机构在国内经营的地域范围和业务项目，并逐步解除其客户对象的限制，而且中国金融业于2006年底进入全面开放阶段。那么，中国金融体系除了要面临其自身的结构性问题，还要面临大量外资金融机构进驻中国后对其金融业的冲击，这对中国金融结构和金融业稳健发展都将产生重要影响。

可见，在中国金融总量增长的同时，我们应开始关注中国金融发展中的结构性问题。由于一国金融结构在各种因素的作用下始终处于动态变化之中，充分了解金融结构变迁的经济机理和内在规律，把握金融结构的演变路径和动态性，保持金融结构发展的合理性、均衡性便显得尤为必要。

本书第一章、第二章进行了大量的背景阐述和理论研究工作。在此基础上，作者对金融结构的概念进行了深入阐释，认为金融结构是一国金融体系结构属性的经济度量，是指金融系统在资金融通过程中各种金融要素的存在特性、相互关联和相对规模，它描述了金融体系在某一时点或短期内的结构状态。为了能够综合、全面地描述金融结构，本书第三章提出了金融结构模式 $FS_{m \times n(t)}$ 的概念，并用状态向量的形式加以表述。继而，作者按照由高到低、由上到下、由粗到细的原则，分三个层次构建了金融结构的多维度指标体系 (Multidimensional Indicator System)。据此，作者对中国的金融结构进行了总体描述和动态衡量。为了更准确地描述中国金融体系的演变历程，书中应用 MatLab 对中国金融结构进行了 FCM 聚类分析。通过采集自1978年以来中国储蓄结构与融资结构指标作为样本数据，作者构造了26行×8列金融结构矩阵，运算结果把中国金融结构的演变过程分为四个阶段：(1) 1978~1980年高度单一的金融结构；

(2) 1981~1989年初步多元化的金融结构；(3) 1990~1998年凸显市场化特征的金融结构；(4) 1999年至今走向国际化的金融结构。这体现了中国金融结构的基本特征和动态性演变过程，中国金融发展中的结构性问题也从中得到了反映。

由于金融结构形成于一定的基础条件下，同时又受外部环境的影响，因而一国金融结构总是处于不断的动态变化中，即从一种初始状态到另一既定状态的演变，当金融结构的变化积累到一定程度，就可以认为是金融结构的变迁。金融结构的变迁并非偶然，这其中蕴涵着深奥的经济机理和内在规律。因此，研究金融结构的动态性变迁问题，最为关键的是揭示金融结构形成和变迁的经济机理，本书第四章提出了M(P)-S-E框架，运用经济学原理揭示了市场的诱致力量、政府的引导力量对金融结构变迁的作用机制及其经济效应。作者认为，金融结构的形成及变迁受到多种因素的影响与推动，这些因素间的相互关系非常复杂，通常又是非线性的，也就是说，金融结构的某种既定状态是多种因素共同作用于金融系统的结果。其中，内部因素如金融体制、金融需求与供给是导致金融结构的变化主要推动力，外部环境如经济开放、技术进步等也将对金融系统施加影响的力量，而最终的作用结果将会反映在金融要素的相对规模、运作与配合状态随时间而发生改变，并影响着金融业的运行效率和经济主体的金融行为，这是一个动态的反馈过程。

针对金融系统的复杂性和金融结构变迁的动态特点，本书第五章运用系统理论和动力学方法，进一步考察了金融结构变迁的动力学特性。依据金融结构变迁的经济机理，综合考虑金融资源供求以及各经济部门的金融决策行为，作者开创性地构建了金融结构的系统动力学(System Dynamics, SD)模型，旨在探寻金融体系的内部结构、功能及其动态行为之间的联系。模型共分为四大子块——家庭部门模块、厂商部门模块、金融系统模块与国民经济模块，其中，家庭与厂商模块反映了社会资金供求双方的内在反馈机制；金融系统模块又包括资金动员与配置、储蓄—投资转化两个部分，代表了金融体系介入资金供求的作用机制，储蓄—投资转化体现了金融运行效率；国民经济模块则反映了消费、储蓄、投资、政府购买与国民收入之间的反馈关系。而后，作者把以上基本模型扩展为金融结构的完整模型。

第六章是对金融结构系统动力学模型的应用。书中根据中国经济金融运行的状况对SD模型进行了基本参数设置，模拟分析包括两个方面：一是模拟金融结构变迁即金融系统从旧结构向新结构的更迭过程中可能产生的行为模式，体现了金融结构变迁的动态性；二是考察不同政策方案对金融结构及其演变轨迹的影响。金融结构SD模型为我们研究金融结构变迁的动态性和相关的政策研究提供了工具，通过观察模型中关键变量的曲线轨迹，可以分析中国金融结构变迁的特征、可能的方向和趋势。在此基础上，作者就优化金融结构的路径及其对金融运行的互动效应进行了进一步探讨，提出了基于经济增长的金融结构调整建议。

本书最后提出中国金融结构调整和发展的政策建议。基于中国金融结构的现状和金融发展的目标，书中认为对中国金融结构的调整和优化应从四个方面着手：第一，协调金融结构与经济增长的关系，从宏观上保持二者的均衡发展；第二，从金融体系的融资渠道入手，保持金融中介和金融市场的协调发展；第三，在市场机制的基础上，强化政府对金融结构的政策引导和监管机制；第四，谨慎对待开放环境下的中外金融，提升中国金融业国际竞争力。综合以上四个方面，可以有效地平衡中国金融结构与金融发展、经济增长的关系。

全书共7章，动态学的思维和研究方法贯穿始终。本书在丰富金融系统理论、协调金融业均衡发展和制定金融政策等方面具有参考作用。

本书中的错误与不足之处请读者批评指正。

在本书的写作过程中,得到了恩师谭章禄教授的悉心指导和大力支持,在此深表感谢。

徐 静
2010年1月

目 录

1. 绪论 …………………………………………………………… 1
   1.1 研究背景与意义 ………………………………………… 1
   1.2 研究目标 ………………………………………………… 6
   1.3 研究思路与框架 ………………………………………… 7
   1.4 研究方法与技术路线 …………………………………… 10

2. 相关文献与理论回顾 ………………………………………… 12
   2.1 经济增长与金融发展理论 ……………………………… 12
   2.2 金融结构理论 …………………………………………… 22
   2.3 金融结构国际比较 ……………………………………… 37
   2.4 关于金融结构变迁 ……………………………………… 45
   小结 …………………………………………………………… 48

3. 中国金融结构总体考察与动态衡量 ………………………… 51
   3.1 金融结构及变迁的经济解释 …………………………… 51
   3.2 衡量金融结构的指标体系 ……………………………… 64
   3.3 中国金融体系的结构及其变迁历程 …………………… 71
   3.4 中国金融发展中的结构性问题 ………………………… 88
   小结 …………………………………………………………… 91

4. 金融结构形成与变迁的经济机理分析 ……………………… 93
   4.1 M（P）-S-E框架的提出 …………………………… 93
   4.2 市场机制下金融结构的形成及变迁 …………………… 98

  4.3 金融结构变迁中的政府行为及其影响 ·············· 127
  4.4 金融结构变迁的经济效应分析 ··················· 134
  小结 ··· 139

5. 金融系统动力学模型 ·· 140

  5.1 系统动力学及其优点 ···························· 140
  5.2 对金融结构的动力学描述 ······················· 143
  5.3 金融结构——基本模型 ························· 147
  5.4 金融结构——完整模型 ························· 156
  5.5 模型调试与检验 ································· 167
  小结 ··· 168

6. 中国金融结构变迁的动态性分析 ···························· 170

  6.1 中国金融结构变迁的动态性取向 ················ 170
  6.2 中国金融结构的调整方案分析 ··················· 173
  6.3 金融结构动态变迁中的政策因素分析 ··········· 184
  6.4 基于经济增长的金融结构调整 ··················· 191
  小结 ··· 194

7. 中国金融结构的调整与发展策略 ···························· 196

  7.1 协调金融结构与经济增长的关系，从宏观上保持
     二者的均衡发展 ································· 196
  7.2 从金融体系融资渠道入手，保持金融中介和金融
     市场的协调发展 ································· 200
  7.3 在市场机制基础上，强化政府对金融结构的政策
     引导和监管机制 ································· 205
  7.4 谨慎对待开放环境下的中外金融，提升中国金融业
     国际竞争力 ······································ 211

小结 …………………………………………………… 213

附录 …………………………………………………… 214

参考文献 ……………………………………………… 223

后记 …………………………………………………… 234

1 绪 论

金融系统运行状况直接关系到金融发展与经济增长。本章根据金融发展理论，针对中国金融发展面临的现实问题，综合阐述金融结构变迁及其动态性研究的背景与意义，提出了该课题的研究目标、思路框架以及方法与技术路线。

1.1 研究背景与意义

1.1.1 问题的提出

金融对实体经济部门的资金融通至关重要，进而与一国经济的整体运行密切联系。不断发展的金融理论，确立了金融发展对经济增长的关系和促进作用，大量实证和经验研究也表明，金融发展与经济增长有很强的正相关性，即一个完善的金融体系和宏观经济的良好运行存在着良性互动，健康的金融系统将对经济发展有积极的影响，而经济发达的国家其金融体系也更加健全。因此，作为现代经济的核心，金融体系通常是经济中受各国政府干预最多和管理最严格的部门之一。

综观世界金融发展史，金融发展和对金融业的宏观调控一直都是各国关注的问题。不同的经济背景和发展时期，政府可能倡导不同的金融发展观点，在金融发展中所处的地位亦有所不同。自20世纪50年代，金融体系被纳入国民经济增长研究的视野后，金融理论界就在积极发展和完善关于金融发展的理论。在70~80年代，发展中国家普遍提倡金融自由化（Financial Liberalization）的思想，认为为了促进经济与金融的良性互动发展，就必须通过实施金融自由化来加快金融深化，解除金融抑制。但在金融深化的探索中，不少发展中国家的实践却证明这种方式存在着内在缺陷。面对失败的金融改革和众多的责难，进入90年代后，政府在金融发展中的作用被重新认识和诠释，这即是金融控制论的思想。之后，这一思想得到了进一步发展，其中，金融约束理论（Financial Restraint）从不完全信息市场的角度分析，为发展中国家提供了一条新的金融结构调控思路，作为一种新的金融发展主张，它更加注重和强调政府在协调与控制金融结构变迁过程的主观能动作用，以及金融机构、企业和居民这些微观经济主体在金融结构变迁中发挥的作用。与此同时，金融功能范式（Functional Paradigm）则基于金融体系的功能来研究金融发展，该理论更加突出了政府在经济运行和金融发展进程中的地位和作用，这为政府更加理性地协调与控制经济运行和金融发展指出了一条新的指导原则，对于广大发展中国家，尤其是我国的金融发展具有很强的借鉴意义。

根据金融发展理论，金融发展表现为金融总量的增长和金融结构的优化两个方面。总量增长主要反映的是金融业的规模和产业能量的大小，同时也反映了经济增长和金融发展的速度以及经济金融化的广度；金融结构主要体现的是金融业的功能和效率，金融结构的变化则在一定程度上反映了金融发展的层次和经济金融化的深度。各国历史和现实表明，在金融发展过程中，总量增长和结构协调具有同等的重要性，特别是当总量增长到一定程度后，发展阶段和效率的提升往往受到结构问题的制约。因此,金融结构不仅对于微观金融运作和宏观金融调控具有重大影响,而且还是金融业自身能否稳健发展并充分发挥积极作用的决定性因素。

关于金融结构与金融发展的关系,我们亦可从产业经济学的角度进行解释,由 SCP(Structure – Conduct – Performance)分析范式可知,结构、行为、绩效之间存在着因果关系,即市场结构决定经济主体在市场中的行为,而其行为又决定市场运行的经济绩效。那么,金融结构与金融参与主体的市场行为、金融体系运行的绩效必然存在着相互关联。事实上,理论界之所以强调金融结构的重要性,原因就在于金融体系的结构在一定程度上决定了金融功能和金融效率,通过对各经济部门金融工具、金融资产在不同经济部门之间的分布,以及不同的金融结构与实体经济关系的研究,金融研究中最主要的问题——金融资源的配置问题,便可以得到比较彻底的解决。

自 20 世纪 80 年代以来,中国金融业在不断探索和创新中取得的发展有目共睹。通过国家对金融机构、金融市场、金融工具和产品、金融服务、金融管制体系等方面的大力改革,我国金融体系形成了现阶段处于快速发展也日渐多元化的格局。而我国金融发展的成就突出表现在金融总量的快速增长和规模的急剧扩张上。据统计,截至 2008 年末,我国银行业金融机构法人机构合计 5 634 家,从业人员数 2 718 857 人。在金融资产方面,中国金融资产总值从 1978 年的 1 512.5 亿元增长到 2007 年的 1 329 631.7 亿元,在资产总量上增长巨大。2007 年的中国金融资产构成中,流通中现金为 30 334.3 亿元,各项存款为 389 371.2 亿元,金融债券为 68 529.7 亿元,保险准备金为 29 003.9 亿元,各项贷款为 261 690.9 亿元,政府和企业债券为 56 424.3 亿元,股票为 327 140.9 亿元,对外直接投资为 7 859.8 亿元,证券投资为 17 494.5 亿元,其他投资为 29 664.0 亿元,各项储备资产为 112 118.3 亿元。与金融资产总值相对应,我国经济的金融化程度也在不断提高,如金融相关比率(FIR)已由

1978年的0.42增长到2008年的2.77，增长了近6倍。

相比之下，中国金融体系的结构调整和优化则显得滞后，这客观上导致了中国加快金融结构调整步伐的必要性。目前，中国金融界学者普遍认为中国在金融发展中存在着结构性问题，其中一个重要的方面便是金融结构的非平衡性。金融结构的失衡是关系到一国金融体系安全的重要因素，更可能对国民经济运行带来潜在的隐患。因此，金融管理当局应当对金融结构的非均衡现象给予高度重视，必要时采取适当的政策措施加以引导和调控。2006年3月，全国政协委员、民盟中央秘书长高拴平在提交的《关于发展和完善金融体系结构的提案》中，列举出了当前金融体系的五大结构失衡之处，具体包括：直接融资与间接融资比例失调；股票、债券等不同金融工具的融资规模结构失衡；农村金融与城市金融差距太大；金融业内部各行业发展参差不齐；金融混业发展的趋势与金融分业监管现状的不协调。基于这种情况，提案建议要将结构优化作为我国现阶段金融发展的重心。

再从国际金融环境和世界各国金融体系的演进来看，金融结构变迁在总体取向表现出某种共性，即它通常在多种因素的推动下朝着更加合理、高效的状态演变，这种变迁趋势在经济全球化和金融自由化的大背景下呈现出业务多元化、机构大型化、市场多层次、工具多样化等特点。就其本质而言，全球金融结构变迁是实体经济内在需要的表现。这样，金融体系的结构更趋复杂、综合化，金融体系的功能也在不断扩展并趋于完善，实体经济部门和政府部门在参与或管理金融活动时的互动、反馈作用也更加明显。就中国而言，金融自由化进程的加快使得我国金融业迅速发展，金融需求更加多样化，交易规模不断扩张，金融创新空前活跃。特别是，随着中国金融市场于2006年底进入全面开放阶段，大量外资涌入中国金融市场，这都将对中国金融业和相关产业带来巨大的推动作用和冲击力量。可以预见，中国金融业在总量上将呈现持续增长的趋势，在总量增长的同时很可能伴随着金融结构的变迁。这既是开放经济环境下中国金融业发展面临的现实问题，也是中国政府协调金融发展与实体经济增长的关键。

可见，在中国金融总量增长的同时，我们应开始关注中国金融发展中的结构性问题。由于一国金融结构在各种因素的作用下始终处于动态变化中，因此，把握金融结构变迁的动态性，保持金融结构发展的合理性、均衡性便显得尤为必要。

金融结构的动态变迁无疑增加了国家进行宏观金融调控的难度。而有效的金融政策，必须根据其相应的金融结构而注意内在的协调和均衡。一国金融管理当局在进行金融调控过程中，只有深入认识并了解金融结构变迁过程中的动态性，才能确保本国金融体系的稳健发展和整体竞争力的提升。那么，金融结构的经济含义是什么，金融结构变迁是否存在某种模式，如何进行综合、全面的描述？在新的环境下，中国金融体系的结构将发生怎样的变迁，影响金融结构的动因及其作用于金融结构变迁的内在机理是什么？如何保证金融体系的稳定发展，也就是说，既要有金融业务总量的增长，又要有协调、平衡的金融结构？政府部门又如何发挥其调控作用引导金融结构的均衡发展，以满足实体经济部门越来越多的金融需求和宏观经济发展的需要？这是当前中国经济参与者所关注的问题，也是金融和经济学术界普遍存在争议的课题。

本书正是基于以上经济背景和中国金融发展面临的现实问题，展开了关于中国金融结构变迁及其动态性的研究。

1.1.2 选题意义

金融结构作为一国金融资源配置状态和配置机制的综合体现，因其对金融发展和经济增长的特殊关系而成为近50年来学术界的热点研究课题。

金融结构形成于一定的基础性条件下，包括社会的、经济的、政治的、法律的、历史传统的等各个方面，同时，金融结构又受到外部环境的影响，如金融开放程度、科技进步等。在内外因素的共同作用下，金融结构始终处于不断的动态变化过程中。那么，研究金融结构变迁的动因，以及各因素作用于金融结构变迁的机制具有重要的意义，这不仅可以从理论上揭示金融结构变迁的经济机理和内在规律，又有助于我们深化对金融结构、金融发展与国民经济增长关系的理解。

现阶段，中国金融业面临着金融总量增长与金融结构协调发展的问题。中国金融体系不仅面临着其自身结构的失衡问题，还要面临金融国际化背景下国外金融业的影响，这使中国金融结构的均衡发展成为一个十分迫切的议题。因此，研究中国金融结构变迁的动态性，对于把握中国金融结构的演变方向以及优化中国金融结构具有重要的现实意义。

通过综合考察金融系统整体与内部要素、内部各要素之间以及金融系统与外部环境的相互作用与反馈关系，研究金融结构变迁的动态取向以及金融结构对金融系统运行绩效的影响，可以为金融管理当局的宏观调控提供一个比较科学的政策参考，从而使中国的金融改革和金融结构调整更加有效。

因此，研究中国金融结构及其变迁的动态性，无论是对中国金融业的协调发展还是金融政策的制定都非常重要。这也是本选题的研究意义所在。

1.2 研究目标

（1）在金融结构理论研究和国际金融结构比较研究的基础上，对金融结构的概念进行深化和重新阐释。探索金融结构及其变迁模式，并进行数学表述；进而构建一套较为完善的金融结构指标体系，据此对中国金融结构进行定量衡量，以界定中国金融结构的基本类型，并分析结构变迁的特征。

（2）研究金融结构形成的基础性条件、金融结构变迁的影响因素，以及这些因素作用于金融结构变迁的经济学机理，从而揭示金融结构变迁的内在规律。

（3）以系统动力学为指导，把金融结构变迁看成一个动力学问题，分析金融系统相关变量间的作用反馈关系，构建金融结构系统动力学模型，来探索金融系统的内部结构、功能及其行为模式之间的联系。

（4）结合中国金融体系的实际情况，对金融结构的变迁过程进行动态模拟。根据模拟结果，考察金融结构变迁对金融运行绩效的影响，并据此为宏观金融调控当局提供相应的政策建议。

1.3 研究思路与框架

研究金融结构动态性变迁问题的前提是对金融结构相关理论的深刻理解。因此，本书第一章、第二章将进行大量的背景阐述和理论研究工作，包括金融结构释义、金融结构与金融发展和经济增长的理论体系以及金融结构变迁与动态学等方面。为了对世界金融结构、金融发展模式有比较全面的认识，书中还综合比较了国际上的典型金融结构。本书第一章、第二章为后续的研究工作奠定了坚实的理论基础。

在理论研究的基础上，作者在第三章对金融结构的内涵进行重新阐释，提出金融结构模式的概念，并用状态向量的形式加以表述。继而作者将构建金融结构的多维度指标体系，作为衡量金融结构的标准。据此，书中就中国金融结构的现状和发展进行实证分析，文中将采集大量的金融结构数据，并运用聚类分析方法来考察中国金融结构的基本特征和动态演变过程，从中，我们亦可总结中国金融发展中的结构性问题,这也是本研究的出发点。

如前所述,金融结构总是处于不断的变化之中,即金融结构具有动态性变迁的特点。为了研究金融结构的变迁问题,本书将在第四章研究金融结构变迁的经济机理,旨在分析影响金融结构变迁的动因,以及各因素对金融结构变迁的作用机制,从而揭示金融结构变迁的内在规律,这为建立金融结构的数学模型提供了理论依据。

从动力学的观点看,金融结构的变迁如同人口的增长、就业人数的增减、物价的涨落一样,可以看做是一个动力学问题。这意味着金融结构的变迁具有两个基本特点:第一,它是动态的,即它所包含的量是随时间变化的,能以时间为坐标的图形表示;第二,它包含了反馈的概念,即系统中的各单元、子块或外部环境之间通过信息的传输与回授而发生关联及作用。因此,本书第五章将对金融结构的这一动力学特性进行详细描述,并借助于系统动力学原理和方法构建金融结构的系统动力学模型。

系统动力学模型可以很好地反映系统内部结构、功能与其行为模式之间的关系,以及系统随时间变化的动态特性,由此,作者将在第六章对金融结构系统动力学模型进行模拟,来分析中国金融结构演变过程的动态性特点,以及金融结构变迁对金融发展和经济增长的可能影响,从而为进一步分析金融结构的优化和动态均衡等问题提供分析工具。在模型应用方面,作者将通过模型对不同政策方案的响应效果,来研究金融结构变迁与金融运行绩效的动态过程。

依据模型的模拟结果,本书第七章将对金融管理当局在协调金融结构与金融发展和经济增长的管理行为进行综合评价,并结合中国的经济金融背景及金融结构的特点,对金融制度安排、金融调控措施提出具体的政策性建议。

全书贯穿了动态学的思维和研究方法。具体内容安排如图1-1所示。

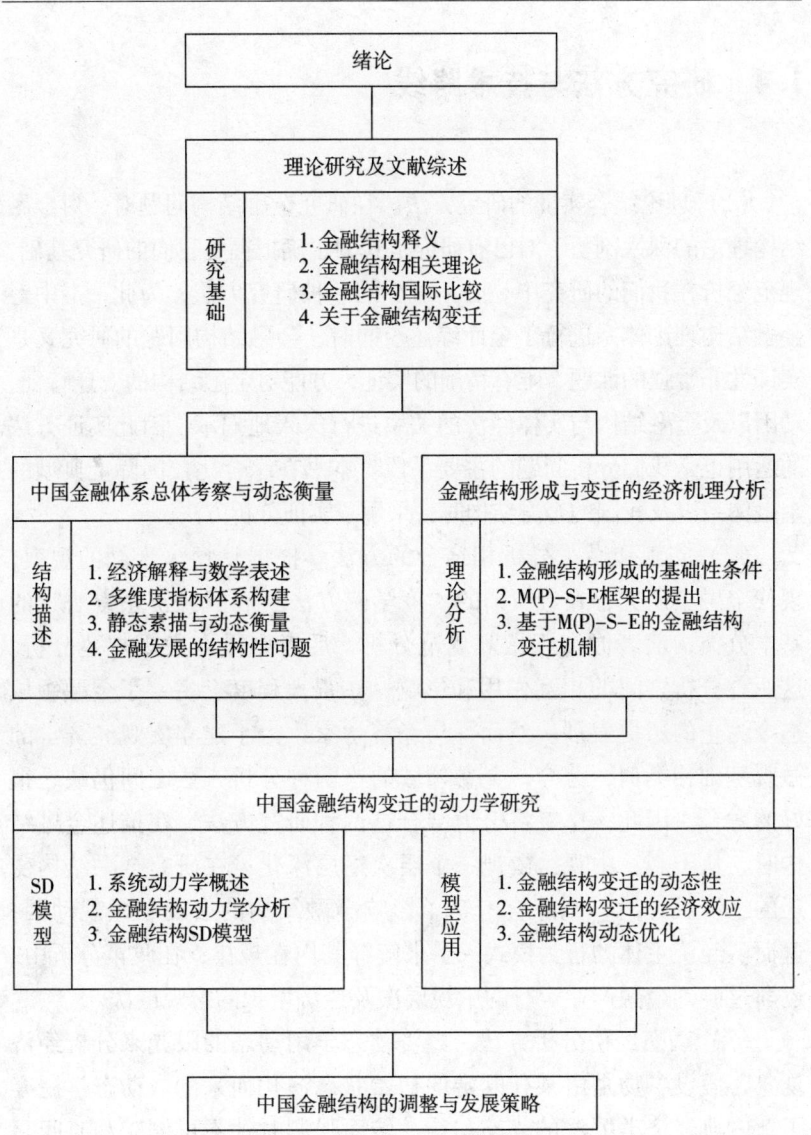

图1-1 本书研究的主体框架

1.4 研究方法与技术路线

(1) 理论结合实证的研究方法。在研究金融结构问题时，对金融结构理论的深入剖析、对已有研究范式的正确把握是我们的研究基础，规范分析在我们的研究中是必不可少的一种研究方法，为此，书中对金融结构理论体系进行了全面综述。同时，金融结构问题的研究又是实证性非常强的课题，唯有精确的实证，方能对金融结构的变迁特征、动因以及金融结构与实体经济的关系进行深入地揭示，因此实证方法的运用也是我们分析问题的主要手段。本书在综合比较国际上典型的金融体系以及我国的金融结构时，采用了实证分析方法。

(2) 宏观和微观分析相结合的方法。根据默顿·米勒的观察，现代金融学研究存在着所谓的"商学院方法"和"经济系方法"的基本分类，前者倾向于微观规范分析，后者则重在宏观规范分析。这两种分析之间的相互作用和影响，在很大程度上主宰了金融领域迄今为止的历史发展。然而，与经济学家致力于建立宏观经济学的微观基础相类似，至今，金融领域的这两种分析方法之间仍缺乏很好的融合。因此，作者将努力结合这两种研究方法，在描述金融结构时，从宏观、中观、微观三个层次逐层深化；在研究金融结构变迁的经济机理时，则综合考察了影响金融结构的宏观和微观动因，进而从经济主体的行为模式入手来解释其内在规律；在政策分析中，逐渐过渡到金融产业运行的中观层次及经济增长的宏观层次。

(3) 动态经济分析方法。经济动态学用动态的眼光来分析经济现象，假设事物是由某种既定的初始状态演化而来的。动态学抛弃了新古典经济学关注的静态均衡，转而强调时钟不可倒转和时间是不可逆的观点。金融结构的变迁和金融的均衡发展是一个动态的过程，采用动态经济分析方法是比较适合的。

(4) 系统论分析方法。金融体系是一个由不同要素有机联系组成的相对独立的复杂大系统，它包括诸如金融中介、金融市场、金融体制等不同的子系统，各子系统之间相互联系，相互依存并相互制约。为了深入剖析金融体系的内部结构，系统原理为我们提供了有力的分析方法。作者以系统的观点来看待金融结构这一问题，认为金融结构作为金融系统的派生物具有一系列系统特性，如整体性、层次性、相似性、相关性、动态性等。正是基于系统论的观点以及金融结构变迁的动态性特点，作者将系统动力学的理念应用到这一领域，来研究金融系统内部结构与其行为模式的关系，以及系统从旧结构向新结构变化的过程中可能产生各种行为模式，这即是金融结构的动态性变迁问题。

(5) 数学建模的方法。为了对金融结构的动态性变迁进行定量描述，作者通过建立数学模型——系统动力学模型，借助于计算机对这一复杂过程进行模拟。根据 SD 模型，本书可以模拟分析金融结构变迁的动态过程，并据此对我国金融结构的优化及协调发展等问题提出相应的政策建议。

研究方法与技术路线如图 1-2 所示。

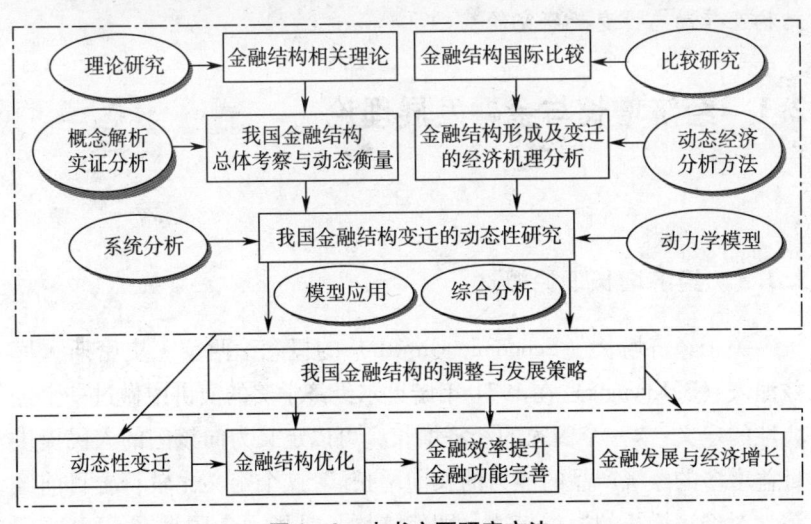

图 1-2　本书主要研究方法

2

相关文献与理论回顾

金融结构理论是研究金融发展问题的最早和最有影响的理论之一,它是在金融发展与经济增长的理论范畴下产生的。本章首先回顾经济增长与金融发展的理论体系,在此基础上,着重对金融结构研究的国内外文献进行综述和评价,包括金融结构释义、金融结构与金融发展及经济增长、关于金融结构变迁等,进而通过对世界主要发达国家金融模式的比较分析,从理论和实证两个方面奠定金融结构及其动态性变迁研究的基础。

2.1 经济增长与金融发展理论

2.1.1 经济增长理论概述

关于经济增长（Economic Growth）的概念,西蒙·史密斯·库兹涅茨（S. Kuznets）在 1971 年诺贝尔经济学奖的演讲中做过一个经典性的定义："一个国家的经济增长,可以定义为向该国的人民提供日益增多的经济产品的能力的长期增长。"这个定义比较符合目前经济学对经济增长的通俗表述,即经济增长是指"一国潜在 GDP 或国民产出的增加"或"一个国家生产商品和劳务能力的扩大"（萨缪尔森，1998；毕世杰等，1999；陈宗胜，2000；等）。

对经济增长问题的研究可以追溯到很久远的年代，如古希腊的色诺芬（Xenophon）在其《经济论》中就曾论述过增加财富的方法，但对经济增长进行较系统的理论研究则是从近代经济学——资产阶级古典经济学开始发展起来的。

对经济增长的动因分析可以追溯到重商主义者的著作中。重商主义者认为对外贸易是经济增长的重要推动力，经济增长的本质是尽可能地积累财富。重商主义者把货币与资本等同起来，并且认为货币是有生产性的。而重农主义者则认为经济增长首先取决于农业剩余产品的再投资，但也受农产品需求量结构的影响。

18~19世纪古典经济学家的经济增长理论经历了资本决定论、技术进步论、人力资本论这样一个历程。在古典经济增长理论中，劳动、土地和资本视为经济增长最基本的因素是早期经济学家的共识。如威廉·配第（William Petty）认为从事生产性劳动的人数是一国财富增长最重要的源泉。马尔萨斯（T. R. Malthus）在其人口理论中指出决定社会和经济发展的是人口。大卫·李嘉图（David Ricardo）在《政治经济学与赋税原理》中分析了导致经济增长和衰退的基本因素，他认为，推动经济增长的主要原因是资本家将利润追加投入生产所形成的资本积累。

亚当·斯密（Adam Smith）的《国民财富的性质和原因的研究》是古典经济理论中探讨经济增长源泉的经典之作。亚当·斯密在该著作中详细地论述了经济增长问题，提出了许多认识经济增长的基本概念，并指出："个人的正当动机是启动和维持经济增长过程的重要因素，让人们追求自身利益有利于促进经济增长。"

马克思则具体剖析了资本主义生产方式，并分析了既定社会制度下经济的稳定与增长问题。《资本论》第二卷中有关社会资本扩大再生产理论，通常被认为是经济增长理论。马克思还首次把科学技术纳入生产力范畴。马克思的增长理论和长期动态分析方法对现代经济增长理论的研究产生了十分深刻的影响。

20世纪30年代，西方经济学家在宏观经济理论研究上的成就，特别是凯恩斯（John Maynard Keynes）的《就业利息与货币通论》的出版，为现代经济增长理论的创建提供了理论基础。在凯恩斯革命前的一个多世纪中，正统的经济学主要研究资源的有效配置，而不是研究经济增长理论。哈罗德（Roy Harrod）和多马（Evsey Domar）的研究是现代经济增长理论的开端，他们把凯恩斯的短期分析扩展为"长期"的分析，将凯恩斯主义的分析结合到经济增长分析中。哈罗德—多马模型讨论了经济在长期动态过程中实现和保持充分就业的稳定增长的条件问题。由于符合这一严格条件的经济稳定增长途径十分狭窄，这种"刀锋式"的经济增长并不符合第二次世界大战后西方各国经济增长的实际情况。

由古典经济学家斯密和李嘉图创立的经济增长理论称为古典经济增长理论，古典经济增长理论经过哈罗德和多马等人的模型化而逐渐成为经典的经济增长模型，成为现代经济增长理论的主体。

20世纪50年代，现代经济增长理论经由哈罗德—多马模型、索洛（R. M. Solow）模型以及之后的斯旺（T. W. Swan）、萨缪尔森（P. A. Samuelson）和托宾（J. Tobin）等人的补充和发展，最终形成新古典经济增长理论。

为解决哈罗德—多马模型中经济增长的不稳定性，米德（J. E. Meade）、索洛（R. M. Solow）等经济学家运用新古典学派的边际生产力、价格机制等基本概念，提出了一系列类似的经济增长模型（现统称为新古典增长模型）。他们认为，在市场机制的作用下，通过调整生产中资本和劳动的配合比例，经济在长期内实现充分就业的稳定增长是必然趋势，从而解决了哈罗德—多马模型中的不稳定性。

以罗宾逊（J. Robinson）、卡尔多（N. Kaldor）为代表的英国新剑桥学派对新古典增长模型的分析提出了不同意见。他们认为，新古典模型假设生产中资本劳动比率可通过市场机制作用而灵活变化是不符合客观实际的。为此，他们提出了自己的经济增长模型即新剑桥增长模型来修正哈罗德—多马模型的不稳定性。新剑桥增长模型认为国民收入分配的不平等，既是经济增长的前提，又是经济增长的结果，国民收入分配状况是经济实现稳定增长的条件。

主流的古典和新古典经济学的生产函数理论注重的主要是劳动力、资本等生产要素，知识和技术等因素对生产的影响，一直被看做是外生的。新古典增长理论的不足在于：首先该模型无法对劳动力增长率和技术进步率作出解释，其次生产规模报酬不变的假定与事实越来越不相符合。

20世纪60年代，学者们开始关注经济增长中的技术性问题，如人力资本、技术进步和制度创新等因素与长期增长的关系。但这时期的经济增长理论由于技术性过强，导致实用性较差。

20世纪80年代中期后，随着知识经济的逐步兴起，以保罗·罗默（Paul Romer）、罗伯特·卢卡斯（Robert Lucas）为代表的一批经济学家，致力于技术进步的内生化研究，探讨经济增长的内生机制，提出了"新增长理论"（即内生经济增长理论），从而实现了经济增长理论从外生均衡分析到内生机制分析的变迁。

内生增长理论的主要特征是强调知识积累和人力资本，把技术进步等"知识"因素内生化，把知识作为一个独立的要素纳入增长模型，在规模收益递增的原因上，新增长理论大多强调技术的溢出效应，从而使经济增长理论的研究取得突破性进展，成为现代经济增长理论中最有影响的学派。新经济增长理论认为，经济增长是经济体系内生因素作用的结果，而不是外部力量推动的结果；在信息时代科技已成为组成生产的第三大要素，技术进步是经济运行中的内生变量，是促进经济增长的又一重要动力。投资促进技术进步，技术进步反过来又使投资收益提高，这样一个良性循环能够长期稳定地提高经济增长率。目前，技术进步已成为各国经济增长的主要推动力。从新制度经济学的观点看，技术进步仍然只是"资源禀赋"的延伸，而从制度对技术进步的保障，才是经济增长的强力支撑。相关研究表明，技术因素在推动经济增长中所占的比例不断上升。20 世纪 50 年代后，一些国家技术进步对经济增长的贡献一般都已超过劳动力投入和资本投入的总和，达 50% 以上。

综观经济增长理论，许多著名经济学家都对经济增长问题作出过非常精辟的论述，并留下了许多至今仍熠熠发光的理论成果。遗憾的是，限于特定的历史和经济环境，大多数经济学家特别是在 20 世纪 70 年代以前的学者的研究范围都未突破劳动、土地、资本等要素的范围。但随着经济的发展，各国经济的实践都表明，劳动、土地、资本三要素在现代经济中所起的作用都呈下降趋势，与此同时，一些原本并不起明显作用的因素的重要性却在不断上升，如资源配置、制度变革和金融发展等因素，成为推动经济发展的新生因素，而金融，无疑是这些新生因素中的极其重要的一个因素。因而，在 20 世纪 70 年代以后，金融与经济增长之间关系的研究日益受到重视。

2.1.2 金融发展理论沿革

金融发展理论是发展经济学的重要内容，其实质是突出金融因素在经济发展过程中的重要性，这方面的思想可以追溯至约瑟夫·熊彼特（Joseph A. Schumpeter, 1934）的论述中，熊彼特在其《经济发展理论》一书中阐述了企业家融资的来源，强调了金融在经济发展中的重要性，以及融资对刺激创新和推动未来经济增长所起的作用。

就金融发展的理论研究来看，自格利（John G. Gurley）和肖（Edward S. Shaw, 1955）、帕特里克（Hugh T. Patrick, 1966）、戈德史密斯（Raymond W. Goldsmith, 1969）、熊彼特（Joseph

A. Shumpeter，1969)、麦金农（Ronald I. McKinnon，1973）和肖（Edward S. Shaw，1973）等人对金融发展和经济增长之间的关系作出开创性研究之后，有关金融发展的议题日益为学术界所重视。

美国经济学家格利和肖（1955，1956）阐述了金融和经济的关系、各种金融中介体特别是非货币金融中介体（Non-Monetary Intermediaries）在储蓄—投资过程中的重要作用。他们认为，货币不是货币金融理论的唯一分析对象，货币金融理论应容纳多样化的金融资产，各种非货币中介体也在储蓄—投资过程中扮演重要角色。

美国经济学家 Patrick（1966）指出，在金融发展和经济增长的关系上，有两种金融发展模式：一是"需求追随"（Demand-Following），它强调经济的增长会产生对金融服务的更多需求，从而推动金融不断发展；二是"供给领先"（Supply-Leading），它强调金融服务的供给先于需求，金融业的发展助长了实质经济成长。他认为金融发展可以是被动和相对滞后的，也可以是主动和相对先行的，在经济发展的早期，供给领先型金融居于主导地位，而随着经济的发展，需求追随型金融逐渐居于主导地位。他的研究实际上是提出了金融发展的原因及金融在经济发展中的地位和作用问题，是金融发展理论的最初论述。

英国经济学家希克斯（J. R. Hicks）在其1969年出版的《经济史理论》一书中详细考察了金融对工业革命的刺激作用。他认为，工业革命不是技术创新的结果，或者至少可以说，不是技术创新的直接结果，而是金融革命的结果。因为工业革命早期使用的技术创新，大多数发生在工业革命之前。工业革命只有在金融革命发生后，才有可能发生。

1969年，美国经济学家戈德史密斯（R. W. Goldsmith）提出了金融结构理论。他认为，金融发展是指金融结构的变化，因此研究金融发展就是研究金融结构的变化过程和趋势。金融发展以金融资产的形式直接增加储蓄，从而促进了资本形成与经济增长，金融变量的数量及结构影响经济增长,所以金融发展的指标以及金融资产的结构就成了经济增长的重要影响因素,而金融上层结构能促进经济增长,改善经济运行。

麦金农和肖于 1973 年创立了金融深化理论。在麦金农—肖理论形成之前,主导性看法是金融部门和其他经济部门不同,金融部门的有效运行离不开政府的干预。麦金农和肖则是经济自由主义金融理论中的代表,他们在各自的著作中都提出了发展中国家走金融自由化道路的激进主张。

麦金农提出了金融抑制(Financial Repression)理论。金融抑制是指政府对金融体系和金融活动的过多干预压制了金融体系的发展;而金融体系不发展又阻碍了经济的发展从而造成金融压制与经济落后的恶性循环现象。该理论认为,发展中国家的经济是割裂的,大量的经济单位所处的技术条件不一,因而资产回报率也不一样。由于发展中国家金融市场不完全,大量中小企业被排斥在有组织的金融市场之外,不完全的市场导致了资源配置的扭曲。而且这些国家通货膨胀率一般较高,实际利率常为负值,进一步打击了居民储蓄的积极性,使得资本积累缓慢。金融抑制的存在严重地阻碍了经济发展。他认为发展中国家应实行较高的实际利率以消除金融抑制,并促使经济健康发展。对于欠发达国家,实际利率和汇率的金融自由化是推动经济增长的重要途径,而低于均衡的实际利率与高估的国内货币等形式的金融压抑阻碍了经济增长。

肖的理论从金融中介的角度得出了类似的结论,并提出了金融深化(Financial Deepening)的概念(即金融资产以快于非金融资产的速度累积)。肖提出发展中国家的经济改革首先从金融领域入手,减少人为地对金融市场的干预,借助市场的力量而实现利率、储蓄、投资与经济增长的协调发展,消除金融抑制。肖还比较全面地分析了金融深化的特征、目标和作用,剖析了金融抑制的起源和背景,并揭示了金融抑制的手段和后果。

20 世纪 70 年代中期以后，学者们继承和发展了麦金农—肖的理论。Kapur（1976）、Galbis（1977）、Fry（1978，1980）、Mathieson（1980）和 Cho（1986）等人基于麦金农和肖的分析框架，相继提出了一些论证规范的金融模型。

发展中国家的金融改革实践从总体上看，验证了金融深化理论的一些基本假说，如 Fry（1988）对 1961～1983 年亚洲 14 个国家的实证研究表明实际存款利率对储蓄存在显著的积极影响，实际利率上升提高了投资质量；Roubini（1992）等对近 60 个发展中国家的实证分析发现金融压制导致较低的增长率。但金融深化理论也并非完全符合金融实践，如 Darrat（1989）对亚洲"四小龙"的研究表明金融深化与经济增长的因果关系不确定。部分研究表明，利率对总储蓄影响并不明显，如 Giovannini（1983）对 60～70 年代亚洲 7 国、Gupta（1987）对亚洲和拉美 22 国的研究等。

但也有一些学者对于金融深化理论颇有异议，其中主要分为两个学术派别，反金融自由化者早期以 Wijinbergen 等人所持的新结构主义，在 20 世纪 90 年代后则以赫尔曼（T. Hellmann）、默多克（K. Murdock）和斯蒂格利茨（J. Stiglitz）主张的金融约束理论影响最大。然而，这些学者并非是反对金融自由化，而是在如何实现金融自由化的问题上有分歧。

以 Taylor（1983）和 Van Wijinbergen（1982，1983）等人为代表的新结构主义学派，另辟蹊径，从家庭资产分配组合框架（Portifolio Framework）出发，对金融自由化学派提出了不同意见。新结构主义学派认为：第一，金融深化论者过分重视金融制度对经济的促进作用，主张只要实行金融体制改革，就能改变发展中国家的落后面貌，忽视了实体经济结构对金融制度改革和整个经济发展的制约作用。发展中国家的经济结构和金融结构上的问题制约了发展进程，从金融方面寻找出路难以为发展中国家提供政策参考。金融自由主义忽视了各发展中国家初始条件的不同，给发展中国家开出没有区别的自由化政策。金融自由化政策适用于新兴工业国家与地区的金融改革，但可能完全不适用于资源贫乏、基础设施破旧的经济，这些经济更需要的是资本积累（Paul Molsy，1989）。第二，新结构主义者认为金融自由化会使资金由非正规信贷市场转向正规信贷市场，而非正规信贷市场的效率更高，因而金融自由化有可能降低全社会的资金效率。但新结构主义所认同的非正规信贷市场的"更有效率"正是建立在其不受政府管制的自由基础之上。所以，新结构主义者反对金融自由化的观点在逻辑上比较矛盾（Cho，1990）。

20世纪90年代以来，以赫尔曼（Hellmann）、默多克（Murdock）和斯蒂格利茨（Stiglitz）等为代表的经济学家从信息不对称市场的角度提出了金融约束论。该理论认为金融管制是政府从金融机构抽取租金，在取消利率管制的过程中必须做好政府与市场的结合，进行渐进式改革。金融约束论的核心思想是强调政府干预金融的作用，认为"温和的金融压制"是必要的，通过温和的金融压制，提高银行的特许权价值，为银行部门创造租金，其效果要优于金融自由化。对发展中经济和转型经济而言，金融抑制虽然不可取，但推行金融自由化同样达不到预期效果，麦金农和肖所倡导的金融自由化需要一些先决条件，所以发展中经济和转型经济有必要走第三条道路，即所谓的"金融约束"。金融约束政策有利于信息不对称问题的解决。但实际上，其政策主张却是不现实的：①金融约束论者所称道的低利率和信贷配给的政策优势很难实现，而且还有副作用；②金融约束是一种政府干预经济的行为，难免会出现政府官员利用职权牟取私利的寻租行为；③金融约束论过分强调银行金融机构在经济中的作用，对发展中国家的证券市场、非银行金融机构作用估计过低；④金融约束论要求做到利率适度为正和银行业适度竞争。这里的度很难把握，严格的金融约束往往会蜕变成为金融抑制，这就对政府实施该政策的能力提出了较高的要求。

20世纪90年代以后，一些经济学家在汲取内生增长理论的重要成果的基础上，将内生金融中介体和金融市场并入模型中。与麦金农—肖学派不同，90年代金融发展理论家没有把金融中介体和金融市场视做给定的，他们直接对金融中介体和金融市场建模。部分学者从效用函数入手，建立了各种各样具有微观基础的模型，探讨金融中介体的内生形成，代表性的内生金融中介体模型有：Bencivenga and Smith 模型（1991）以及 Schreft and Smith 模型（1998）。部分学者则探讨了金融市场的内生形成，如 Boot and Thakor 模型（1997）和 Greenwood and Smith 模型（1997）。

20世纪90年代后的学者对金融发展与经济增长之间的关系进行了重点研究。部分学者探讨了经济增长对金融发展的作用，如 Greenwood 和 Jovanovic（1990）、Greenwood 和 Smith（1997）以及 Levine（1993）在各自的模型中引入了固定的进入费或固定的交易成本，用以说明金融中介体和金融市场是如何随着人均收入和人均财富的增加而发展的。部分学者则探讨了金融发展作用于经济增长的机制，一些研究表明金融机构的发展能带动经济增长，如 King 和 Levine（1993）、Odedokun（1996）、Demetriades 和 Hussein（1996）等。但也有研究对金融机构的发展带动经济增长提出了异议，如 Ram（1999）。另外，也有一些研究表明，金融中介和金融市场的存在对经济增长产生积极的影响，如 Bencivenga 和 Smith（1991）、King 和 Levine（1993）、Grossman 和 Helpman（1991）、Aghion 和 Howitt（1992）等学者的研究。

一些研究表明资本市场的发展促进了经济增长。Pagano（1993）模型是现代金融理论中说明资本市场促进经济增长机制的一个有代表性的理论模型，该模型表明，只要能够扩大资本存量，就一定可以实现经济增长。Levine（1991）、Saint-Paul（1992）以及 Bencivenga（1995）等指出，股票市场的存在有助于增加资金导入生产投资机会，促进经济成长。Levine 和 Zervos（1998）以47个国家1976年至1993年的资料所做的多国研究也发现，金融机构发展及股市流动性提高,对长期经济成长有正面贡献。

近年来的研究则表明,不仅金融发展与经济增长之间存在较强的正向关系,而且在金融深度与经济增长之间也存在明显的相关关系;此外还发现,金融发展的初始水平是后来经济增长率的良好预测。因此,金融并非仅仅追随经济行为,而是对经济增长与资本积累起着积极作用(Arestis,2001)。Beck(2000)以 63 个国家 1960 年至 1995 年的资料进行分析,研究表明金融中介发展与实质每人 GDP 成长率和总要素生产力(Total Factor Productivity,TFP)成长率有正向关联,同时也发现金融中介越发展的国家其经济成长与 TFP 成长将越迅速,类似的结果见 Levine(2000)。Leahy(2001)研究 OECD 工业化国家也发现金融机构发展及股市发展与经济成长显著相关,金融创新能使投资资金的运用更有效率。

2.2 金融结构理论

2.2.1 金融结构释义

依据现有的文献,可以认为关于金融结构的定义最早是由美国著名学者雷蒙德·戈德史密斯(Raymond W. Goldsmith)教授所创建的,戈德史密斯在《金融结构与金融发展》(1969)一书中指出:"不同类型的金融工具与金融机构的存在、性质以及相对规模就体现了一国的金融结构。"从他对这一定义的进一步论述来看,金融结构首先是一国的金融上层结构与经济基础结构之间的关系,用金融相关比率(Financial Interrelation Ratio,FIR)来衡量,即某一时点现存金融资产总额与国民财富的比例;第二,与总体上层结构同样重要的是它的构成,这首先反映为金融工具余额在其几种主要类型中的分布状况和金融资产总额在主要经济部门中的分布,其次,金融上层结构的构成还反映在金融资产总额和各种金融工具在各个经济部门之间的分布上。

此后,国外学者在界定金融结构的内涵时,基本上都沿用或借鉴了戈氏金融结构与金融发展的思想。20世纪90年代末,大量的经济文献按照这种思路把世界各国的金融体系划分为银行主导型(Bank-Based Financial System)和市场主导型(Market-Based Financial System)两种基本形式的金融结构。其中,孔特和莱文(Asli Demirguc-Kunt & Ross Levine, 1999)先是通过衡量一国的银行部门与证券市场相比较的规模(Size)、活动力(Activity)和效率(Efficiency)来界定金融结构,然后根据金融结构综合指标将样本国家划分为以银行为主导的金融结构和以市场为主导的金融结构,再在这两种结构中细分为发达的、以银行(或市场)为主导的金融结构和欠发达的、以银行(或市场)为主导的金融结构。

中国学者对金融结构的研究大约始于20世纪80年代中期,即中国金融体系逐渐呈现出多元化的结构特征以后。他们大多对金融结构这一概念的外延进行了扩展,认为金融结构有广义和狭义之分。前述戈德史密斯教授关于金融结构的界定被认为是狭义的范畴,而对于广义的金融结构,学术界存在着不同的表述。王兆星(1991)提出,金融结构是各种金融要素有机联系的整体,包含着各种金融要素间质的联系和量的联系;方贤明(1999)从强调金融活动中行为主体之间关系的决定性作用出发,把金融结构定义为由金融活动中主体之间的关系所决定的金融机构、金融工具、金融市场、金融监管体系构成的总和;李量(2001)把反映一定时期各种金融工具、金融市场和金融机构的形式、内容、相对规模和比例理解为一国的金融结构;刘仁伍(2002)在戈氏金融结构概念基础上进行拓展,认为金融结构是现存的金融工具、金融机构、金融市场和金融制度体系的总和;张捷(2003)认为戈德史密斯的金融结构定义仅限于功能角度,他根据金融发展理论中的内生理论,提出了主流金融与非主流金融的金融结构定义；白钦先（2003）把金融结构定义为金融相关要素的组成、相互关系及量的比例；王广谦（2004）指出金融结构是构成金融总体（或总量）的各个组成部分的规模、运作、组合与配合的状态。另一方面，有些学者从制度变迁的角度研究金融结构，如林毅夫（1994）认为我国20世纪70年代末以前的金融结构源自于国家出于国防安全需要而构筑的一系列制度安排。董裕平（2003）从微观主体契约需求的角度阐述了我国金融结构形成的机制。李木祥、钟子明和冯宗茂（2004）则以主流制度经济学的理论框架对我国金融组织结构的变迁进行探讨，认为金融结构是金融参与主体在进行金融活动时所应遵守的有关规则的集中体现，也就是说，金融结构变迁是金融制度变迁的集中体现。

由此可见，金融结构具有多种表现形态，体现着各种金融要素的组合与运作状态，同时其表述又有静态与动态之分。综合来看，对金融结构的界定应从多维度、立体化的视角进行划分。

2.2.2　金融结构与金融发展、经济增长

2.2.2.1　戈德史密斯金融结构论

提及金融结构理论，必然不能忽视雷蒙德·戈德史密斯的贡献。1969年，戈德史密斯出版了《金融结构与金融发展》一书，可以说，这是一部系统研究金融结构的著作。该书历经六年写成，对长达百余年的金融发展及当代几十个国家的金融结构现状进行了比较研究，创立了独特的金融结构理论。他真正建立了这一领域的完整分析体系，因此人们将其作为金融结构论的代表人物。戈德史密斯指出他的研究目的是"考察金融结构的差异是如何并且在多大范围内导致经济增长的速度和特征产生差异"。为此他从金融发展的表征、金融发展的一般轨迹和金融发展与经济增长的关系三个方面进行了论述。

对于金融发展的表征，戈德史密斯认为金融发展可以通过金融

结构的变化来表现,而金融结构是指"各种金融工具与金融机构的存在、性质和相对规模"。在戈德史密斯看来,金融结构之所以可以作为金融发展的衡量标准,原因在于金融结构理论是研究金融与经济增长关系的理论,而这种关系可以通过金融结构与实际经济变量之间的关系得以反映,故戈德史密斯认为,"对于经济分析来说,最重要的也许是金融工具的规模以及金融机构的资金与相应的经济变量(例如国民财富、国民产值、资本形成和储蓄等)之间的关系"。为了实现研究目的,戈德史密斯提出了一套完备的考察金融结构的方法。他指出,一国金融结构可以从以下八个主要指标进行数量描述:

(1)金融结构的首要方面即一国的金融上层结构与经济基础结构之间的关系,体现在金融相关比率(FIR)上,它等于某一时点现存金融资产总额与国民财富(实物资产总额与对外净资产之和)之比。

(2)与总体金融上层结构的相对规模同样重要的是它的构成。

(3)金融上层结构的构成还反映在金融资产总额和各种金融工具余额在各个经济部门之间的分布。

(4)一国金融结构的特征还受到各种金融机构相对重要性的巨大影响。

(5)金融结构的机构化程度,包括金融机构在全部金融资产总额中的比例、在几种主要金融工具余额中的比例。

(6)将金融资产存量按金融工具种类和经济部门分类组合得到一个金融相关矩阵,这样的矩阵中每种金融工具的持有者和发行者均一目了然。

(7)上述有关金融结构各种特点的讨论涉及的全是某一时点上存量关系,他们同样可以用来分析流量关系。

(8)各个部门和子部门全部资金来源与资金运用形式和其合作者方面的分布对于研究金融结构尤为重要。

在以上各方面，由于戈德史密斯给出了他认为最重要的指标——金融相关比率（FIR）的计算公式，在此作详细说明。由戈德史密斯的公式可知，FIR 值主要取决于新发行比率、新发行乘数、资本产出比率与市场价格有关的调整系数。即

$$FIR = \frac{F_t}{W_t} = \frac{\alpha y_t \varepsilon (1+v)}{W_t} \qquad (2-1)$$

式中：F_t 表示在一个无限长期内时点 t 上金融工具（金融资产）未清偿的市场价值总和；W_t 表示 t 时点国民财富的市场价值；α 称为新发行乘数，表示某一时期的国民生产总值与该时期最后一年的国民生产总值之比；y_t 表示期末或 t 之前最后一个年度的国民产值；ε 表示金融工具新发行比率（ANIR），指金融工具发行总额与国民生产总值之比；$(1+v)$ 是估值调整项。

目前，金融相关比率已成为衡量一国经济金融化程度的重要指标。不过，通常使用的是简化了的计算公式：

$$FIR = \frac{M_2 + L + S}{GNP} \qquad (2-2)$$

式中：M_2 为金融负债，L、S 分别为银行资产和有价证券，其和代表金融资产；GNP 为国民生产总值。

戈德史密斯教授在对比世界上 35 个国家百余年的金融史料与数据后，设计出的上述衡量指标在经过市场的组合后可以识别金融结构的不同类型。据此，他认为在自由企业经济中，不同的金融相关比率产生截然不同的金融结构，并将这些金融结构按特征区分为 3 个基本类型，如表 2-1 所示。

第一种类型是金融结构发展的初级阶段，为 20 世纪以前资本主义国家金融发展状况。特点是：金融相关比率比较低（在 1/5~2/5 之间），现代金融体系的雏形已经具备，但金融工具尚不发达，债权凭证远远超出股权凭证而居于主导地位；商业银行在金融机构中占据突出地位，其他金融机构尚处于初建阶段。

第二种类型是金融体系的发展阶段，为 20 世纪上半叶西方发达国家常见的金融发展状态。特点是金融相关比率较高（3/4~5/4，最高可达到 2），尽管债权凭证仍占金融资产总额的绝大部分，

但股权证券对债券证券的比率已有所上升；金融机构在全部金融资产中的份额也已提高，金融机构日趋多样化；银行体系地位下降，储蓄机构、证券机构和保险机构地位上升，但银行融资仍占主要地位。

第三种类型为金融体系的成熟阶段，70年代以后西方发达国家金融体系就是这种类型。其特点是：金融相关比率较高（围绕1波动，偶尔达到2）；金融机构日趋多样化，金融市场日益国际化，金融创新步伐不断加快，以金融衍生工具为代表的金融工具交易活跃，成为金融市场交易的主体。

表2-1　　　　　　　　　　金融结构类型

特征	实例	
	当代	古代
1. 仅有商品货币，无金融机构，偶尔有信贷交易	孤立的部落社会	远古时代
2. 金属货币、汇票以及当地小型金融机构（贷款人）		约1850年前的中国和印度；1868年前日本中世纪时代；中世纪的欧洲绝大部分；18世纪的欧洲大部分
3. 中央银行是唯一的银行或统治性的金融机构	苏联及其他中央计划经济国家；埃塞俄比亚（1962年前）	19世纪初的俄国和法国
4. 无存款银行、无中央银行且无纸币		中世纪的意大利城市（自13世纪始）
5. 纸币发行和存款银行多样化；其他金融机构产生		19世纪前半叶的苏格兰，1913年前的美国

续表

特征	实例	
	当代	古代
6. 中央银行；现代存款银行；当地小规模融资者	热带非洲、中东、东南亚的大部分	
7. 中央银行，存款银行，其他新生金融机构（特别是储蓄银行、不动产抵押银行、开发银行以及保险组织）	西班牙、拉丁美洲、印度和埃及	19世纪中叶至第一次世界大战时的西欧
8. 各种金融机构及各种金融工具均已建立	美国、英国的前自治领地，西欧及日本（均始于19世纪末或20世纪初期）	

应该说，戈德史密斯的这部著作为金融结构研究提供了一套全新的指标体系和方法论基础。

关于金融发展的一般轨迹，戈德史密斯试图通过对35个国家的比较研究来得出一个一般的结论。根据研究结果，戈德史密斯总结出了有关金融发展轨迹的12条规律：

（1）在一国的经济发展过程中，金融上层结构的增长比国民产值及国民财富所表示的经济基础的增长更为迅速。

（2）一国金融相关比率的提高并不是无止境的，达到1~1.5时，该比率趋于稳定。

（3）经济欠发达国家的金融相关比率比欧洲和北美国家低得多。

（4）决定一国金融上层结构相对规模的主要因素是不同经济单位和不同经济集团之间储蓄与投资功能分离的程度。

（5）在多数国家中，金融机构在金融资产的发行额与持有额中所占份额随着经济的发展而大大提高了，即使一国的金融相关比率已经停止增长，该份额却依然呈上升势头。

（6）储蓄与金融资产所有权的机构化趋势对各种主要金融工具有着不同的影响。

（7）在任何地方，现代意义上的金融发展都是从银行体系的发展开始，并且依赖于纸币在经济中的扩散作用。

（8）随着经济的发展，银行系统在金融机构资产总额中的比例会趋于下降，尽管它在一国金融资产总额中的比例一定时期内还会继续上升。

（9）外国融资作为国内不足资金的补充或作为国内剩余资金的出路在大多数国家的某个发展阶段都发挥了重大作用。

（10）对于多数国家的金融发展来说，先进国家的示范作用大概同国际资本的流动同样重要。

（11）在金融发达国家，包括利率和其他费用在内的融资成本要明显低于欠发达国家，偶然出现的例外也主要是由于通货膨胀的影响。

（12）在大多数国家，如果对近数十年间数据进行考察，就会发现经济与金融的发展之间存在着大致平行的关系。

对于金融结构与经济增长的关系，戈德史密斯认为，由于影响因素的复杂性和那个时代增长理论的不成熟性，对金融结构与经济增长的关系进行一个完整有效的表述是困难的。为此，戈德史密斯只是简单地探讨了金融工具和金融机构的产生及其对实体经济部门发生作用的前提，以及金融结构对经济增长的引致作用。对于前者，戈德史密斯认为，金融作用的前提在于经济中存在的经济主体的投资能力、投资机会的不均衡性，而这些前提约束条件的存在诱致了金融机构与金融工具的出现，而且在金融中介参与资源重新配置的条件下，由于储蓄与投资存量以及投资边际收益率增加，使社会所获得的最大产出将会增加。

2.2.2.2 银行或市场主导型金融体系

在戈德史密斯对金融结构的研究之后，无论经济理论界或政策制定者，对金融结构与金融发展、经济增长都给予了高度的关注。这里先简要回顾金融体系中金融市场和金融中介涉及的一些基本理论，即首先要理解金融中介和金融市场各自的优势，这是理解不同金融体系差异和金融模式划分的基础。

最近几年，西方学术界的研究基本上都认为金融中介机构与金融市场的发展能够显著地促进经济增长（King & Levine, 1993; R. Levine, 1997; R. Levine & S. Zervos, 1998），二者又具有不同的特点。

金融中介机构（间接融资）在以下几方面具有优势：

(1) 金融中介机构（主要指银行）可以降低投资者获得及处理企业和管理者信息的成本，因而有利于资源配置和企业控制（Diamond 1984; Boyd & Prescott, 1986）。Diamond 的银行代理监管理论（Delegated Monitor）认为，企业的股东需要监督管理者，但是，如果股东数量很多，单个股东承担监管成本就不合算。股东可以雇人来监管管理者，但是这个人本身又需要被监管。这个难题可以通过金融中介来解决。假设一家银行对很多企业提供资金，由于企业数量大而且分散，根据大数法则，银行可以减少风险，为存款者提供固定的收益；存款者无须监管银行，因为他们可以得到固定的收益；银行必须监管企业，否则他们就不能为存款者提供固定的收益；由于单个企业是由单个银行监管的，监管成本也实现了最小化。

(2) 金融中介机构降低了投资者资产分散化的交易成本，有利于风险共担。即单个的投资者要实现投资多样化有一定的困难，金融中介机构却不受这些限制，它拥有足够的资金和人力来实现投资多样化，从而使风险分散化；而且，金融中介机构还可以减少跨期风险（Allen & Gale, 2000），它可以通过在不同时期中均衡得失来防止资产价格的过分波动，从而在不同的期限内平滑了投资收益。

(3) 金融中介还能减少流动性风险，金融中介的优势在于可以将大量具有不确定的短期流动性需求的投资者集中起来，根据大数法则来提供流动性，同时享受长期投资带来的高收益，信息的不对称使得金融中介在防止流动性冲击，提供横向风险分担功能方面具有相对的优势（Diamond & Dibvig, 1983; Bencivenga & Smith, 1991）。

（4）金融中介处理标准化信息具有规模优势。间接融资的主要弱点是不利于创新性企业和项目的发展，在非标准化（即涉及创新过程的不确定性）的环境下，银行往往不如证券市场有效率（Allen & Gale, 2002）。

相比较而言，金融市场（直接融资）的优势在于：

（1）市场的接管压力有助于实施对企业融资之后的监控。证券市场为投资者监控公司提供了两种机制：其一是主动型监控，即股东用手投票方式，股东可以参加股东大会，选举董事会成员，对公司重大事项进行投票表决，对管理层构成直接约束；其二是被动型监控，即股东用脚投票方式，如果股东对公司管理层行为不满意，可以卖出股票，如果出现大量抛售股票，公司股价就会急剧下跌，因而会影响公司在市场的再次融资，也可能引起外部接管，在这一潜在的威胁下，管理层不得不努力工作，以提高经营业绩，防止股价下跌。

（2）在风险管理方面。金融市场投资者可以构造风险最小的证券组合，并可以根据市场变化情况及时作出调整，以实现风险分散化的目标；同时二级市场的存在降低了流动性风险，为投资者提供了流动性便利（Levine, 1997），这与上述金融中介机构的减少流动性的功能类似。

（3）市场处理多样化信息具有优势。直接融资的弱点主要集中在信息外部性和企业监控两方面，在一个有效市场上，个别投资者不愿花费时间和资源去收集信息，如果其他投资者也能"搭便车"从这些信息中获利的话（Stiglitz, 1985），不仅如此，流动性市场也为投资者提供了方便的退出选择。因而削弱了他们监控企业的动力

(Shleifer & Vishny, 1997)。

对各国金融体系差异的关注最早始于历史学家 Gerschenkeron (1962), 他在考察欧洲工业化进程后, 归纳出三种融资模式: 英国外部融资以短期银行业务为主, 德国则以银行长期融资为主且银行与公司之间具有密切的关系; 而俄国则通过政府来引导资金向投资转化。在 Gerschenkeron 的开创性研究之后, 最近 20 年出现了大量关于比较金融体系的文献。这些文献尤其关注美国、英国与德国和日本的差异, 即银行主导型与市场主导型体系的区别备受关注。

伊斯曼 (Zysman, 1983) 将银行主导型模式又分为两类: 他认为法国和日本属于政府管理的银行主导模式, 而德国则属于机构自我管理的银行主导模式。Rybczynski (1984) 认为金融体系有银行主导型和市场主导型两种基本模式, 其研究关注于不同模式对工业发展的影响。博格洛夫 (Berglof, 1990) 则认为银行主导型模式对商业银行的较少限制, 使它们能同时持有公司的债权和股权, 这又使银行能够更有效地监控企业, 更愿意提供比市场主导模式更多的信贷支持, 从而使企业具有更稳定的所有者结构。Frankel & Montgomery (1991) 考察了英国、美国、德国和日本的金融体系结构, 重点比较了这些国家银行的运作, 通过实证分析, 他们推翻了公认的英国属于市场主导型模式的结论, 认为英国的银行与德国、日本银行一样在公司外部融资中居于主导地位。

梅耶 (Mayer, 1984) 的两篇论文中提出了一个重要问题: 各国的企业是如何进行融资的? 通过研究, 梅耶得出以下结论: 在主要发达国家的企业资金来源结构中, 企业内部资金是最重要的, 在外部资金来源中, 银行贷款是最重要的, 而股权融资的比重比较小。因此, 至少从企业融资的角度看, 各国的金融体系差别并不大。科比特和詹金森 (Corbett & Jenkinson, 1996) 也认为主要发达国家的金融体系应更适当地理解为以内源融资为主的体系。

Pollin（1995）则从证券持有者与公司关系密切程度不同的角度将金融体系分为距离融资型即市场主导型模式、关系融资型即银行主导型模式。A. Demirguc – Kunt & R. Levine（1999）对大约 150 个国家的金融体系进行了比较研究，其得出的结论不是很确定地支持市场主导型金融体系比银行主导型金融体系更有效率，有一些趋势反映了国家越富有，则其金融体系会更有可能向市场主导型体系演变。

Franklin Allen & Douglas Gale 在一系列比较金融体系方面的研究中，系统地研究了不同金融体系的各方面问题，并考察了金融中介与金融市场的互补关系，《比较金融系统》一书是上述研究的集中代表。

根据以上文献回顾，目前国际上通行的划分金融体系不同类型的方法，一般是依据金融中介机构（主要指银行）和金融市场在一国金融体系中相对重要性的不同（从企业角度则表现为不同的融资制度安排，即主要通过金融市场还是金融中介进行外源融资），将金融体系划分为两种模式：以市场为主导的金融体系（Market – Based Financial System）和以银行为主导的金融体系（Bank – Based Financial System）。在银行主导型金融体系中，金融中介机构（特别是银行）在资源配置上起着重要的作用，以德国和日本为代表；市场主导型金融体系则主要依靠证券市场来聚集和配置金融资源，以美国和英国最为典型。其中德国、美国分别代表了两种金融模式的极端，美国金融市场作用很大，而银行的集中程度很小；德国金融市场则不重要，几家大银行起支配作用。在这两个极端之间是其他一些国家，例如英国与加拿大的金融市场比德国发达，但是银行部门的集中程度高于美国，日本、法国传统上是以银行为主的金融体系，但是近年来金融市场发展也很快。

表 2 – 2 详细列示了金融体系两种模式的特点：

表 2-2　　　　　　　金融体系两种模式的特点

	市场主导型模式	银行主导型模式
1. 内部融资重要性	高	低
2. 对银行的依赖	低	高
3. 主要融资工具	证券	贷款
4. 主要金融交易	在金融市场	与银行的双边交易
5. 主要股东	家庭、机构投资者	银行、企业交叉持股
6. 银行持股	不重要	重要
7. 公司监督控制	股票市场	银行
8. 对法律实施的要求	高	低
9. 风险分散	风险广泛分散于各经济主体之间	风险通常集中于银行体系
10. 信息处理	市场公开发布	银行与客户通过长期关系共享信息

资料来源：依据 Okabe, M. (2004) Table。

继而，一些研究人员围绕这两种基本的金融模式对经济增长的关系展开了研究（Gerschenkron, 1962；Goldsmith, 1969；Gertler, 1988；Levine, 1997；Demirguc-Kunt & Levine, 2001）。那么，到底是银行主导型好还是市场主导型好，理论界争论很大。有的学者认为，金融市场主导型金融系统和银行主导型金融系统之间到底哪种设计更加有效还没有理论上的明确答案（Anian V. Thakor, 2002）。国内还有另一种声音，认为金融市场主导型模式是金融发展与金融改革的必然趋势，并从理论上鼓吹、实践上引导该观点在发展中国家金融实践中的应用。也有学者对此持保留意见，认为市场主导型金融系统与银行主导型金融系统各有优劣，呈现互补而非替代关系。

2.2.2.3 金融结构研究的发展和完善

自 20 世纪 50 年代以来，经济金融学家们认识到金融发展中的结构性问题后，便从不同视角对金融结构进行了大量的理论研究和实证分析。然而，70 年代以后学术界的研究重点转向金融发展，对金融结构的研究趋于停滞。90年代亚洲金融危机的爆发,使金融结构的转型及演变重新受到学术界的关注。伴随着经济环境的变化及金融理论的发展,学术界对金融发展的结构性因素有了更深的认识和阐述。

经济学家们顺应时代的要求,把理论视野由静态转向动态,于是,金融市场与中介的关系便有了崭新的一面。这里值得一提的是Merton(1995)的金融功能观(Financial Functional Perspective)和Levine(1997)的金融服务观(Financial Service View)以及一些研究发展中国家与转轨国家金融问题的经济学家(如Yijiang Wang, Chun Chang),他们无疑为我们理解金融发展中的中介与市场的关系提供了全新的视角。

Merton和Levine都认为,金融体系具有一系列功能或提供一系列服务,如跨时空配置资源、风险管理、动员储蓄、评估企业与项目等。这些功能或服务是相对稳定的,即不会随时间与空间的变化而改变。好的金融体系提供好的服务和有效率的功能,而金融体系中的中介与市场如何组织则取决于经济发展对金融体系功能与服务的需求。在Merton的理论视野中,金融中介与市场处在一个先后具有内在联系的逻辑链条上,它们是履行不同金融产品的"创造"与"打造"功能的制度安排。金融市场倾向于交易标准化或成熟的金融产品,面对的是大量的消费者;而金融中介则针对具有特殊需求的消费者提供个性化的产品,当金融中介提供的个性化产品适应了市场,克服了信息不对称问题后,便开始走进市场中交易。一种金融产品往往在中介与市场间作周期性的循环,直至达到稳定状态。Merton把这种中介与市场间的关系称为"金融创新螺旋"(Financial Innovations Spiral),因此,金融体系将朝着充分有效率的理想目标前进。可见,从动态角度看金融体系的发展,金融中介与市场的关系是互补的,而非替代的。Levine的金融服务观同样坚持中介与市场的互补关系。他认为中介与市场提供的是互补性或性质相同的金融服务，这些金融服务对于企业的创立、扩展和经济增长十分重要，而不论它是由哪方提供的。因此，历经一个世纪的关于中介与市场优劣的争执无大意义，更重要的金融服务本身才是理解金融发展的关键，而金融服务效率的提高取决于一国的法律、监管环境。

由此可见，Levine 和 Merton 的理论有异曲同工之妙，二者从相似的逻辑起点（金融体系的功能与服务）出发，前者强调中介与市场对金融发展的无差别性，从而突出金融服务的作用；后者则侧重从中介与市场的动态螺旋与不断更替，从而共同揭示出中介与市场的互补关系。

此外，阶段论者从动态的观点出发，认为金融中介与市场在不同经济发展阶段作用是不同的。经济发展程度比较落后、市场化水平低的国家，往往是政府干预遍及经济、金融的各个领域，此时金融中介（尤其是银行）是政府配置资源成本最低、最有效的渠道，过早实施自由化政策、任由市场作用，只会侵害原来脆弱的金融体系。Stiglitz 等（1998）主张实施"金融约束政策"，即政府通过"创租"，可激励经济主体生产投资的刺激性，但这一政策是随经济不断成熟而进行调整的，是一个在政府规制下培育并发展金融市场的动态过程。起初，在经济处于金融发展的初级阶段，可推行诸如控制存贷款利率、限制市场进入和市场竞争；随着金融深度的提高，尤其是随着金融部门资本基础的加强，这些干预应逐步放松，经济将转向更传统的"自由市场"模式。因此，发展中国家的当务之急是建立一个健全的银行体系，当这一任务完成后，再由市场来选择，是走向以金融中介为基础的金融体系还是以金融市场为基础的金融体系。麦金农（McKinnon，1993）的"金融控制"的观点与"金融约束"相似，他们都坚持遵循一种由中介到市场循序渐进的路径。阶段论者的这种由中介到市场循序渐进的政策建议受到发展中国家和转轨国家的广泛青睐，它们在发展本国金融体系的过程中，针对自己所处的经济发展阶段，选择相应的政策，并朝着"自由市场"模式迈进。

所有这些,无疑是对过去的金融中介导向观与市场导向观巨大理论分歧所进行的意义深远的理论"综合"。那么,关于金融发展中的中介主导和市场主导,我们可以用富兰克林·艾伦(Franklin Allen)和道格拉斯·盖尔(Douglas Gale)在《比较金融系统》一书中的描述进行总结:"与银行等金融中介相比,金融市场在风险分散方面并没有必然优势,片面强调金融领域市场化是错误的……银行业竞争可能不利于资源配置,一味强调竞争是没有根据的……金融市场与金融中介是互补,而不是替代。"

2.3 金融结构国际比较

2.3.1 美国的金融模式

美国金融体系是当今全球最大和最完善的金融体系,它在美国经济中占据着极其重要的地位,全美金融系统每年直接创造的产值大约占美国国民生产总值的五分之一。由于美国的经济规模非常之大,因此它对全球的影响力度也就非常大。

美国金融体系主要由三部分组成,联邦储备银行系统、商业银行系统和非银行金融机构。其中:①美国联邦储备银行系统起着中央银行作用,具有发行货币、代理国库及对私人银行进行管理监督职能,更为重要的是为美国政府制定和执行金融货币政策。联邦储备系统可以通过它所制定的政策直接影响货币的供应和信贷的增长,从而影响宏观经济的各个方面。目前,美国联邦储备银行系统包括联邦储备总裁委员会、联邦公开市场委员会、12家区域性联邦储备银行以及数千家私营的会员银行。其中,联邦储备总裁委员会是联邦储备银行系统的最高权力机构,它由7名委员组成,负责决定全国货币政策,并对联邦储备银行各区域性分行、会员银行和商业银行的活动及业务有广泛的监督和管理职责;联邦公开市场委员会是联邦储备系统用以执行货币政策的主要机构,由联邦储备总裁委员会 7 名委员和 5 名区域联邦储备银行的行长组成;区域性联邦储备银行是按照 1913 年国会通过的联邦储备法,在全国划分 12 个储备区,每区设立一个联邦储备银行分行。每家区域性储备银行都是一个法人机构,拥有自己的董事会;会员银行是美国的私人银行,除国民银行必须是会员银行外,其余银行是否加入全凭自愿而定。加入联邦储备系统就由该系统为会员银行的私人存款提供担保,但必须缴纳一定数量的存款准备金,对这部分资金,联邦储备系统不付给利息。②美国商业银行在美国金融体系中占有主要位置。截至 2008 年底,美国四大商业银行—花旗银行、美国银行、摩根大通银行和富国银行的总资产合计约 7.2 万亿美元,总资产规模占美国银行业总资产的 42%,并拥有美国一半左右的居民储蓄。③非银行金融组织主要包括保险公司、互助储蓄银行、储蓄放款协会、投资信托基金、养老基金组织、金融公司等。这类金融机构的资产总额大约为商业银行的 1 倍,故对国内金融界及国民经济都具有重大影响。

作为世界金融业的中心,美国的金融资产在全球总量中所占的份额是相当大的。一方面,近 50 年来的金融资产在总量上持续增长,由 1950 年的 2 330 亿美元到 1999 年的 14 763 亿美元,这期间增加了约 63 倍。据麦肯锡公司的研究报告显示,2005 年全球金融资产已达 140 万亿美元,而位于金融资产流动中心的便是美国,日本、中国和中东地区等资本净流出国约有 85% 的资产流向了美国。另一方面,美国金融资产在结构上也发生了变化。在过去的几十年间,根据金融结构数据库(A New Database on Financial Development and Structure)的数据,各类金融机构在金融资产总额中所占的比重也发生了显著的变化。

图 2-1 反映了 1960~2003 年美国中央银行、存款货币银行及其他金融机构资产占金融资产总额的比例变化情况:

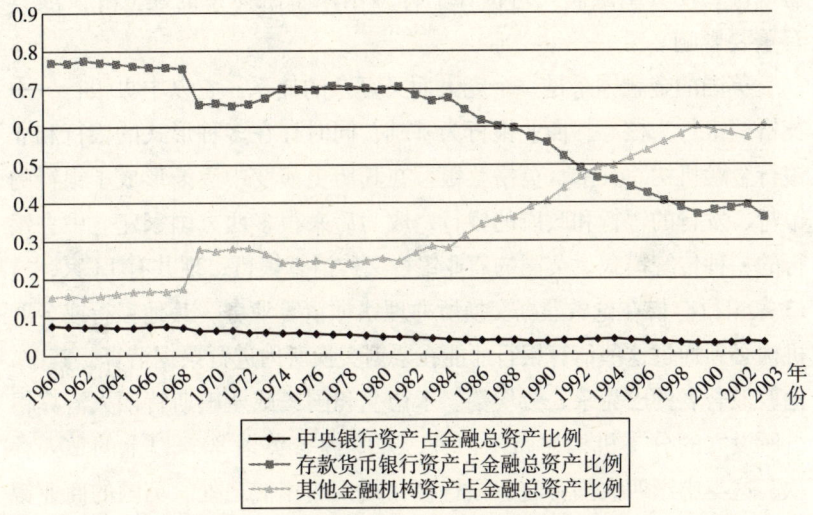

图 2-1 美国的金融资产结构（1960~2003 年）

与金融组织体系的完善相对应，美国的金融市场比较成熟和多样化。自第二次世界大战后，美国的金融创新活动层出不穷，尤其是 20 世纪 70~80 年代更是掀起了金融创新的浪潮，突出表现在金融市场涌现出许多新的工具（如大额可转让存单），出现了新的子市场（如商业票据市场、可转让存单市场等），这极大地推动了美国金融市场的发展。80 年代后，美国货币市场与国际货币市场的关系日益密切，尤其是欧洲美元市场的迅速膨胀使得两者的关系更加复杂。可以说，美国国内货币市场的发展和强大的国际货币市场为美国资本市场的发展提供了强有力的支撑，与资本市场共同构建起美国以直接金融为主的金融模式。

总结来看，美国的金融市场发达，企业融资以直接融资占主导地位，属于典型的市场主导型金融体系。

2.3.2 英国的金融模式

英国金融业具有悠久的历史，它在国际金融尤其是市场中的显赫地位,使其金融模式对世界上许多国家金融体系的建立和发展具有重要影响。

英国的金融体系是一个庞大而又复杂的体系,它以中央银行——英格兰银行为核心、商业银行为基础,同时存在多种形式的银行和非银行金融机构。其中,英格兰银行在其历史演变中逐渐形成了银行的银行、发行的银行和政府的银行,成为后来很多西方国家建立中央银行的一种传统模式。英国的商业银行又称清算银行,现共有13家,这13家银行有权在伦敦票据交换所办理票据清算业务,其他银行或金融机构必须通过这些清算银行才能在票据交换所内进行票据清算。其中,伦敦最著名的巴克莱、劳埃德、米德兰和国民威斯敏斯特四大清算银行所设立的分支机构遍布国内外,并掌握着英国80%以上的私人存款,这与中国四大国有商业银行存在很大的相似之处。英国的商业银行从一开始就以办理短期金融业务为主,并成为后来不少西方国家建立与发展其商业银行的一种典型模式。

在过去的四十多年间,英国金融体系取得了稳定发展,图2-2反映了英国存款货币银行与中央银行的资产比例、存款货币银行和股票市场对GDP的贡献情况。

英国的金融市场一向以形成最早、经验丰富而著称。同美国一样,英国金融市场十分复杂。除了大量的当地上市公司,许多外国公司也在伦敦上市。债券和货币市场也很重要,包括商业汇票、金边证券、银行票据和商业票据等短期金融工具在市场上的流动性较强。位于伦敦的欧洲债券市场交易量很大。

20世纪初,伦敦作为全球第一金融中心的地位逐渐被纽约所取代;从第二次世界大战结束到20世纪80年代,英国金融行业因缺乏竞争活力而面临进一步丧失在全球领先地位的危机。为挽救颓势,英国在过去的20年进行了两次重大金融改革,即1986年以金融自由化为特征的第一次金融"大爆炸"和90年代末以混业监管体系为核心的第二次金融"大爆炸",这两次改革奠定了目前英国金融业繁

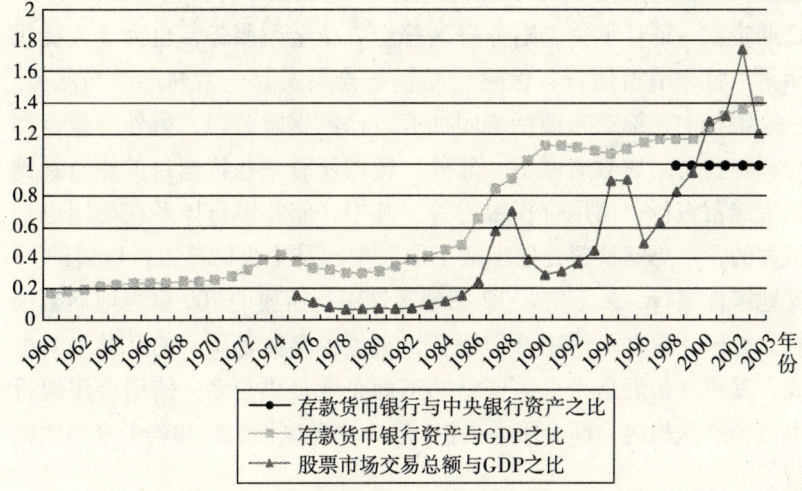

图 2-2　英国的金融资产结构（1960~2003 年）

荣的坚实基础。从中，我们可以看出英国金融发展的大体取向。

2.3.3　德国的金融模式

德国金融体系的典型特征是占统治地位的"全能银行"。全能银行不仅提供银行服务，还从事有价证券业务，很多货币市场和资本市场的工具都是由商业银行创造出来并由其来操作的。德国金融体系的这一特点导致了德国的金融市场不发达，资本市场对其货币市场较强的依赖性。德国是典型的银行主导型国家，其银行在金融体系中处于核心位置，而金融市场很不发达，这一点与 90 年代前的日本金融模式相类似。由 1993 年的统计数据发现，德国股票市场总市值只占 GDP 的 24%，而银行资产占到 GDP 的 152%。

德国金融体系以商业银行体系为主，大多数银行是混业经营的管理模式，可以从事银行、证券、基金、保险等在内的金融业务。德国的商业银行是全能银行的代表，德意志银行、德累斯顿银行和德国商业银行是德国最大的三家银行，这三家银行为企业提供短期、长期贷款、证券承销、财务咨询等全方位金融服务，也为个人提供储蓄工具、消费信贷、保险产品、证券买卖等一系列产品与服务。三家银行中，德意志银行集团拥有自己的保险公司，另外两家也都与保险公司结成战略联盟。此外，德国还有一些特殊目的银行，比如说储蓄银行、信用合作银行等。其中，储蓄银行体系在德国也是很大的，中央储蓄银行处于最上层，中间是中央储蓄银行所属的12家地区性银行，最下层是12家地区性银行所属的700家当地储蓄银行。德国还建立了信用合作银行，它是由存款者所有的互助组织组成，其成立初衷是为急需资金的工商企业提供帮助，信用合作银行由三个层次构成，即1家中央银行、3家地区性银行和若干家当地银行。

按照中央银行、存款货币银行及其他金融机构分类，德国存款货币银行资产与中央银行资产的比例，以及他们与GDP的关系如图2-3所示。

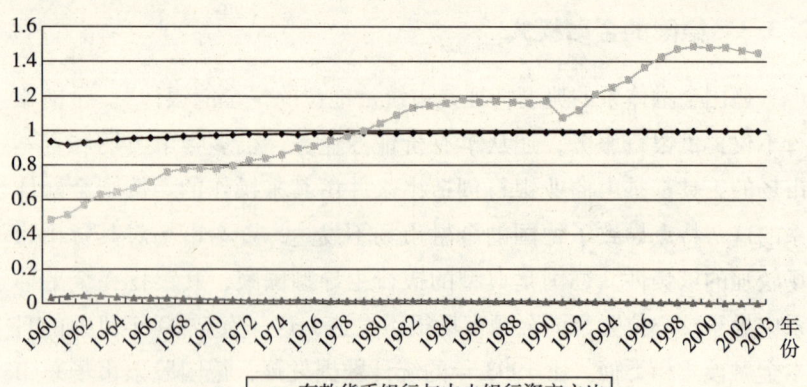

图2-3 德国的金融资产结构（1960~2003年）

与大多数工业化国家相比，德国的金融市场非常不发达，个人很少直接参与市场交易。而由于证券市场上缺少对内幕交易的限制，只有那些具有经验的投资者才积极地参与证券交易。此外，德国金融市场上的共同基金也比较少，而其他间接持有股票的方式又受到限制，因此其投资者的市场投资手段是非常有限的。就发达程度而言，德国的债券市场好过股票市场，市场上交易的债券和票据大部分是由联邦政府、州政府或当地政府、政府法人、银行以及其他中介机构发行的，而德国金融市场上全部公开发行的债券中，工商企业发行的债券仅为0.5%。德意志期货交易所是德国的第一个期货与期权交易所，成立于1990年，但交易量寥寥无几，因而其衍生品市场是无足轻重的。

2.3.4 日本的金融模式

日本金融体系由中央银行、民间金融机构、政府金融机构组成，形成了以中央银行为领导，民间金融机构为主体，政府政策性金融机构为补充的模式。其中：①日本银行是日本的中央银行。根据日本银行法，日本银行执行以下职能：发行纸币现钞并对其进行管理；执行金融政策；作为政府的银行的同时，担任"最后的贷款者"角色；执行与各国中央银行和公共机关之间的国际关系业务（包括介入外汇市场）；搜集金融经济信息并对其进行研究。②日本民间金融机构众多，形式多样且自成体系。民间金融机构有普通银行（包括城市银行和地方银行）、外汇专业银行、长期信用银行、信托银行以及相互银行、信用金库、信用协同组合、商工组合中央金库、农林中央金库以及证券公司、保险公司等。其中，普通银行相当于英美的商业银行，是日本民间金融机构的主体。2005年后，日本的商业银行体系主要由3家银行集团控制，即东京三菱日联集团、瑞穗金融集团和三井住友金融集团，这三家集团总的市场份额达到日本银行业总贷款和存款的50%左右。③在日本，政策性金融活动都是由政府金融机构来从事的,政府金融机构包括邮政储蓄、资金运用部、政府银行和公库、海外经济合作基金以及政府有关融资事业团。

总的来说,日本金融体系坚持专业分工主义的原则,实行专业分工的银行制度。因此,日本金融机构受到严格的业务领域限制,也就是说,不同类型金融机构承担不同性质的金融业务,它们之间不能相互交叉,呈现出业务分离状况。按照同样的方法,我们通过图2-4来反映近几十年来日本金融发展的基本情况。

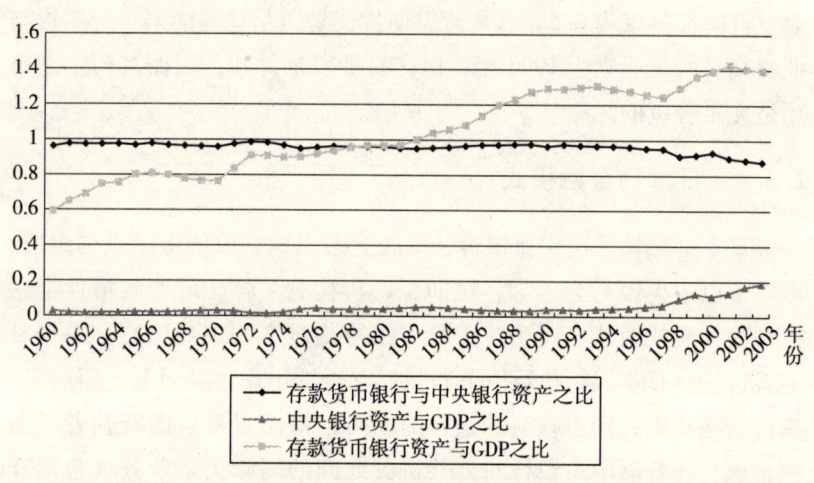

图2-4 日本的金融资产结构(1960~2003年)

同德国的金融模式相类似,日本的金融体系也是银行主导型的典型代表。以银行为主导的间接融资模式是20世纪80年代以前日本企业融资的一个重要特点。据统计,50年代后期到70年代的近20年里,间接融资所占的比重均高达70%~90%,其中大约80%是金融机构贷款。

虽然日本的金融体系是银行主导型的,政府对整个金融体系具有绝对地干预和主导力量,但近年来日本的金融市场也在其金融改革中取得了发展。70年代末，日本启动了以金融自由化、市场化和国际化为主要内容的金融改革，进而相继建立和发展了拆借市场、票据市场、回购市场、大额定期存单转让市场、银行承兑票据市场等货币市场，并先后向证券公司开放，极大地解决了证券公司的短期流动性需求，同时也为证券市场的发展提供了巨额的资金支持。20世纪90年代以后，随着金融全球化、自由化进程不断加深，日本政府过度保护和过多干预已不适应新形势的需要，在改革进程中，资本市场得到迅速发展，进一步发挥直接融资的作用已成为必然趋势。在这种形势下，日本企业通过银行贷款的间接融资比重有所下降，而直接融资随着国债的大量发行逐步兴起。

2.4　关于金融结构变迁

2.4.1　研究基本范式

金融结构变迁、演变、演进在中外文献中大量出现，是指一国金融体系在各种因素的作用下而随时间发生的结构性变化。根据系统演变的原理，变迁、演变或演进是一个动态的过程，其含义应包含有事物的初始状态、中间状态和最终状态，并且涉及某种状态到另一种状态的变化过程。而三个概念在侧重内容上有些微不同，变迁更侧重于因结构调整量的积累而发生的质的飞跃，演变或演进则侧重变化的过程，其中演进又有结构升级的含义。本书中，作者将沿用大多学者的提法，对变迁、演变、演进的概念不再作特别区分，不会影响对本课题的研究。

"变迁"一词，包含有事物演变和兴衰的意思。按照诺斯的说法，变迁是"事物创立、变更及随时间而被打破的方式"。据此，金融结构变迁是金融结构各组成要素的配合方式、规模比例随时间而不断产生的变化，并呈现出此消彼长的特点。要正确理解金融结构变迁这一概念，必须明确如下几点：

- 金融结构变迁是一个动态的过程，是金融结构从一种状态走向另一种状态；
- 金融结构变迁或金融体系的演变不同于金融发展；
- 金融结构变迁的实质是，结构变迁改变了拥有不同证券的金融机构和金融市场对有限的金融资源或金融剩余进行竞争和分割的状况，从而改变了金融结构各组成要素之间的对比状态和各自的地位。

随着对金融结构与经济发展关系的深入探讨，金融结构的变迁问题也逐渐受到学术界的关注。事实上，在跨国比较研究中，也已透露出金融结构变迁的某些线索。Patrick（1966）从金融发展与经济增长之间的因果关系出发，提出了金融发展"供给导向"和"需求导向"之间的区别，为金融结构的演变提供了一个有用的参考框架。克罗地亚·兹尔贝克（Claudia Dziobek）和约翰·加利特（John K. Garrett）于1998年提出了金融体系的趋同问题，美国转向全能型银行，而德国加强了其市场导向的融资，这两种金融系统看起来好像要趋同于一种共同的中间模式。Allen 和 Gale 在《比较金融系统》一书中指出"当前的金融体系趋向于市场主导型的金融体系可能是最合意的"。但上述研究都缺乏实证分析。Henning（1994）为德、日、美金融体系结构的趋同提供了一些依据，指出日本比其他国家变化更多，尽管两种模式的基本差异仍然存在。Marc Schaberg（1998）对 1970~1994 年英国、美国、法国、德国、日本金融体系（主要是非金融公司融资及资金运用模式）趋同演变的实证分析丰富了这方面的研究，其结论是法国在公司筹资及资金运用方面，日本在筹资方面正在趋同于市场主导型模式，而德国则无这些变化。

国内首先对金融结构演变进行系统研究的是白钦先教授，他在其专著《比较银行学》（1989）中，对金融体系结构变迁的规律进行了归纳和总结，提出一国金融结构的演变实际上是一个"金融倾斜及其逆转"的动态过程。唐寿宁、王晋斌（2002）在《投资者选择与金融系统演变》中指出，银行主导型和市场主导型金融结构的划分很大程度上只注意到了金融系统的外在形式，还不能揭示决定不同金融系统模式的内在因素，并认为金融系统模式的演变实际上是通过投资者对日常金融产品、金融中介的选择进行的。

上述研究反映了国内外学者对金融结构变迁的研究范式，在一定程度上从不同的角度揭示了金融结构的演进规律。从金融发展的历史来看，社会经济的发展引起金融结构形成的基础性条件发生改变，从而导致原有金融结构或其中的某些部分越来越不适应现实要求，当市场参与者各方都产生调整和变革的动机时，便会采取各种行为来突破现有金融结构及其相应规制的束缚，并引起金融结构的渐变。一般来说，在没有发生革命性变迁时，金融结构模式及其基本特征并不发生本质改变。相应地，金融发展主要体现在原有层次上的稳定增长。而当条件成熟时，金融结构的革命性变迁才具有明显的阶段性和跳跃性，这使得金融发展也呈现出明显的阶段性特征和层次差异。因此，金融结构的变迁是一个渐进式的、缓慢的连续过程。从理论上讲，各国金融结构变迁的方向主要是从不同经济、社会条件出发，朝着适应社会经济发展要求、满足经济主体金融需求的方向逐步演进。

2.4.2 结构变迁与动态学

在过去的大约 50 年里，经济学家用于分析宏观经济体系与强调宏观经济政策问题的方法发生了急剧的变化。现代宏观经济动态学的创立可适宜地追溯自萨缪尔森（Samuelson，1939）与希克斯（Hicks，1959）著名的经济周期模型。此后，随之而来的便是在 20 世界 50 年代至 60 年代期间对经济增长模型的密集研究，伯麦斯特和达伯尔（Burmeister and Dobell，1970）对此进行了综合性的评述。

由这种文献演化出来的动态宏观经济体系的分析均为后顾性的，这便是，动态学被假设是由某种既定的初始状态演化而来的。

根据动态学的观点，经济中的一些团体发行证券为其活动融资，而另一些团体则在储蓄与积累资产过程中吸纳这些证券。这些关系必然给宏观经济体系施加一种动态结构，即使所有基本的行为是静态的，因为财富积累影响了消费与总需求的其他构成。

对于金融结构来讲，它是在一定的社会经济背景下各种经济主体的行为施加于金融体系而形成的一种既定的结构。如果考虑时间因素，金融体系所呈现的结构属性将在各种内外因素的作用下处于不断的变化过程中。因此，可以认为某一时期的金融结构是由某种既定的初始状态演化而来，并朝着另一种状态或方向而发展下去。这种现象经过长期的累积效应，便表现为金融结构的变迁。

笔者深信，从静态上考察一国金融体系的结构性特征固然重要，但更为有用的视角应当是关注金融结构的动态演变，即将其看成是一个不断演进的复杂系统，而不仅仅是关注它们在特定时点上的差异。因此，研究应建立在系统的动态分析框架（Systematic and Dynamic Framework）之上，通过对金融体系的构成要素及其组合状态在一段时间内的发展演变进行全面、系统、动态的分析，能够归纳出影响金融结构变化的重要因素、各因素作用于金融体系的作用机制，以及金融结构演变的规律和趋势。

小结

金融结构作为金融发展的根本表现之一，自20世纪中叶以来受到了经济金融学界的广泛关注。通过对金融结构理论的回顾和金融结构的国际比较，我们可以对世界主要发达国家的金融结构和金融发展模式有个大体的认识，同时也可以为中国金融结构的调整方向提供国际借鉴。然而，由于研究视角的不同，现有的研究存在一些不足：

首先，在金融结构的概念和描述上，现有研究有扩大金融结构范畴的趋向，由于金融结构是体现金融系统内部各组成部分相对规模、组合与作用关系的概念，考虑到金融系统边界的问题，金融政策、金融效率等可以认为是系统的外部变量，它们或者是形成金融结构的基础性条件与影响因素，或者是金融结构作用于外部环境的结果，而非金融结构概念的本身；此外，前人对金融结构的界定体现了金融结构属性的不同方面，而各视角间具有相对独立性，未能从金融系统这一整体来考量其各个方面的结构属性，缺乏系统的相互关联性。

第二，在研究内容和重点上，近年来关于金融结构问题的研究主要集中在对中国金融结构现状所进行的实证研究及具体的改进建议方面，包括金融结构变迁的动因、规律、方向，金融结构与经济增长的关系，等等。现有文献大多分析了中国金融非均衡的表现，且多采用统计方法，而对于金融结构的优化或均衡的实质性研究则不够深入，对于金融结构可能的演变方向、金融结构变迁的内外作用机制尚不明确，因而政府在制定金融政策时缺乏可靠而有效的决策依据。

第三，在研究方法上，现有研究主要依赖于传统的数理经济学方法，它假定系统是稳定的，力图通过线性化来消除系统的非线性特征，在模型的构建过程中将一些非线性因素简单地处理为线性因素，强调"稳定"、"均衡"和"合理行为"等。虽然数学模型有利于金融理论逻辑的严密性，但是，一些非线性因素在经济发展中具有门槛效应，而且，经济、金融等活动过程总是结合了政治、文化、社会和个人心理等多重因素的作用，经济及金融活动的复杂性到目前为止还难以完全用数学模型描述清楚，因而导致理论研究与实践之间仍然有较大差距。

为了克服上述局限，作者将在下文中深入阐释金融结构的经济内涵，尝试对金融结构的不同表现形态进行综合的数学描述，这将不同于仅对金融结构的概念性描述，或是统计意义上的定量分析。进而，本书运用了经济学原理来分析影响金融结构变迁的动因及其作用机理。随后，作为非线性动力学方法之一的系统动力学理论，将被逐渐运用到金融系统的研究中来，用以探索金融系统的结构、功能与行为模式之间的联系。

3

中国金融结构总体考察与动态衡量

中国金融体系自新中国成立以来的发展有目共睹,这不仅表现在金融业务总量的增长上,也表现为金融结构的变迁和优化。对金融结构的研究始于对其准确描述与度量。本章在中外学者的研究基础上提出金融结构模式的概念,并构建了衡量一国金融结构的多层次、多维度的指标体系。据此,针对中国金融结构的发展历程,本章分别作了静态素描和动态衡量,并运用聚类方法分析了中国金融结构的基本特点及其变迁的动态过程,而中国金融发展中的结构性问题也从中得到一定程度的反映。

3.1 金融结构及变迁的经济解释

3.1.1 金融结构概念的深化

结构一词的中文含义是指"各个组成部分的搭配和排列",各个领域、各种事物都具有由其自身构成要素的不同组合与配比所形成的特有结构,如自然科学界的土壤结构、生物结构、化学结构等,社会科学中的社会结构、家庭资产结构、经济结构等。对于金融体系而言，构成金融总体的各个组成部分的分布、存在特性、相对规模、相互关联与配合也就体现了金融系统的结构属性。

为了深入理解金融结构的含义，我们需要从金融系统的构成要素及其运行机制入手。一般来说，一个完善的金融体系是由多个部分组成的：资金盈余方/赤字方及其资金需求与供给、金融参与主体（家庭、企业单位、政府部门、外国投资者）及其金融行为、金融交易的载体（金融工具）、资金融通的渠道（金融中介和金融市场），当然也包括金融基础设施、金融法律规制等，它们共同构成金融系统这一有机联系的整体，金融结构即体现为这些金融要素的存在、组合与运作状态。事实上，正是由于金融体系的这些组成部分相互关联、共同作用，才使得社会资金在经济主体间得以融通、金融系统的基本功能得以发挥。金融系统的构成要素及资金流向如图3-1所示。

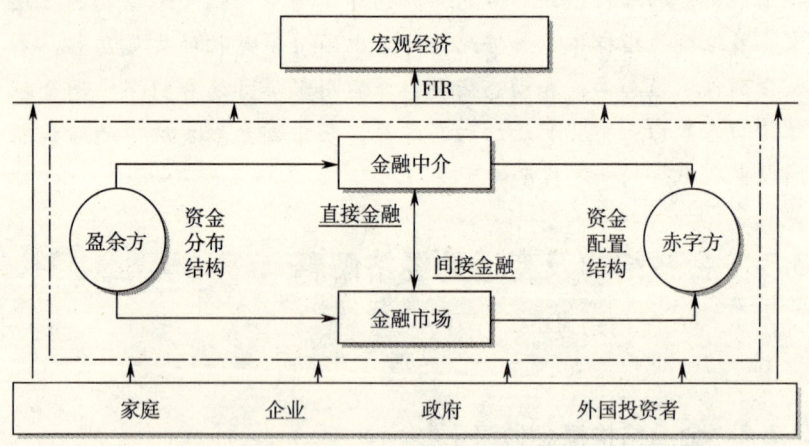

图3-1 金融系统资金流向结构框图

由上图可以看出，金融系统通过其自身的运行机制发挥着储蓄动员、转化与资金配置的功能，各经济主体作为资金的供求双方通过其金融行为对资金的流向结构产生影响，而金融业从整体上为宏观经济提供资金支持和推动力,各层次间相对独立又相互关联,共同作用于整个资金循环的全过程。

根据以上分析,可以认为金融结构是一国金融体系结构属性的经济度量,是指金融系统在资金融通过程中各种金融要素的存在特性、相互关联和相对规模,它描述了金融体系在某一时点或短期内的结构状态。金融结构的这一表述包含两个含义:

第一,从表现形态上来看,构成金融体系总体的各组成部分的配合与运作状态具有多种表现形态,在不同维度上体现着金融体系不同方面的结构属性。例如,前文所述的国外著名学者雷蒙德·戈德史密斯(1969)是从不同类型金融工具和金融机构的存在特性、分布以及相对规模来定义金融结构的,他认为"金融结构取决于金融工具与金融机构的结合"。20世纪90年代后,对金融结构的表述则形成了由美国学者 Asli Demirguc – Kunt 和 Ross Levine 所提出的银行主导型与市场主导型金融模式的界定,并由此引发了学术界关于二者对经济增长孰优孰劣的广泛研究和讨论。中国学者王兆星(1991)对金融结构从宏观、中观、微观三个层面进行研究,探讨了中国金融结构的目标模式。董晓时(1999)从"主体结构、客体结构、联系结构"三个方面分析了金融结构。王广谦(2002)以金融资产结构为切入点,采用分层次的结构比率分析法来考察中国金融结构的现状与变化。李健(2004)分别从金融产业结构、金融市场结构、金融资产结构、融资结构、金融开放结构五个方面考察了中国的金融结构。可见,金融结构具有多种表现形态,可以从不同的视角或路径进行研究。

第二,从经济含义上来看,金融结构体现了一国金融发展的层次与水平,它对一国金融发展和经济增长具有重要的决定作用和影响力。正因为如此,许多学者指出"金融发展即金融结构的变迁"。对于这一说法,同样可以借助于系统理论加以解释,根据系统论的观点,系统是结构与功能的统一体,结构和功能分别表示系统的构成与行为的特征；而系统行为的性质主要取决于系统内部的结构，在一定条件下，外部环境的变动、外部的干扰会起着重要作用，但归根结底，外因只有通过内因才能起作用。因此，一国金融系统的行为模式和发展程度可以认为主要是由其内部结构所决定的，也就是说，金融发展的过程往往伴随着金融结构的动态变迁和优化升级。可见，金融结构的优化升级，可以增强金融系统的功能和市场竞争力，提高金融产业和金融市场的运作效率，并可以有效分散和转移金融风险，增强金融发展的稳定性。

3.1.2 金融结构的数学描述

如前所述，金融系统是一个包含多变量的复杂系统，对于多变量系统而言，只有用状态变量的描述方法，才能完全地表达系统内部不同维度、不同视角的结构属性。因此，本节将采用向量表达式的方法来描述金融结构的各个方面，由此提出具有较广泛意义的金融结构模式的概念，并从中对金融结构的变迁进行数学表述。

3.1.2.1 多维度视角下的金融结构解析

根据上文的解释，我们可以从以下五个方面来分析金融结构：资金盈余方的储蓄结构（资金融出）、资金赤字方的融资结构（资金融入）、金融中介与市场结构、金融工具（资产）结构，它们是构成一国金融系统并使金融系统正常运行的最基本方面。下面作者将引入状态向量的形式来表达金融结构的不同方面，具体而言：

（1）盈余方储蓄结构

盈余方是指在金融市场交易中提供资金的一方，参与金融资产买卖的家庭、企业、政府、外国投资者都可能是资金盈余方。对持有的可支配资金，盈余方可以进行实物投资，也可以购买并持有各种金融资产，后者又称为金融投资行为。面对多样化的金融资产，金融投资者选择的资产类型、数量便体现了其储蓄（广义储蓄)结构。盈余方储蓄结构反映了社会资金的流向,简单来说,就是指盈余资金通过各种方式(直接金融或间接金融)进行融通的比例结构,从而反映了一国金融中介与金融市场吸纳资金的能力和相对规模。

家庭通常被认为是社会资金的主要盈余方,其持有的资产可能包括手持现金、银行存款、各种债券和股票、储蓄性保险和外币储蓄等,这些金融资产的形式、相对数量体现了家庭部门的储蓄结构(金融投资结构)。通过金融投资,家庭部门的盈余资金便注入到了金融系统或资金需求者手中。家庭资产结构可以用绝对数 FS_{family} 与相对数 FS'_{family} 来表示,如式 3-1 和式 3-2 所示:

$$FS_{family} = (QCash \quad QDeposits \quad QStocks \quad QBonds \quad QInsurance \quad QOthers) \tag{3-1}$$

$$FS'_{family} = \left(\frac{QCash}{DI} \quad \frac{QDeposits}{DI} \quad \frac{QStocks}{DI} \quad \frac{QBonds}{DI} \quad \frac{QInsurance}{DI} \quad \frac{QOthers}{DI} \right) \tag{3-2}$$

式中:QCash、QDeposits、QStocks、QBonds、QInsurance、QOthers 分别表示家庭部门现金、银行存款、股票、债券、保险以及其他形式金融资产的持有量;DI 表示家庭可支配收入;QCash/DI、QDeposits/DI、QStocks/DI、QBonds/DI、QInsurance/DI、QOthers/DI 分别表示手持现金、银行存款、股票、债券、保险以及其他形式金融资产的持有比例。

考虑到其他部门(企业、政府、外国投资者)也是资金盈余方的情况下,对上式进行扩展,以反映全社会资金盈余方的储蓄结构,同样以绝对数 FS_{saving} 和相对数 FS'_{saving} 表示,如式 3-3 和式 3-4 所示:

$$FS_{saving} = \begin{pmatrix} QDeposits_{11} & QStocks_{12} & QBonds_{13} & QInsurance_{14} & \cdots & QOthers_{1n} \\ QDeposits_{21} & QStocks_{22} & QBonds_{23} & QInsurance_{24} & \cdots & QOthers_{2n} \\ \cdots, & \cdots, & \cdots, & \cdots, & \cdots \\ QDeposits_{m1} & QStocks_{m2} & QBonds_{m3} & QInsurance_{m4} & \cdots & QOthers_{mn} \end{pmatrix} \tag{3-3}$$

$$FS'_{saving} = \begin{pmatrix} \dfrac{QDeposits_{11}}{TD} & \dfrac{QStocks_{12}}{TS} & \dfrac{QBonds_{13}}{TB} & \dfrac{QInsurance_{14}}{TI} & \cdots & \dfrac{QOthers_{1n}}{TO} \\ \dfrac{QDeposits_{21}}{TD} & \dfrac{QStocks_{22}}{TS} & \dfrac{QBonds_{23}}{TB} & \dfrac{QInsurance_{24}}{TI} & \cdots & \dfrac{QOthers_{2n}}{TO} \\ \cdots, & \cdots, & \cdots, & \cdots, & \cdots \\ \dfrac{QDeposits_{m1}}{TD} & \dfrac{QStocks_{m2}}{TS} & \dfrac{QBonds_{m3}}{TB} & \dfrac{QInsurance_{m4}}{TI} & \cdots & \dfrac{QOthers_{mn}}{TO} \end{pmatrix}$$

(3-4)

式中：$QDeposits_{ij}$、$QStocks_{ij}$、$QBonds_{ij}$、$QInsurance_{ij}$、$QOthers_{ij}$ 分别表示各经济部门（盈余方）的存款额、股票、债券、保险以及其他金融资产的持有量；TD、TS、TB、TI、TO 分别对应于各项资产的总量；$QDeposits_{ij}/TD$、$QStocks_{ij}/TS$、$QBonds_{ij}/TB$、$QInsurance_{ij}/TI$、$QOthers_{ij}/TO$ 则表示各资金盈余部门金融资产结构的相对数；i 代表各种资金盈余部门，如家庭、企业、政府、外国投资者等，j 代表各种类型的金融资产。

（2）赤字方融资结构

赤字方是指在金融市场交易中需求资金的一方，参与金融资产买卖的家庭、企业、政府、外国投资者都可能是资金赤字方。当赤字方需要资金时，他们可以采用不同的融资方式，如依靠金融机构为媒介进行间接融资，或直接与资金盈余者协商进行借贷等。那么，各种融资方式及其对应的融资数量便体现了资金需求者的融资结构。赤字方融资结构反映了社会资金的配置结构，也就是指资金短缺部门通过各种融资方式进行融资的比例，从而反映了一国金融中介与金融市场配置资金的能力和相对规模。

企业单位通常被认为是主要的资金需求者和融资部门。企业融资可以采取内源融资和外源融资两种方式：内源融资主要来源于企业内部的自由资金和在生产经营过程中的资金积累；而银行信贷、企业债券、股票等是外源性融资方式，企业以何种方式进行融资以及融资的数量体现了其融资结构。企业的融资结构可以用绝对数 FS_{firm} 与相对数 FS'_{firm} 表示，如式 3-5 和式 3-6 所示：

$$FS_{firm} = (QSelf\text{-}financing\ QDebts\ QStock\text{-}financing\ QBond\text{-}financing\ QNote\text{-}financing\ QOthers)$$

(3-5)

$$FS'_{firm} = \left(\frac{QSelf-financing}{TF} \quad \frac{QDebts}{TF} \quad \frac{QStock-financing}{TF} \quad \frac{QBond-financing}{TF} \quad \frac{QNote-financing}{TF} \quad \frac{QOthers}{TF} \right)$$

(3-6)

式中：QSelf-financing、QDebts、QStock-financing、QBond-financing、QNote-financing、QOthers 分别表示企业内源融资量以及通过银行贷款、股票、债券、票据或其他方式的融资量；TF 表示融资总量；QSelf-financing/TF、QStock-financing/TF、QBond-financing/TF、QNote-financing/TF、QOthers/TF 则表示各种融资方式的比例。

考虑到其他部门（家庭、政府、外国投资者）也是资金赤字方的情况下，对上式进行扩展，以反映全社会资金赤字方的融资结构，同样以绝对数 $FS_{financing}$ 和相对数 $FS'_{financing}$ 表示，如式 3-7 和式 3-8 所示：

$$FS_{financing} = \begin{pmatrix} QDebts_{11} & QStock-financing_{12} & QBond-financing_{13} & QNote-financing_{14} & \cdots & QOthers_{1n} \\ QDebts_{21} & QStock-financing_{22} & QBond-financing_{23} & QNote-financing_{24} & \cdots & QOthers_{2n} \\ \cdots & \cdots & \cdots & \cdots & \cdots & \cdots \\ QDebts_{m1} & QStock-financing_{m2} & QBond-financing_{m3} & QNote-financing_{m4} & \cdots & QOthers_{mn} \end{pmatrix}$$

(3-7)

$$FS'_{financing} = \begin{pmatrix} \frac{QDebts_{11}}{TD} & \frac{QStock-financing_{12}}{TS} & \frac{QBond-financing_{13}}{TB} & \frac{QNote-financing_{14}}{TN} & \cdots & \frac{QOthers_{1n}}{TO} \\ \frac{QDebts_{21}}{TD} & \frac{QStock-financing_{22}}{TS} & \frac{QBond-financing_{23}}{TB} & \frac{QNote-financing_{24}}{TN} & \cdots & \frac{QOthers_{2n}}{TO} \\ \cdots & \cdots & \cdots & \cdots & \cdots & \cdots \\ \frac{QDebts_{m1}}{TD} & \frac{QStock-financing_{m2}}{TS} & \frac{QBond-financing_{m3}}{TB} & \frac{QNote-financing_{m4}}{TN} & \cdots & \frac{QOthers_{mn}}{TO} \end{pmatrix}$$

(3-8)

式中：$QDebts_{ij}$、$QStock-financing_{ij}$、$QBond-financing_{ij}$、$QNote-financing_{ij}$、$QOthers_{ij}$ 分别表示赤字部门的银行贷款、股票、债券、票据及其他方式的融资量；TD、TS、TB、TN、TO 对应于各种融资总量；$QDebts_{ij}/TD$、$QStock-financing_{ij}/TS$、$QBond-financing_{ij}/TB$、$QNote-financing_{ij}/TN$、$QOthers_{ij}/TO$ 则表示各赤字部门通过各种方式进行融资的比例；i 代表各种资金赤字部门，j 代表各种融资方式。

（3）金融中介结构

金融中介机构作为联系资金供求双方的媒介而存在，在金融体系中起着动员与配置资金的作用。金融中介结构主要是通过各种金融机构的存在、分布、市场份额及相对规模来体现的,它在一定程度上反映了一国金融中介体系的总体发展状况以及各类中介机构的相对发展状况。一般来说,银行、证券、保险类机构是大多数国家普遍存在的金融机构形式,在不同国家或不同时期,这些金融机构的相对规模、市场份额并不相同,由此便形成不同的中介结构。由于金融中介机构是金融系统的主体,其结构属性为我们认识一国金融体系的组织概貌提供了基础,同时它也反映了不同金融产业的发展情况,以及它们在资金融通过程中的重要程度。

中国的银行是金融体系中占主导地位的中介机构,由此也说明了中国金融体系是以银行业为主导的结构特征。一般来讲,对于银行业的结构可以从不同银行类金融机构持有的资产份额、业务量、机构数量、人员数量等方面得以反映。除银行类机构外,综合考虑其他类型的金融机构,如证券公司、基金管理公司、保险公司、信托投资公司、金融租赁公司等,可以从整体上考察金融中介体系的结构情况,以绝对数 $FS_{intermediary}$ 和相对数 $FS'_{intermediary}$ 表示,如式 3-9 和式 3-10 所示:

$$FS_{intermediary} = \begin{pmatrix} Assets_{11} & Portfolio_{12} & QInstitution_{13} & QPersonnel_{14} & \cdots & Others_{1n} \\ Assets_{21} & Portfolio_{22} & QInstitution_{23} & QPersonnel_{24} & \cdots & Others_{2n} \\ \cdots & \cdots & \cdots & \cdots & \cdots & \cdots \\ Assets_{m1} & Portfolio_{m2} & QInstitution_{m3} & QPersonnel_{m4} & \cdots & Others_{mn} \end{pmatrix}$$

(3-9)

$$FS'_{intermediary} = \begin{pmatrix} \dfrac{Assets_{11}}{TAss} & \dfrac{Portfolio_{12}}{TPor} & \dfrac{QInstitution_{13}}{TIns} & \dfrac{QPersonnel_{14}}{TPer} & \cdots & \dfrac{Others_{1n}}{TOth} \\ \dfrac{Assets_{21}}{TAss} & \dfrac{Portfolio_{22}}{TPor} & \dfrac{QInstitution_{23}}{TIns} & \dfrac{QPersonnel_{24}}{TPer} & \cdots & \dfrac{Others_{2n}}{TOth} \\ \cdots & \cdots & \cdots & \cdots & \cdots & \cdots \\ \dfrac{Assets_{m1}}{TAss} & \dfrac{Portfolio_{m2}}{TPor} & \dfrac{QInstitution_{m3}}{TIns} & \dfrac{QPersonnel_{m4}}{TPer} & \cdots & \dfrac{Others_{mn}}{TOth} \end{pmatrix}$$

(3-10)

式中:$Assets_{ij}$、$Portfolio_{ij}$、$QInstitution_{ij}$、$QPersonnel_{ij}$、$Others_{ij}$ 分别表示金融体系中各类金

融机构的资产额、业务量、机构和人员数量及其他指标；TAss、TPor、TIns、TPer、TOth 对应于各项总量；$Assets_{ij}/TAss$、$Portfolio_{ij}/TPor$、$QInstitution_{ij}/TIns$、$QPersonnel_{ij}/TPer$、$Others_{ij}/TOth$ 则表示金融中介结构的相对数；i 代表不同类型的金融机构，如中央银行、国有商业银行、股份制商业银行、其他银行类金融机构等，j 表示衡量银行业结构的变量。

（4）金融市场结构

金融市场是指以金融工具为交易对象而形成的供求关系及其机制的综合。按照不同的标准，可以把金融市场划分为多种类型，如：按交易工具的不同期限，可分为货币市场和资本市场；按不同的交易标的物，可分为票据市场、证券市场、衍生工具市场、外汇市场、黄金市场；按功能划分，可分为发行市场、流通市场；按组织方式划分，可分为场内市场和场外市场；按交割期限，可分为现货市场和期货市场；按地域的不同，可分为地方性、全国性、区域性以及国际性金融市场。由于金融市场的分类具有相对性，实际上，各种类型的市场间互有交叉，某一类市场往往同时兼有几类市场的特征，如资本市场中既有股票市场又有债券市场、既有发行市场又有流通市场、既有场内市场又有场外市场等，因此，金融市场结构十分复杂。

以上分类方法为我们界定金融市场结构提供了依据，各子市场的相对规模及市场份额即体现了金融市场结构。再根据各金融市场的基本构成要素（市场参与者、金融工具、金融工具的价格与金融交易的组织方式），我们就可以从市场要素机构的角度对金融市场结构有更细致的分析。如式 3-11 和式 3-12 所示：

$$FS_{market} = \begin{pmatrix} Market-Size_{11} & Participants_{12} & Instruments_{13} & Interest-Rate_{14} & \cdots & Others_{1n} \\ Market-Size_{21} & Participants_{22} & Instruments_{23} & Interest-Rate_{24} & \cdots & Others_{2n} \\ \cdots & \cdots & \cdots & \cdots & \cdots & \cdots \\ Market-Size_{m1} & Participants_{m2} & Instruments_{m3} & Interest-Rate_{m4} & \cdots & Others_{mn} \end{pmatrix}$$

$$(3-11)$$

$$FS'_{market} = \begin{pmatrix} \dfrac{Market-Size_{11}}{TMS} & \dfrac{Participants_{12}}{TMP} & \dfrac{Instruments_{13}}{TFI} & \dfrac{Interest-Rate_{14}}{BMIR} & \cdots & Others_{1n} \\ \dfrac{Market-Size_{21}}{TMS} & \dfrac{Participants_{22}}{TMP} & \dfrac{Instruments_{23}}{TFI} & \dfrac{Interest-Rate_{24}}{BMIR} & \cdots & Others_{2n} \\ \cdots & \cdots & \cdots & \cdots & \cdots & \cdots \\ \dfrac{Market-Size_{m1}}{TMS} & \dfrac{Participants_{m2}}{TMP} & \dfrac{Instruments_{m3}}{TFI} & \dfrac{Interest-Rate_{m4}}{BMIR} & \cdots & Others_{mn} \end{pmatrix}$$

(3 – 12)

式中：$Market-Size_{ij}$、$Participants_{ij}$、$Instruments_{ij}$、$Interest-Rate_{ij}$、$Others_{ij}$ 分别表示金融市场的规模、市场参与者、金融市场工具、利率水平及其他指标；TMP、TMP、TFI、BMIR 对应于各项总量或基准量；$Market-Size_{ij}/TMS$、$Participants_{ij}/TMP$、$Instruments_{ij}/TFI$、$Interest-Rate_{ij}/BMIR$ 则表示各金融市场的规模结构、市场主体参与结构、工具结构、利率结构；i 代表不同类型的金融市场，j 表示衡量金融市场结构的变量。

(5)（工具）金融资产结构

金融工具是能够证明债权债务或所有权关系并据此进行货币资金交易的合法凭证；与金融工具相对应，一切可以在有组织的金融市场上进行交易、具有现实价格和未来估价的金融工具的总称即是金融资产。金融工具的类型及其在社会各经济部门间的分布一方面形成金融投资者（资金盈余方）的金融资产，另一方面形成融资者（资金短缺方）的金融负债，由此反映了社会资金的分布情况。

事实上，恰恰由于金融工具在不同经济主体间的分布和相互关联使得金融体系的资金融通功能得以正常发挥。而且，对于以上层次金融结构的准确描述，也依赖于对金融工具（资产）结构的累积。金融工具结构分别以绝对数 $FS_{instrument}$ 和相对数 $FS'_{instrument}$ 表示，如式 3–13 和式 3–14 所示：

$$FS_{instrument} = \begin{pmatrix} Financial\ Instrument_{11} & Financial\ Instrument_{12} & \cdots & Financial\ Instrument_{1n} \\ Financial\ Instrument_{21} & Financial\ Instrument_{22} & \cdots & Financial\ Instrument_{2n} \\ \cdots & \cdots & \cdots & \cdots \\ Financial\ Instrument_{m1} & Financial\ Instrument_{m2} & \cdots & Financial\ Instrument_{mn} \end{pmatrix}$$

(3 – 13)

$$FS'_{instrument} = \begin{pmatrix} \dfrac{\text{Financial Instrument}_{11}}{\text{TFI}} & \dfrac{\text{Financial Instrument}_{12}}{\text{TFI}} & \cdots & \dfrac{\text{Financial Instrument}_{1n}}{\text{TFI}} \\ \dfrac{\text{Financial Instrument}_{21}}{\text{TFI}} & \dfrac{\text{Financial Instrument}_{22}}{\text{TFI}} & \cdots & \dfrac{\text{Financial Instrument}_{2n}}{\text{TFI}} \\ \cdots & \cdots & \cdots & \cdots \\ \dfrac{\text{Financial Instrument}_{m1}}{\text{TFI}} & \dfrac{\text{Financial Instrument}_{m2}}{\text{TFI}} & \cdots & \dfrac{\text{Financial Instrument}_{mn}}{\text{TFI}} \end{pmatrix}$$

$$(3-14)$$

式中，Financial Instrument$_{ij}$ 表示各经济部门的不同类型的金融工具余额；TFI 表示各类型金融工具（资产）总量；i 表示各种经济部门如家庭、厂商、金融机构、政府、外国投资者等；j 表示各种形式的金融工具，包括银行票据、股票、债券等。

3.1.2.2 金融结构及其变迁模式

至此，本章就从金融系统的构成要素及金融体系的运行机制出发，用状态变量的形式描述了金融结构。需要说明的是，不同维度的金融结构是相互关联、互为因果的。其中，资金盈余方的储蓄结构（即金融投资）反映了社会资金流向金融系统的结构，对应于金融中介和金融市场的资金动员功能，从而形成二者吸纳社会盈余资金的比例，代表了金融中介与金融市场的相对规模与发展程度；资金赤字方的融资结构反映了社会资金流出金融系统的结构，对应于金融中介和金融市场的资金配置功能，由此形成二者配置资金的比例，同样代表了金融中介和金融市场的相对规模与发展程度。由于资金流联系了金融系统的各个组成部分，而金融工具作为资金的载体，它在金融系统的分布结构也即各经济部门持有（工具）金融资产结构必然是形成上述金融结构属性的基础，因此，（工具）金融资产结构是最基层的金融结构，它从总体上贯穿于金融体系资金循环的全过程。

综上所述，各状态向量分别用于表示不同方面的金融结构属性，综合起来并以矩阵 $FS_{m \times n(t)}$ 和 $FS'_{m \times n(t)}$ 表示，如式 3-15 和式 3-16 所示，可以称之为金融结构模式，"模式"一词的指涉范围甚广，它标志了物件之间隐藏的规律关系，而这些物件并不必然是图像、图案,也可以是数字、抽象的关系甚至是思维的方式。用模式的概念来表述金融结构旨在揭示金融系统内部各构成要素的关联性及作用机制。

$$FS\,m \times n(t) = \begin{pmatrix} \text{Financial Asset}_{11} & \text{Financial Instrument}_{12} & \text{Financing-in}_{13} & \text{Financing-out}_{14} & \cdots & \text{Others}_{1n} \\ \text{Financial Asset}_{21} & \text{Financial Instrument}_{22} & \text{Financing-in}_{23} & \text{Financing-out}_{24} & \cdots & \text{Others}_{2n} \\ \cdots & \cdots & \cdots & \cdots & \cdots & \cdots \\ \text{Financial Asset}_{m1} & \text{Financial Instrument}_{m2} & \text{Financing-in}_{m3} & \text{Financing-out}_{m4} & \cdots & \text{Others}_{mn} \end{pmatrix}$$

(3-15)

$$FS'\,m \times n(t) = \begin{pmatrix} \dfrac{\text{Financial Asset}_{11}}{\text{TFA}} & \dfrac{\text{Financial Instrument}_{12}}{\text{TFI}} & \dfrac{\text{Financing-in}_{13}}{\text{TFin}} & \dfrac{\text{Financing-out}_{14}}{\text{TFout}} & \cdots & \dfrac{\text{Others}_{1n}}{\text{TOth}} \\ \dfrac{\text{Financial Asset}_{21}}{\text{TFA}} & \dfrac{\text{Financial Instrument}_{22}}{\text{TFI}} & \dfrac{\text{Financing in}_{23}}{\text{TFin}} & \dfrac{\text{Financing out}_{24}}{\text{TFout}} & \cdots & \dfrac{\text{Others}_{2n}}{\text{TOth}} \\ \cdots & \cdots & \cdots & \cdots & \cdots & \cdots \\ \dfrac{\text{Financial Asset}_{m1}}{\text{TFA}} & \dfrac{\text{Financial Instrument}_{m2}}{\text{TFI}} & \dfrac{\text{Financing-in}_{m3}}{\text{TFin}} & \dfrac{\text{Financing-out}_{m4}}{\text{TFout}} & \cdots & \dfrac{\text{Ohters}_{mn}}{\text{TOth}} \end{pmatrix}$$

(3-16)

式中:Financial Asset$_{ij}$、Financial Instrument$_{ij}$、Financing-in$_{ij}$、Financing-out$_{ij}$、Others$_{ij}$用于度量各经济部门的金融资产结构、金融工具结构、资金融入结构、融出结构及其他指标等;TFA、TFI、TFin、TFout、TOth对应于全社会金融资产、金融工具、资金融入、资金融出及其他指标的总量;Financial Asset$_{ij}$/TFA、Financial Instrument$_{ij}$/TFI、Financing-in$_{ij}$/TFin、Financing-out$_{ij}$/TFout、Others$_{ij}$/TOth则表示金融结构的相对数;$i=1,2,\cdots,m$表示各种经济部门,包括家庭、厂商、金融中介机构、政府部门、外国投资者等,$j=1,2,\cdots,n$表示金融结构的不同表现形态,矩阵包含有$m \times n$个元素,t表示时间。

为了直观地表示金融结构模式这一概念,本节借助于向量空间加以描述,图3-2是一个n维的向量空间R^n,各维度分别代表了金融系统不同方面的结构属性。其中,纵轴用于度量一国金融中介和金融市场的相对规模,直线Ⅰ、Ⅱ表示通过金融中介或金融市场进行资金融通的份额,直线Ⅲ表示直接金融工具或间接金融工具的份额,t表示时间。如图3-2所示。

那么,对于不同国家而言,假设A、B区域分别表示A、B两国的金融结构属性——资金融入结构、资金融出结构、金融工具结构

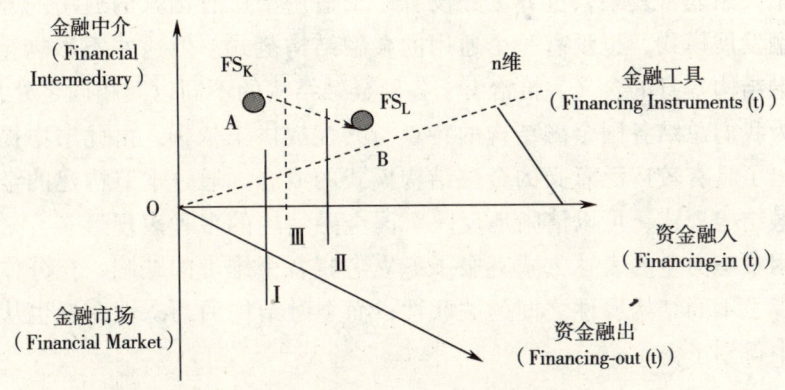

图 3-2 金融结构及其变迁的行为模式

等,也就代表了不同的金融结构模式。就中国金融系统来讲,无论是资金盈余方的资金融出、资金赤字方的资金融入,或是经济主体持有或发行的金融工具,主要还是通过金融中介来实现的。因此,相对于金融市场而言,我国金融中介更具规模优势,银行业特别是国有商业银行在资金融通过程中占据着主导地位。这在图 3-2 中表现为直线 I、II、III 更多的在 O 点以上,而在 O 点以下的部分较少,表明了一国金融系统的基本运行机制。

需要说明的是,考虑到时间因素,假设 FS_K 表示 K 时点的金融结构,FS_L 表示 L 时点的金融结构,那么,在 KL 这一时期内,多种因素如经济金融发展、法律制度安排等都可能导致社会资金流向结构的变化,即 FS_t 将发生变化,这便体现了金融系统结构属性的改变。所以,我们从中可以解释金融结构的动态性变迁特性。为了表示这一动态特征,可以用系统的行为模式加以说明,即 $FS_{(t+1)} = f\lambda(FS_t)$。其中,$FS_{(t+1)}$、$FS_t$ 表示金融系统在 $(t+1)$、t 时点的状态;λ 为金融系统的序参量,包括金融管理者不可控制的环境变量和可控制的管理决策变量等。

在现实世界中,由于影响金融结构形成与演变的因素及其作用关系非常复杂,世界上并没有一个适用于所有国家的通用的金融发展模式,也没有一个通用的金融结构范式。但这并不影响金融结构本身的含义,恰恰由于各国金融结构的不同以及相同之处,为我们总结各国金融结构的特点与共性提供了依据,由此书中提出了具有较广泛意义的金融结构模式的概念。通过本节构建的金融结构模式,可以清晰地反映一国金融结构的多种表现形态,采用状态向量的表达方式克服了孤立考察各个维度的缺陷,充分体现了不同结构属性之间的关联性,而金融结构的动态性变迁也从中得到了揭示。

3.2 衡量金融结构的指标体系

3.2.1 金融结构指标体系的设置标准

金融结构有多种表现形态,考察一国金融结构的状况应从多层面、多角度进行。但无论从哪个层面或角度出发,要精确描述一国金融结构的运作状况都需要通过合适的指标来反映。因此,在具体分析一国的金融结构前,首先要考虑采取什么指标来衡量一国的金融结构,设定有效的指标体系是研究金融结构的基础与出发点。

总结中外学者对金融结构问题的研究发现,由于研究人员所关注的视角不同,也就产生了不同的金融结构指标体系。下面,作者主要介绍几种比较有影响力的理念。戈德史密斯在《金融结构与金融发展》一书中指出:"由于金融结构是由金融工具和金融机构共同决定的,因此应从下面几个方面研究一国的金融结构,并尽可能从数量关系上加以描述。它们是:金融资产与实物在总量上的关系,金融资产与负债总额在各种金融工具中的分布,以金融机构持有或发行的金融资产所占的比例来表示的金融资产与负债在金融机构和非金融经济单位中的分布,以及金融资产与负债在各个经济部门的地位等"。因此,戈德史密斯采用比率分析方法对35个国家的金融上层结构、金融工具结构、金融机构结构的历史与现状进行了比较研究,具体指标包括:金融相关比率(FIR)、新发行比率(NIRA)、金融构成比率、金融工具比率、金融中介比率、金融部门比率、分层比率以及融资比率等。

在戈德史密斯之后,西方学术界集中到对银行主导型与市场主导型金融两种金融模式优劣的比较上,并以此评判不同的金融结构对金融发展乃至经济增长的作用。在金融结构分析指标的设定方面,美国学者孔特(Asli Demirguc - Kunt)和莱文(Ross Levine)(1999)依据由小到大、由窄到宽的原则分别从规模(Size)、行为(Activity)和效率(Efficiency)三个角度设定了一系列的分析指标,为以后许多学者研究金融结构问题提供了考察依据。具体指标如下:

结构—规模:主要指标有银行与非银行金融机构流动性负债/GDP、存款货币银行国内资产总额/GDP、国内股票市场价格总额(按市价计算)/GDP、存款货币银行国内资产总额/国内股票市场价格总额(按市价计算)和存款货币银行国内资产总额/非银行金融机构资产总额,分别用以衡量金融中介机构、银行机构、证券市场相对经济规模的大小,以及银行机构与证券市场、银行机构与非银行金融机构的相对规模。

结构—行为:主要指标包括存款货币银行对私人部门(居民和非国有企业)的信贷总额/GDP、非银行金融机构对私人部门的信贷总额/GDP、国内股票市场交易额/GDP、存款货币银行对私人部门的信贷总额/国内股票市场交易额,分别用以反映银行机构、非银行金融机构和证券市场的行为和流动性。

结构—效率:银行机构的效率用银行管理费用/资产总额、银行净息差/资产总额两个指标衡量;股票市场的效率用换手率(即股票市场交易额/股票市场价值总额)衡量;一国金融体系的整体效率用（股票市场交易额/GDP）×银行管理费、（股票市场交易额/GDP）×银行净息差来衡量。此外，他们还用三家最大银行资产额在银行总资产中的占比考察银行的集中程度，用外国银行资产额在银行总资产中的比重、国有银行资产额在银行总资产中的比重分别考察外资银行、国有银行在一国金融体系中的地位。

国内学术界在金融结构分析指标方面自20世纪80年代中期以来也进行了详尽的探讨。1987年，李茂生从货币结构、结算结构、银行资金结构、利率结构、金融机构从业人员结构以及金融市场结构等方面对中国金融结构的变化、现状和趋势进行了系统的分析研究。1991年，王兆星认为，从横向上看，金融结构是金融主体、客体、形式、工具、价格及市场的有机整体；从纵向上看，它是微观基础（金融组织结构、经营结构、资产负债结构）、中观市场（信用结构、金融商品结构、金融价格结构、金融交易结构和金融市场调节机制结构）和宏观管理（目标结构、决策结构、调控运行结构、金融政策结构、金融制度结构）的有机整体。1999年，方贤明提出金融结构的特征归根结底是由经济体系的整体基本性质决定的，任何经济活动都是在一定所有制下开发和利用资源的活动，他从制度变迁的角度分析了我国个人金融资产结构、企业融资结构、金融监管体系结构的变化。2000年，王维安认为衡量一国金融结构主要可从以下六个指标去衡量，分别是：金融相关率、内源融资与外援融资之间的结构比例、直接融资与间接融资之间的结构比例、金融资产内部结构比例、金融机构的资产结构比例、国内融资与国际融资之间的结构比例。2004年，李健从金融产业结构、金融市场结构、金融资产结构、融资结构、金融开放结构五个方面对我国金融结构进行了立体化、全方位的研究，并设置了一套详尽的金融结构指标体系。此外，还有众多学者（如段福印，1997；孙伍琴，2003；李健，2005；赵胜来，2005；等）对我国的金融资产结构、融资结构进行了独立地研究，并采用了不同的分析指标表述和反映了我国的金融体系在资产、融资方面的结构现状与问题。

从中外学者的研究可以看出，金融结构分析指标的选取应取决于对金融结构的研究视角。那么，在众多的金融结构指标体系中，怎样的分析指标才能合理、有效地衡量并反映一国的金融结构呢？从世界金融数百年的发展历程中可以发现，各国金融结构的变迁呈现出一些具有共性的特点与规律，而这些共性的特点与规律为我国选取金融结构指标体系提供了依据。

3.2.2　金融结构指标体系构建

金融结构指标设置应从多维度、立体化的视角进行，如宏观视角下金融总量与国民经济的关联性，中观视角下金融中介与金融市场的相对规模，微观视角下金融交易主体的决策结构等。在构建金融结构的指标体系时，应使这些不同层次、不同维度的结构状态得以体现。考虑到金融结构的内涵以及金融系统的运行机制，作者将按照由高到低、由上到下、由粗到细的原则，分三个层次来考察一国金融结构，进而提出金融结构的多维度指标体系。

(1) 金融在国民经济中的比重

作为经济系统的一个子系统，金融系统与国民经济增长有着必然的甚至是核心的联系，这也是这一议题吸引国内外经济金融学者广泛关注的原因。因此，考察一国金融系统的结构属性首先要从总体上、宏观上把握其与经济系统的结构关系，这就是金融总量与国民财富的关系，它表示了金融系统与一国经济增长的关联性以及所作贡献的程度。这是最高层次、宏观视角的金融结构。

用于表示金融上层结构与经济基础结构的指标主要是相关金融变量与国民财富的比率。按照我国目前的金融资产统计方法，金融资产总量是由货币性金融资产、证券性金融资产、保险保障性金融资产、黄金白银以及在国外金融机构资产构成，因此，这一层次的金融结构指标应包含各类金融资产在国民财富中所占的比重。其中,金融资产总量与国民财富之比是金融相关比率(FIR),它表示了一国经济的金融化程度,是用于衡量金融结构最重要的指标之一。如表 3-1 所示。

表 3-1　　　　　宏观视角下的金融结构及其衡量

宏观视角	主要指标	派生指标	经济含义
金融—国民经济	金融资产总额/GDP	各类金融资产/GDP	经济的金融化程度
	金融机构金融资产总额/GDP	各类金融机构资产/GDP	衡量金融机构的发育程度
	金融市场总体规模/GDP	各类金融市场规模/GDP	衡量金融市场的发育程度

(2) 金融中介与金融市场的相对规模

FIR 在一定程度上反映了一国金融体系的发展程度,然而,从世界金融发展模式来看,具有同等发展水平的国家,其金融系统运行的内在机制却并不相同,如美国、英国的资金融通主要依赖于发达的金融市场体系,而德国、日本则依赖于其强大的银行中介体系,二者在一国资金融通过程的地位是区分金融结构模式的关键因素。因此,在 FIR 的基础上,我们还须从另一个视角对金融结构进行描述,即金融中介与金融市场的相对规模及其在资金融通中的相对重要性。可以认为这是中观层次的金融结构。

这一层次金融结构的核心指标是间接金融与直接金融之比。在现代经济社会中,金融中介与金融市场共同承担着动员资金和配置资金的功能,它们吸纳社会的盈余资金并配置到资金短缺的部门,然而,二者的资金动员能力、资金配置能力将直接影响到金融中介与金融市场的相对规模,表现为间接融资与直接融资的相对份额。就金融中介来讲,金融结构主要体现为各金融机构的市场份额与总量的比率,以及各中介体的相对份额;就金融市场而言,金融结构主要体现为各子市场交易额(或市值)与总交易额(或市值)的比率,以及各子市场的相对规模及内部结构。如表3-2所示。

表3-2　　　　　中观视角下的金融结构及其衡量

中观视角	主要指标	派生指标	经济含义
金融中介—金融市场	间接金融/直接金融	家庭部门/企业单位/政府部门	反映一国资金融通的主要方式
	金融中介结构:各类金融中介体市场份额(资产—负债—权益)/总量	相对规模:中央银行/政策性银行/商业银行/非银行金融机构/外资、侨资、合资金融机构 各类金融中介机构数量、人员分布等	衡量各种金融中介的发育程度及相对规模 金融中介的集中度和竞争程度
	金融市场结构:各类金融市场交易额(或市值)/总交易额(或市价总值)	相对规模:货币市场/资本市场/外汇市场/保险市场/黄金市场 各子市场内部结构:工具结构/主体结构/价格结构	衡量各种金融市场的发育程度及相对规模 各种金融市场的内部结构

(3) 金融要素微观结构

通过间接金融/直接金融维度的度量,我们可以在中观层次上把握一国金融体系的基本运行方式。然而,从间接金融与直接金融的运行机制来看,二者的规模和比例受到了多种因素的影响,其中微观层次经济主体的决策结构是一个不可忽略的方面,即金融参与者会选择持有金融工具(资产)的类型及数量,这会决定其持有金融资产的流向,便体现了微观层次的金融结构。而且,宏观、中观层次的金融结构也依赖于金融要素微观结构的累积效应。因此,在第二层次金融结构的基础上,我们还须进一步深化,对各种金融结构的微观层次进行更深入细致的描述。

这一类的指标主要是指微观经济主体的金融结构,如单个家庭的储蓄结构、单个厂商的融资结构等,这主要是由经济主体的金融决策所决定的,它们体现了金融工具在不同经济主体的分布、配置情况,由此也反映了各经济主体持有、运用金融资产的情况。总的来说,微观视角的金融结构指标众多,度量难度大,需要强大的统计基础及计量方法作为支撑,其主要方面如表3-3所示。

表3-3　　　　　微观视角下的金融结构及其衡量

微观视角	主要指标	派生指标	经济含义
金融要素微观结构	资产动员:家庭储蓄结构	银行存款/持有证券/手持现金/其他资产	家庭决策—盈余方资金的流向结构
	资金配置:厂商融资结构	内源性融资/外源性融资(直接融资/间接融资)	厂商决策—短缺方资金的融资结构
	金融工具(资产)结构	构成结构:货币性/证券类/保险类金融工具(资产) 部门持有结构:居民/企业单位/政府部门金融工具种类及持有量	衡量金融工具(资产)的多元化程度 金融工具在经济主体的分布情况

至此,作者就从金融要素的存在特性、相互关联与相对规模以及金融结构的多维度视角建立了金融结构的指标体系。需要说明的是,一国在一定时期内各种金融要素的存在是一种静态的状态体现,而通过金融交易便使得各种金融要素相互关联并构成了一个动态运行的整体;同时,透过金融系统自身的结构属性,它决定了一个金融系统的功能以及金融系统的运行效率。通过以上三个层次的表述,我们便可对金融结构的总体情况有个全面的把握,同时,沿袭这一思想,我们也可对金融结构的微观层次有更加细致、深入的剖析。

以上可以认为是从金融体系的构成要素入手而构建的金融结构指标体系。当然,全面、综合地衡量一国金融结构的不同表现形态并不是最终的目的,目的在于评价金融结构是否合理,即某种金融结构下金融体系的运行如何。那么,对于金融体系的运行绩效,一要看金融功能是否发挥,包括资源转移、风险管理、提供支付清算、资源储备和股份分割、提供信息、解决激励问题;二要看金融效率如何，包括金融体系（金融机构和金融市场）融通资金的效率，以及金融对整个国民经济运行的作用效率，也包括宏观金融调控效率。

3.3 中国金融体系的结构及其变迁历程

3.3.1 中国金融业发展：总量与结构

改革开放以来，伴随着中国经济的蓬勃发展，中国的金融事业保持了快速发展的势头。自20世纪70年代以来，中国金融体系逐步多元化，金融资产总量大幅增长，金融机构与金融市场也在迅速扩张，金融业已从一个附属产业转变为中国国民经济的一个重要产业，成为中国经济的核心。

从金融机构的组织体系来看，中国于20世纪90年代已经建立起了在中央银行宏观调控下，以国有商业银行为主体、政策性金融与商业性金融相分离、多种金融机构并存与分工合作的金融体系，21世纪后，这种金融体系格局变得更加丰富。在形成多元化体系的同时，金融中介机构的经营能力和发展能力大大增强，金融服务和金融功能日趋完善。从金融交易方式看，中国直接融资相对于间接融资的比例逐渐提高，据统计，2005年以前，间接融资相对于直接融资的比例始终保持在90%以上；而在2006年，中国直接融资和间接融资的比例大约为2.3:7.7，这说明中国金融市场近年来的发展尤为突出，市场机制发挥着日益重要的作用。从金融服务看，中国金融工具逐步多样化，金融业务种类和服务领域不断扩展，金融商品和金融服务对社会需求的满足程度越来越高，经济主体参与金融交易活动的主动性大大提高。与此同时，金融资产总量迅速增长，其增长的速度大大高于同期GNP的增长速度，因此，中国金融相关比率（FIR）表现为持续上升的趋势，已由1978年的0.42上升到21

世纪后的 2.0 以上，与发达国家金融体系的平均水平相比，这一比率并不算低，充分体现了中国金融发展程度的日益加深和经济金融化趋势的日趋明显，这有力地带动了中国经济的快速增长。

对于金融总量的宏观考察，最广义的金融总量是全社会的金融总资产，即全部社会成员持有的所有金融工具总值。经过三十多年的金融改革，中国金融发展水平有了很大程度的提高，金融资产已达到相当规模，为中国的经济增长提供了必要的资金支持。金融总量的扩张即金融增长，一般表现为 FIR 的上升，这可以从中国经济的金融化程度得以反映。如表 3-4 所示。

表 3-4　中国金融增长变化情况（1978~2003 年）　　单位：亿元

年份	金融资产			国民生产总值（GNP）			金融相关比率（FIR）(%)
	总额	年增加额	增长率（%）	总额	年增加额	增长率（%）	
1978	3 287.71			3 624.1			90.72
1979	3 857.56	569.85	17.33	4 038.2	414.1	10.25	95.53
1980	4 755.07	897.51	23.27	4 517	479.6	10.62	105.25
1981	5 709.09	954.02	20.06	4 860.3	342.5	7.05	117.46
1982	6 761.23	1 052.14	18.43	5 301.8	441.5	8.33	127.53
1983	7 928.22	1 166.99	17.26	5 957.4	655.6	11.00	133.08
1984	10 597.55	2 669.33	33.67	7 206.7	1 249.3	17.34	147.05
1985	12 478.54	1 880.99	17.75	8 989.1	1 782.4	19.83	138.82
1986	15 404.07	2 925.53	23.44	10 201.4	1 212.3	11.88	151.00
1987	18 919.39	3 515.32	22.82	11 954.5	1 753.1	14.66	158.26
1988	24 451.79	5 532.40	29.24	14 922.3	2 967.8	19.89	163.86
1989	29 713.46	5 261.67	21.52	16 917.8	1 995.5	11.80	175.63
1990	37 254.24	7 540.78	25.38	18 598.4	1 680.6	9.04	200.31
1991	46 896.77	9 642.53	25.88	21 662.5	3 064.1	14.14	216.49

续表

年份	金融资产			国民生产总值（GNP）			金融相关比率（FIR）(%)
	总额	年增加额	增长率(%)	总额	年增加额	增长率(%)	
1992	59 560.90	12 664.13	27.00	26 651.9	4 989.4	18.72	223.48
1993	78 191.20	18 630.30	31.28	34 560.5	7 908.6	22.88	226.24
1994	102 687.31	24 496.11	31.33	46 670.0	12 109.5	25.95	220.03
1995	129 886.30	27 198.99	26.49	57 494.9	10 824.9	18.83	225.91
1996	167 503.67	37 617.37	28.96	66 850.3	9 355.6	13.99	250.56
1997	206 893.20	39 389.53	23.52	73 142.7	6 292.2	8.60	282.86
1998	237 997.50	31 104.30	15.03	76 967.2	3 824.5	4.97	309.22
1999	271 580.57	33 583.07	14.11	80 579.4	3 612.2	4.48	337.03
2000	317 302.17	45 721.60	16.84	88 254.0	7 674.6	8.70	359.53
2001	353 431.43	36 129.26	11.39	95 727.9	7 473.9	7.81	369.20
2002	406 435.76	53 004.33	15.00	103 553.6	7 825.7	7.56	392.49
2003	496 962.03	90 526.27	22.27	116 603.2	13 049.6	11.19	426.20

资料来源：《中国金融年鉴》各卷。

在金融总量增长促进经济增长的过程中，金融结构的变化是一种内在推动力。从某种意义上说，金融发展的过程就是金融结构不断调整、升级的过程。实际上，金融的作用便是通过总量增长和结构变迁实现的。在中国的金融发展历程中，其金融结构关系发生了很大变化，这种结构变化主要集中体现在两个方面：一是在中国金融中介的组织结构上，中国已形成了多元化的金融机构体系；二是在金融市场结构上，中国的金融市场机制逐步完善，金融市场已成为社会融资越来越重要的资金渠道；与此同时，中国在金融工具（资产）结构、金融交易方式以及金融的开放程度上都发生了较大的变化。总的来说，中国金融结构已从"单一型、集权式"转向"多元化、分散式"。尽管多元化相对简单,但金融机构和金融市场的种类、形式的确在不断增加,同时各类金融机构、金融市场各司其职,金融服务业逐渐丰富。详细数据资料及分析见下文。

总而言之,作为现代经济的核心,中国金融业的快速发展极大地促进了经济增长,有力地支撑了中国经济的起飞。目前,中国经济开始进入又一个新的增长阶段,特别是金融国际化与金融深化进程的加快,这将使中国的金融总量继续保持较快速度的增长,金融结构也将随之发生调整和变迁。然而,无论是金融总量的增长,还是金融结构的变迁,都应与一国经济发展水平和金融结构相适应,过快的金融总量增长或失衡的金融体系结构势必给金融稳定造成影响,形成较为严重的金融风险,最终可能会制约经济的增长。因此,金融调控当局应把握金融总量增长、金融结构变迁与经济增长之间的协调,以期金融发展与经济增长保持良性的、相互促进的作用。

3.3.2 中国金融结构的静态素描

3.3.2.1 中国金融机构的结构概览

中国金融体系历经三十多年的发展,已由改革前的中国人民银行兼有中央银行和商业银行职能变为专业银行一统天下,再发展到商业银行、政策性银行和证券市场共同发展的阶段,单一的国家银行体系正演变成为以国有金融为主导的多元化金融体系。总体上看,中国金融机构形成了以银行为主体、非银行金融机构并存,兼顾管理性、商业性和政策性金融机构建设以及内外资金融机构配合的结构特色,即:

① 金融机构种类相对齐全,从金融功能的要求而言,基本具备了发展金融所需要的各种机构载体;

② 银行在中国金融机构体系中占主体地位,且国有金融成分比重大,主要体现在大的金融机构多数是国有独资或国有控股。

目前，中国有管理性金融机构 4 家，分别是中国人民银行、中国银行业监督管理委员会、中国证券监督管理委员会、中国保险监督管理委员会，充分突出了"分业管理"的特点；政策性金融机构主要包括 3 家政策性银行（国家开发银行、中国农业发展银行和中国进出口银行）和 4 家金融资产管理公司（中国信达、长城、华融和东方）；商业性金融机构比重最大，已形成商业银行、保险公司、证券公司、投资基金、信用社、信托投资公司、租赁公司等多种类型的金融机构。

截至 2005 年底，中国同业拆借市场成员数由 1997 年底的 96 家增至 695 家。银行间债券市场成员数由 1997 年的 61 家增至 5 508 家。债券发行人范围由财政部、政策性银行扩大至商业银行、非银行金融机构、国际开发机构和企业等各类市场主体。截至 2005 年底，沪深两家证券交易所共有上市公司 1 381 家，投资者开户总数分别达 3 856 万户和 3 537 万户；黄金市场共有会员 128 家；期货市场中三家期货交易所共有会员 626 家；外汇结售汇市场共有会员 384 家。截至 2005 年底，中国保险市场共有保险法人机构 93 家，其中保险公司 82 家、集团 6 家、资产管理公司 5 家，此外，还有保险专业中介机构 1 800 余家。

中国金融机构体系的组织结构如图 3-3 所示。

3.3.2.2 中国金融市场的结构概览

中国金融市场从 20 世纪 80 年代起步，经过多年的发展，已经逐渐形成了一个交易场所多层次、交易品种多样化、交易机制多元化的金融市场体系。金融市场的发展也是金融效率不断提升、金融功能日趋完善的过程，伴随着这一过程，中国金融市场的法律制度逐渐完善，市场宽度和厚度不断增加，同时金融市场的对外开放程度也在不断提高，这为推动中国国民经济发展，防范金融系统风险和维护金融稳定，作出了不可忽略的贡献。

目前，中国金融市场已经形成了票据、债券、股票、基金、期

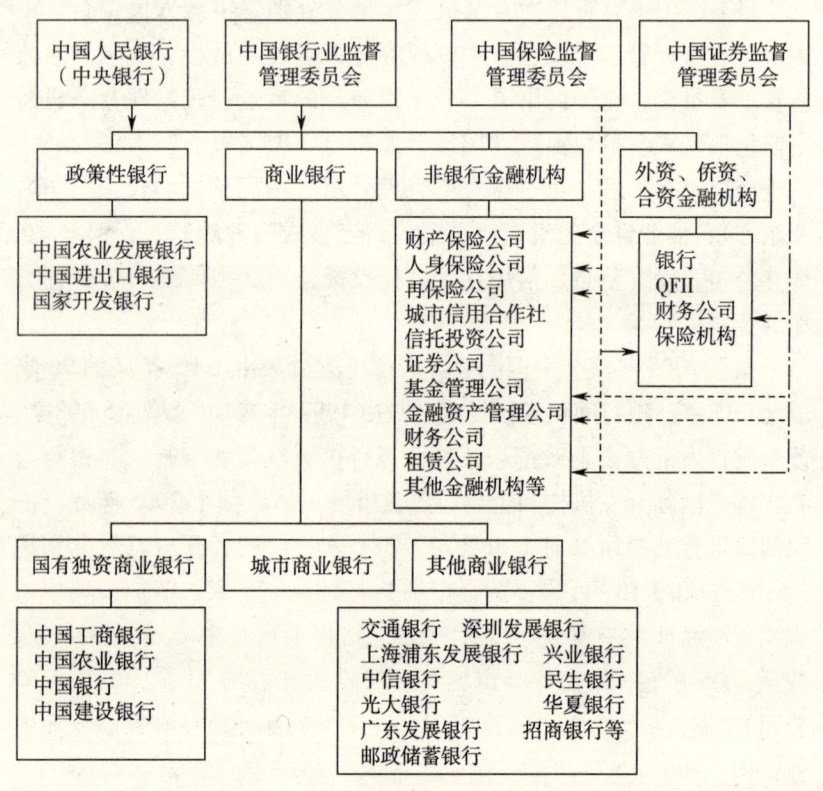

图 3-3 中国金融机构体系结构图示

货、黄金等比较完整的产品系列,同时还出现了债券买断式回购、债券远期交易、利率互换、远期外汇交易、外汇掉期交易、权证等新的金融工具及衍生金融产品。从市场类别看,有同业拆借市场、回购市场和票据市场等组成的货币市场,有债券市场和股票市场等组成的资本市场,外汇市场、保险市场、黄金市场、期货市场等也均已建立并形成一定规模;从市场层次看,以银行间市场为主体的场外市场与以交易所市场为主体的场内市场相互补充,共同发展。

表3-5为中国2005年底金融市场的发展及结构状况。

表3-5　　中国金融市场的结构概览（2005年底）　　单位：万亿元

货币市场（交易额）			资本市场（交易额）		外汇市场（交易额）	保险市场（资产额）	黄金市场（交易额）
同业拆借市场	债券回购市场	商业票据市场	股票市场	债券市场			
1.3	18.2	2.0	3.2	6.3	0.209	1.5	0.107

资料来源：《中国人民银行年报》、《中国货币政策执行报告》、《中国证券报》等。

可以看出，中国各金融市场交易日趋活跃，交易量已具相当规模。其中：

● 货币市场中，同业拆借市场成交金额从1998年的1 987亿元增至2005年的1.3万亿元，年均增长31%，债券回购市场成交金额从1998年的1.4万亿元增至2005年的18.2万亿元，年均增长44%，银行承兑汇票的承兑余额从1995年的865亿元增至2005年的2.0万亿元，年均增长37%。

● 债券市场中，现券成交金额从1998年的6 079亿元增至2005年的6.3万亿元，年均增长40%，债券余额从1993年的2 343亿元增至2005年的7.2万亿元，年均增长33%，与GDP比值达40%。

● 股票市场中，沪深两市市价总值从1993年的3 531亿元增至2005年的3.2万亿元，年均增长20%，与GDP比值达18%。

● 银行间外汇市场中，成交金额从1994年的408亿美元增至2004年的2 090亿美元，年均增长18%。

● 黄金市场中，成交金额从2003年的459亿元增至2005年的1 070亿元，年均增长53%。

● 期货市场中，成交金额由2001年的3.0万亿元增至2005年的13.4万亿元，年均增长45%。

● 保险市场中，资产总额由 2001 年的 4 591 亿元增至 2005 年的 1.5 万亿元，年均增长 34%；同时期，保费收入由 2 109 亿元增至 4 927 亿元，年均增长 24%。

另一方面，社会融资结构中的直接融资获得发展，资源配置功能增强。其中，债券发行量从 1998 年的 2 645 亿元增至 2005 年的 4.4 万亿元，年均增长 49%；截至 2005 年底，中国沪深两市上市公司累计筹资总额达 1.1 万亿元。

与此同时，中国金融市场的基本制度建设也日益完善。中国先后颁布并实施了一系列金融法律，如《中国人民银行法》、《商业银行法》、《证券法》、《保险法》等，成为中国金融市场有效运行的重要基础；此外，中国金融监管体系逐渐形成，各监管部门陆续制定和发布了相关规章和规范性文件，为规范市场管理、维护市场秩序提供了有力的制度支持。

3.3.3 基于结构变迁的动态度量

3.3.3.1 资金盈余部门储蓄结构

储蓄结构是国民收入分配的结果。一国居民金融性储蓄结构不仅反映了各种形式金融资产的相对发展情况，还能反映出一国金融结构完善和金融深化的程度。因此，本节以中国居民金融资产的现状（包括总量和结构）为代表来考察社会盈余资金的流向结构。

近几年，中国居民个人金融资产有了很大变化。现在，人们除了手持现金和储蓄存款外，还有国债、企业债、股票、外汇、黄金等多样化金融资产。表 3-6 反映了中国居民个人金融资产存量及其结构的变化。

由此，家庭部门各个年度的储蓄结构 FS_{family} 和 FS'_{family} 可表示为（以 2003 年为例，其他类同）：

表 3-6　居民金融资产存量及结构表（1978~2003 年）

单位：亿元，%

年份	手持现金		银行存款		股票持有量		债券持有量		居民保险		外币储蓄	
	存量	比重	存量	比重	存量	比重	存量	比重	存量	比重	存量	比重
1978	165.36	43.98	210.60	56.02								
1979	208.81	42.63	281.00	57.37								
1980	263.33	39.73	399.50	60.27								
1981	301.35	34.49	523.70	59.94			48.66	5.57				
1982	333.96	30.31	675.40	61.30			92.49	8.39				
1983	402.88	28.18	892.50	62.44			134.07	9.38				
1984	602.41	30.22	1 214.70	60.93			176.60	8.86				
1985	751.19	27.69	1 622.60	59.81			237.21	8.74	4.90	0.18	97.20	3.58
1986	926.10	25.76	2 238.50	62.28			299.72	8.34	7.75	0.22	122.40	3.41
1987	1 106.15	23.50	3 081.40	65.45			362.59	7.70	3.30	0.07	154.30	3.28
1988	1 622.91	26.63	3 822.20	62.71			454.75	7.46	0.22	0.00	194.50	3.19
1989	1 982.61	24.59	5 196.40	64.46			510.82	6.34	126.27	1.57	245.10	3.04
1990	2 011.05	19.66	7 119.80	69.59	2.77	0.03	604.28	5.91	184.65	1.80	308.90	3.02
1991	2 416.71	18.53	9 241.60	70.86	7.90	0.06	743.08	5.70	262.94	2.02	370.50	2.84

续表

年份	手持现金 存量	比重	银行存款 存量	比重	股票持有量 存量	比重	债券持有量 存量	比重	居民保险 存量	比重	外币储蓄 存量	比重
1992	3 297.53	19.32	11 759.40	68.89	202.90	1.19	984.05	5.77	315.44	1.85	509.40	2.98
1993	4 462.06	19.82	15 203.50	67.54	517.20	2.30	1 179.88	5.24	377.00	1.67	771.11	3.43
1994	5 542.98	17.69	21 518.80	68.67	581.40	1.86	2 098.37	6.70	433.47	1.38	1 162.05	3.71
1995	5 996.77	14.54	29 662.30	71.93	565.90	1.37	3 016.17	7.31	524.16	1.27	1 472.87	3.57
1996	7 668.92	14.56	38 520.80	73.15	1 118.33	2.12	2 988.53	5.68	651.44	1.24	1 710.41	3.25
1997	8 715.07	13.44	46 279.80	71.38	2 737.67	4.22	4 120.28	6.35	929.64	1.43	2 054.52	3.17
1998	8 520.64	11.31	53 407.50	70.87	3 529.67	4.68	5 620.31	7.46	1 227.90	1.63	3 056.29	4.06
1999	10 495.68	12.11	59 621.80	68.81	4 556.49	5.26	5 943.68	6.86	1 800.77	2.08	4 224.11	4.88
2000	11 429.07	11.48	64 332.40	64.63	7 917.72	7.95	7 106.28	7.14	3 047.81	3.06	5 712.64	5.74
2001	12 237.26	10.75	73 762.40	64.80	8 007.00	7.03	6 096.80	5.36	2 109.00	1.85	11 619.18	10.21
2002	13 476.84	10.56	86 910.70	68.11	7 031.40	5.51	5 007.44	3.92	3 054.00	2.39	12 123.32	9.50
2003	15 401.88	10.45	103 617.70	70.28	7 383.60	5.01	5 310.48	3.60	3 880.00	2.63	11 838.01	8.03

资料来源：历年《中国统计年鉴》、《中国证券期货统计年鉴》、《中国金融统计年鉴》、《中国人民银行季报》、中国人民银行网站统计资料。

$FS_{family(2003)} = (1\ 5401.88\quad 103\ 617.70\quad 7\ 383.60\quad 5\ 310.48$
$\quad\quad\quad\quad\quad 3\ 880.00\quad 11\ 838.01)$

$FS'_{family(2003)} = (0.1045\quad 0.7028\quad 0.0501\quad 0.0360$
$\quad\quad\quad\quad\quad 0.0263\quad 0.0803)$

3.3.3.2 资金赤字部门融资结构

20世纪80年代以前,中国融资方式基本上是非常单一的,企业要么是依靠内源融资,要么就是来自于国有商业银行的贷款等债务融资。随着中国金融改革进程的推进,社会融资方式及融资结构发生了很大变化,表3-7提供了中国1997~2006年社会融资结构的变动情况。

表3-7　　　　中国融资结构情况表（1997~2006年）　单位：亿元,%

年份	银行贷款		国债		企业债		股票		融资总额
	数量	比重	数量	比重	数量	比重	数量	比重	
1997	11 339	80.0	1 865	13.2	35	0.2	934	6.6	14 174
1998	11 846	79.5	2 218	14.9	42	0.3	804	5.4	14 909
1999	10 721	73.6	2 776	19.1	167	1.1	897	6.2	14 562
2000	12 499	72.8	2 478	14.4	83	0.5	2 103	12.3	17 163
2001	12 558	75.9	2 598	15.7	147	0.9	1 252	7.6	16 555
2002	19 228	79.5	3 718	15.3	325	1.3	962	4.0	24 233
2003	29 936	85.2	3 525	10.0	336	1.0	1 357	3.9	35 154
2004	24 066	82.9	3 126	10.8	327	1.1	1 504	5.2	29 023
2005	24 617	78.1	2 996	9.5	2 010	6.4	1 884	6.0	31 507
2006	32 687.0	82.0	2 675	6.7	2 266	5.7	2 246	5.6	39 874

资料来源：中国人民银行调查统计司,2006年中国金融市场发展报告。

由此,资金短缺部门各年的融资结构 $FS_{financing}$ 与相对数 $FS'_{financing}$ 可表示为（以2006年为例,其他类同）：

$FS_{financing(2006)} = (32687\quad 2675\quad 72266\quad 2246)$

$FS'_{financing(2006)} = (0.82\quad 0.067\quad 0.057\quad 0.056)$

再从金融中介与金融市场的角度看,中国企业间接融资与直接融资的规模与结构1986年至2003年各年的数据见表3-8。其中,直接融资余额包括股票余额、企业债余额和商业票据到期余额等；间接融资主要是贷款余额，包括短期贷款、中长期贷款、信托贷款、票据贴现等各项余额。

表3-8　　　　　间接金融与直接金融的规模与结构　　单位：亿元,%

年份	间接融资 余额	间接融资 比重	直接融资 余额	直接融资 比重	融资总额
1986	8 116.48	99.88	9.85	0.12	8 126.33
1987	9 766.11	99.53	45.72	0.47	9 811.83
1988	11 425.00	98.93	123.49	1.07	11 548.49
1989	14 360.10	98.83	169.81	1.17	14 529.91
1990	17 680.70	98.65	241.34	1.35	17 922.04
1991	21 337.80	98.24	381.99	1.76	21 719.79
1992	26 332.90	96.61	922.94	3.39	27 255.84
1993	32 943.10	96.54	1 179.71	3.46	34 122.81
1994	40 810.10	97.24	1 159.20	2.76	41 969.30
1995	50 538.00	97.66	1 209.21	2.34	51 747.21
1996	61 152.80	97.68	1 454.67	2.32	62 607.47
1997	74 914.10	95.46	3 566.02	4.54	78 480.12
1998	86 524.10	94.79	4 759.95	5.21	91 284.05
1999	93 734.30	93.95	6 033.25	6.05	99 767.55
2000	99 371.10	91.26	9 517.27	8.74	108 888.37
2001	112 314.70	90.25	12 127.40	9.75	124 442.10
2002	131 293.93	89.44	15 495.15	10.56	146 789.08
2003	158 996.20	87.80	22 098.75	12.20	181 094.95

资料来源：《中国金融年鉴》1986~2003年各期；《中国人民银行统计季报》2004（1），《中国证券期货年鉴》2003年，《中国金融统计1952~1996》，《中国金融市场统计1997~2000》，《中国货币政策执行报告》2001~2003年，中国人民银行调查统计司有关资料。

3.3.3.3　金融结构聚类与特征分析

聚类作为数据挖掘的一项主要功能，是一个非常活跃的研究领域，其目的是发现数据中潜在的分组。由以上数据，作者以表示储蓄结构与融资结构的指标作为样本数据，包括居民手持现金、银行存款、股票持有量、债券持有量、居民保险、外币储蓄占居民总资产的比率，以及企业间接融资、直接融资比率，构造26行×8列金融结构矩阵：

$$\begin{pmatrix}
0.4398 & 0.5602 & 0 & 0 & 0 & 0 & 1 & 0 \\
0.4263 & 0.5737 & 0 & 0 & 0 & 0 & 1 & 0 \\
0.3973 & 0.6027 & 0 & 0 & 0 & 0 & 1 & 0 \\
0.3449 & 0.5994 & 0 & 0.0557 & 0 & 0 & 1 & 0 \\
0.3031 & 0.613 & 0 & 0.0839 & 0 & 0 & 1 & 0 \\
0.2818 & 0.6244 & 0 & 0.0938 & 0 & 0 & 1 & 0 \\
0.3022 & 0.6093 & 0 & 0.0886 & 0 & 0 & 1 & 0 \\
0.2769 & 0.5981 & 0 & 0.0874 & 0.0018 & 0.0358 & 1 & 0 \\
0.2576 & 0.6228 & 0 & 0.0834 & 0.0022 & 0.0341 & 0.9944 & 0.0012 \\
0.2350 & 0.6545 & 0 & 0.077 & 0.0007 & 0.0328 & 0.9875 & 0.0046 \\
0.2663 & 0.6271 & 0 & 0.0746 & 0 & 0.0319 & 0.9854 & 0.0107 \\
0.2459 & 0.6446 & 0 & 0.0634 & 0.0157 & 0.0304 & 0.9835 & 0.0116 \\
0.1966 & 0.6959 & 0.0003 & 0.0591 & 0.018 & 0.0302 & 0.9789 & 0.0134 \\
0.1853 & 0.7086 & 0.0006 & 0.057 & 0.0202 & 0.0284 & 0.9585 & 0.0172 \\
0.1932 & 0.6889 & 0.0119 & 0.0577 & 0.0185 & 0.0298 & 0.9571 & 0.0335 \\
0.1982 & 0.6754 & 0.0230 & 0.0524 & 0.0167 & 0.0343 & 0.9660 & 0.0346 \\
0.1769 & 0.6867 & 0.0186 & 0.067 & 0.0138 & 0.0371 & 0.9712 & 0.0276 \\
0.1454 & 0.7193 & 0.0137 & 0.0731 & 0.0127 & 0.0357 & 0.9720 & 0.0233 \\
0.1456 & 0.7315 & 0.0212 & 0.0568 & 0.0124 & 0.0325 & 0.9449 & 0.0225 \\
0.1344 & 0.7138 & 0.0422 & 0.0635 & 0.0143 & 0.0317 & 0.9403 & 0.0448 \\
0.1131 & 0.7087 & 0.0468 & 0.0746 & 0.0163 & 0.0406 & 0.9348 & 0.0514 \\
0.1211 & 0.6881 & 0.0526 & 0.0686 & 0.0208 & 0.0488 & 0.9078 & 0.0584 \\
0.1148 & 0.6463 & 0.0795 & 0.0714 & 0.0306 & 0.0574 & 0.8912 & 0.0854 \\
0.1075 & 0.6480 & 0.0703 & 0.0536 & 0.0185 & 0.1021 & 0.8788 & 0.0949 \\
0.1056 & 0.6811 & 0.0551 & 0.0392 & 0.0239 & 0.0950 & 0.8559 & 0.1010 \\
0.1045 & 0.7028 & 0.0501 & 0.0360 & 0.0263 & 0.0803 & 0.8780 & 0.1220
\end{pmatrix}$$

在众多的聚类方法中,模糊-C-均值(Fuzzy C-Means,FCM)算法是目前广泛应用的方法之一,可以作为一种关联规则数值属性转换的方法。应用 MatLab 对上述矩阵进行聚类 FCM 运算,分别定义 class_number = 3、4、5,运算结果如表 3-9 所示。

表 3-9　　　　　　　　FCM 聚类运算结果

class_number =3	(1)	1978	1979	1980	1981	1982	1983	1984	1985	1986	1988
	(2)	1987	1989	1990	1991	1992	1993	1994	1995	1996	1997
	(3)	1998	1999	2000	2001	2002	2003				
class_number =4	(1)	1978	1979	1980							
	(2)	1981	1982	1983	1984	1985	1986	1987	1988	1989	
	(3)	1990	1991	1992	1993	1994	1995	1996	1997	1998	
	(4)	1999	2000	2001	2002	2003					
class_number =5	(1)	1978	1979	1980							
	(2)	1981	1982	1983	1984	1985	1986	1987	1988	1989	
	(3)	1990	1991	1992	1993	1994					
	(4)	1995	1996	1997	1998	1999					
	(5)	2000	2001	2002	2003						

由聚类结果可以看出,无论何种分类方式,同一类的金融结构总是连续年份,或仅有微小的变化,这反映了中国金融结构变迁的一个显著特点,即 26 年来,中国金融结构的变迁是连续性的,而非跳跃式的。

再对各种分类方法的聚类结果作对比分析,作者认为四类分法比较恰当。三类分法过于集中,不能细致地反映金融结构的变化,而五类分法可以认为是在四类基础上的细化,即把 90 年代的金融结构分为两个类别。

那么,当 class_number = 4 时,我们结合中国经济发展、金融环境来分析我国金融结构变迁的一些动态特点:

(1) 1978~1980 年,1978 年中共十一届三中全会标志着中国市场化取向经济改革的开端,这对于金融业来讲是一个巨大的历史转折,从此,人们的金融活动将处于一种新的经济环境中。然而,国家政策传导作用到金融结构存在一定的时滞性,人们要认识、接受这一现实还需要一个观念转变的过程,而参与金融交易方式的转变也需要金融基础建设的支持。由居民储蓄和企业融资的数据可以看出,居民的盈余资金除手持现金外,约50%以上的资金全部用于银行储蓄;企业部门融资也完全依赖于银行机构的间接融资。

因此,改革开放初期的短短3年间,中国的金融体系处于金融体系发展的初级阶段,这一时期的金融结构特征是与中国计划经济体制相适应的,表现在金融机构类型单一,中央银行是唯一的银行或统治性的金融机构,形式上也曾有中国人民银行以外的金融机构存在,但均未改变金融业务高度集中统一的格局;金融市场与金融工具不发达。这一时期,中国金融体系难以摆脱计划经济体制的遗留,也难以改变其改革开放前的基本特征,即"高度单一的结构特征"。

与中国金融体系的结构相对应,金融功能单一,国家金融仍处于高度的金融抑制状态和非国际化的状态,3年间的金融相关比率分别为90.72%、95.53%、105.25%,说明中国经济的金融化程度处于一个较低的阶段。

(2) 1981~1989年,随着中国经济体制改革的推进,中国金融体制改革逐步展开,80年代中国金融体系的变化是非常显著的,由于它打破了原有"大一统"的金融垄断体系和单一金融结构的特征,转而向多元化的金融格局演变,因此,这一时期甚至可以说是中国经济改革开放后金融体系发展具有本质意义的变化。中国金融体系改革首先体现在金融机构的设置上,中国先后恢复并建立了独立经营的专业银行,单一国家银行模式的金融体系从而得以改变。1984年,中国开始建立中央银行制度,确定了中国人民银行的中央银行地位。金融产品的创新使得人们的金融行为更具选择性,人们慢慢尝试银行以外的其他方式进行投融资活动。数据显示，1981~1989年，居民除传统的手持现金（约27.9%）及银行储蓄（60%以上）外，已将其盈余资金的平均约7.86%以债券的形式持有。企业虽然几乎近99%的份额以银行贷款方式进行融资，但直接融资的出现标志着中国融资市场有了新的局面。

因此，这一阶段的金融结构可以说是初步发展的金融结构，其基本特征是初步多元化。尽管这种多元化还相对不成熟，但无疑这一阶段具有重要的历史意义。通过引入竞争机制，中国金融体系在不断探索中实现了各种金融产品从无到有的创新，成为推动中国金融发展的重要力量。

由金融运行情况来看，1981~1989年，中国的金融资产增长迅速，由1981年的5 709.09亿元增长到1989年的29 713.46亿元，增长了4倍之多。金融相关比率持续稳定增长，由1981年的117.46%增长到1989年的175.63%，年平均增长5.5%，这表明中国经济金融化程度的提高。

(3) 1990~1998年，与中国建立社会主义市场经济体制的根本目标相适应，中国金融体系改革全面启动，改革主要涉及金融监管体制改革、金融市场改革、金融机构（主体）改革和金融业开放等方面，这使得中国金融结构的多元化特征更加明显。就金融组织体系而言，商业性金融与政策性金融开始分离。1994年，为适应建立社会主义市场经济的需要，发挥金融在国民经济中宏观调控和优化资源配置的作用，国务院大力推动金融体制改革，促进四大国有专业银行向商业银行转变，并成立了金融资产管理公司以配合专业银行的商业化改革，三大政策性银行（中国农业发展银行、国家开发银行、中国进出口银行）也相应成立。这样，中国人民银行彻底行使中央银行职能，一些新的非银行金融机构，如证券公司、资产管理公司、基金管理公司、外资（合资）金融机构等开始涌现并得到较大发展。

与金融机构的组织体系相对应，中国金融体系的功能得以更好的发挥，经济主体日益多元化的金融需求也得到了满足。从居民储蓄行为来看，居民开始把盈余资金投资于股票是这一阶段的一个重要特征，尽管股票持有份额还相当小，但至此，中国金融业便形成了银行业、证券业、保险业并存发展的局面；这一期间，企业通过金融市场进行的直接融资份额逐步提升，由1990年的1.76%增长至1998年的5.21%，增长了3.45个百分点，在一定程度上反映了我国金融市场的发展。

再来看1990~1998年的金融运行情况，金融资产规模迅速扩张，由1990年的37 254.24亿元增长到1998年的237 997.50亿元，增长了约5.4倍；金融相关比率则由1990年的200.31%提高到1998年的309.22%，平均年增幅约12%。

（4）1999年至今，中国经济体制改革更加深化，到2000年，"以市场机制为基础、由中央政府宏观调控"的社会主义市场经济体制框架已基本形成，此后，中国经济运行体制市场化逐步完善。由此，中国金融运行的市场化性质更加凸显，其中，居民手持现金份额（约10%）、储蓄存款份额（约67%）、债券持有份额（约5%）的平均水平降低，而股票持有份额维持在5%~8%之间、保险持有份额（约2.4%）继续提高。从企业融资结构看，1999年至2006年8年间，银行贷款份额（约78.72%）仍占据主导地位。国债降幅显著，由19.1%降低到6.7%。企业债虽有微小波动，但整体趋势上升，由1.1%提高到5.7%。而股票融资份额近年来波动较大，2000年的份额为12.3%，2003年为3.9%，说明中国股票市场尚不稳定，呈现出调整的特点。

与此同时，随着中国对外开放的扩展以及经济全球化进程的加快，中国已经初步形成了全方位、多层次、宽领域的对外开放格局。特别是中国加入世界贸易组织以后，标志着中国对外开放进入了一个全新的阶段，而2006年底金融业的全面开放更是对中国金融结构产生直接的影响。外资金融机构的进入对中国金融机构的组织体系、金融市场以及金融交易方式都会产生影响，进而引起金融结构的变化。以居民储蓄结构为例，1999~2003年，居民的外币储蓄份额较之90年代升幅明显，平均水平增长了近4个百分点，其中，2001年的份额高达10.21%。

因此，可以认为1999年后是中国金融体系逐步走向国际化的发展阶段，而金融结构也表现为更加复杂、更加多样化的特点。这一期间，中国的金融资产规模继续扩张，金融相关比率逐年提高，到2003年达到改革开放以来的最高水平426.20%。

由此可见，在中国金融总量快速增长的同时，中国金融结构在不断演变的过程中发生了巨大的变化。总结来讲，中国金融体系尚处于发展阶段，其演变历程与中国整个经济体制的变迁相一致，总体上遵循着从计划到市场的模式。中国金融体系之所以存在当前的结构属性，是与中国社会、政治、经济等背景息息相关的，它伴随着中国经济体制与金融改革而不断调整、逐步演进，对中国经济的持续增长具有不可忽视的推动作用和贡献力量。

3.4 中国金融发展中的结构性问题

从中国金融体系近几十年的发展来看，中国金融结构虽然呈现出不断优化的态势，但这种变化并不十分理想，这也是中国目前金融业资产质量不高、抗风险能力不强并由此制约经济进一步发展的重要原因之一。总体来说，中国金融发展中存在的比较突出的结构性问题体现在两个方面。

1. 金融系统自身的结构性问题

（1）从金融体系的组织结构来看，中国银行业特别是国有商业银行在金融体系结构中的比重过高。根据《中国金融年鉴.2009》，截至2008年末，中国银行业金融机构总资产623 876.27亿元，同比增长18.61%。分机构类型看，国有商业银行资产总额318 358.02亿元，增长13.67%；城市商业银行资产总额88 091.52亿元，增长21.52%；非银行金融机构资产总额9 717亿元，增长21.46%。相比银行业而言，中国证券业、保险业、信托业等非银行金融机构所占比重偏低。正如时任银监会主席助理的王兆星所说："如此大的资产规模，一旦出现重大的系统事故，后果将不堪设想。"中国金融体系的这一结构状况使得中国金融业的风险管理功能薄弱，金融风险高度集中于银行业特别是国有商业银行，不利于分散金融风险；相应的，导致证券业、保险业的竞争力相对较弱。同时，这种金融结构使得中国金融业的整体服务功能薄弱，不能满足社会多元化的金融服务需求。

（2）从金融市场看，改革开放以来中国金融市场在数量上得到了快速的发展，但是，金融市场的发展程度不是仅仅表现在数量或规模的扩张上，更重要的应体现在结构是否合理以及由此决定的市场功能发挥和效率的高低上。目前，中国金融市场结构失调的问题十分突出。中国金融体系虽然已建立了多元化的市场格局，但从金融市场参与主体的市场份额构成与分布情况看，银行业垄断全国金融市场的格局并未从根本上被打破。近年来，虽然股票市场得到了快速发展，然而债券市场、货币市场和金融衍生工具市场的发展仍相对滞后。同时，从市场的服务层次结构看，各种金融机构和金融工具主要服务于国有企业或大中型企业，企业债券的发行基本由国有大型企业垄断，而股票市场的服务对象也有90%以上是国有企业。以上现象反映了中国金融市场结构的失衡，这必然导致金融效率的降低和金融资源的浪费。

2. 新经济环境下金融结构的调整问题

金融国际化加深了各国间的经济联系，特别是根据世界贸易组织协议的规定，中国金融业于2006年底进入全面对外开放阶段，这意味着金融业的国际竞争进一步加剧。据银监会统计显示，银行业全面开放以来，外资银行发展迅速。截至 2008 年末，在华外资银行业营业机构总计 558 家，较 2007 年增加了 118 家。其中，46 个国家和地区的 196 家银行在华设立 237 家代表处；12 个国家和地区的银行在华设立 28 家外商独资银行（下设分行 157 家）、2 家合资银行（下设分行 5 家、附属机构 1 家）、外商独资财务公司 2 家；另有 25 个国家和地区的 75 家外国银行在华设立 116 家分行。同时，在华外资金融机构资产继续增长，截至 2008 年末，在华外资金融机构资产总额 13 448 亿元，同比增长 7.37%，占中国银行业金融机构总资产的 2.16%；各项贷款余额 7 305 亿元，同比增长 5.09%；各项存款余额 5 974 亿元，同比增长 34.82%。外资银行经营业务范围逐步扩大，新批准 7 家外资法人银行从事人民币零售业务，允许符合条件的外资法人银行开办国债承销业务，允许外资法人银行发银行卡，截至 2008 年末，获准经营人民币业务的外国银行分行 58 家、外资法人银行 27 家，获准从事金融衍生品交易业务的外资银行机构 51 家。

外资银行及非银行金融机构大量进入中国市场，使得国际金融机构对中国金融业的影响逐步加深，金融领域的外国资本流入持续增加，这将带动国内金融市场参与者走向成熟，为金融市场的进一步改革和发展奠定较好的微观主体基础。与此同时，中国金融市场与国际金融市场的联动作用进一步加强，金融业融合从外部波及中国金融市场。对境外金融机构在中国的分支机构来说，它们的业务绝不会像中国的银行、证券公司、保险公司那样被限制在各自的狭小范围内，加上外资金融机构在信息共享、全面服务、融资便利等方面的优势，中国的金融机构在激烈的竞争中面临巨大的冲击和挑战。

由此可见，从促进金融深化、逐步完善金融功能以及提高金融效率来看，改革金融业的经营模式、调整金融结构成为中国金融发展的重中之重；从减少金融风险、保证金融安全、维持金融稳定的角度来看，中外金融业的联动与协调是中国金融结构调整的必要方面。那么，金融管理当局必然会采取相应的措施来加强对中国的金融结构的引导，以保证金融业的稳健性，这也是现阶段中国金融发展中的关键。因此，要使中国金融在经济全球化的背景下实现健康发展，金融结构的平衡发展、金融结构与经济结构的适应性是极为重要的方面。

在这种背景下，研究中国金融结构变迁的动态性尤为必要。即：

- 影响一国金融结构形成及变化的因素是什么，这些因素如何作用于金融结构的动态变迁过程？
- 在新的经济金融环境下，中国金融结构变迁有着怎样的演变趋势，其动态性如何？
- 金融结构变迁如何作用于金融发展与经济增长，如何优化中国的金融结构？

小结

本章从金融系统的构成要素及运行机制着手，重新阐释了金融结构的含义及表现形态。作者指出，金融结构"是一国金融体系结构属性的经济度量，是指金融系统在资金融通过程中各种金融要素的存在特性、相互关联和相对规模，它描述了金融要素在某一时点或短期内的组合状态"。金融结构的这一表述包含两个含义：从表现形态上来看，构成金融体系总体的各组成部分的配合与运作状态具有多种表现形态，在不同维度上体现着金融体系不同方面的结构属性。从经济含义来说，金融结构是一国金融发展的层次与水平的根本体现，对一国金融发展和经济增长具有重要的决定作用和影响力，也就是说，金融发展往往伴随着金融结构的动态变迁和优化升级。

基于对金融结构的上述阐释，作者引入状态向量、以矩阵的形式描述了金融结构的基本方面，包括资金盈余方的储蓄结构、资金赤字方的融资结构、金融中介与市场结构、金融工具结构五个方面。为了更直观地刻画金融结构，作者引入向量空间加以说明，即在纵向上考虑金融中介与金融市场，在横向上分别考察（工具）金融资产、资金融通情况，从而定义了金融结构 $FS_{m \times n(t)}$ 模式。金融结构模式可以清晰地表示一国金融结构的多种表现形态，也反映了各种金融要素的存在特性、相对规模及相互关联。采用状态向量的表达方式克服了孤立考察各个维度的缺陷，充分体现了不同结构属性之间的关联性；而金融结构的动态性变迁也从中得到了揭示。在此基础上并借鉴前人的研究成果，作者构建了金融结构的多维度指标体系，分别是金融与国民经济的关系、金融中介与金融市场结构、微观资金融入融出结构等方面。

金融结构的数学描述及其指标体系为衡量、分析一国金融结构提供了标准。为了从结构的视角考察中国金融体系，文中先对中国金融体系的发展历程进行总量和结构方面的综述，然后分别从静态素描和动态度量两个视角对中国的金融结构进行了定量分析。文中采集了中国自1978年以来的金融结构数据，并运用 MatLab 进行了 FCM 聚类分析，运算结果把中国金融结构的演变过程分为四个阶段：(1) 1978～1980年高度单一的金融结构；(2) 1981～1989年初步多元化的金融结构；(3) 1990～1998年凸显市场化特征的金融结构；(4) 1999年至今走向国际化的金融结构。从中既反映了中国金融系统各阶段的结构状态，也反映了中国金融结构近三十年的演变过程。分析表明，中国金融结构呈现出动态性变迁、非平衡性等特点，这也是本课题研究中国金融结构动态性问题的出发点。

4

金融结构形成与变迁的经济机理分析

　　金融结构的形成与变迁是多种因素共同作用于金融体系的结果，也是经济、社会发展的必然要求。深入探讨金融结构形成与变迁的经济机理和内在规律，可以发掘影响金融结构变迁的动因及其作用机制，为研究金融结构变迁的动态性提供理论支持。本章以经济金融理论为基础，对一国金融结构形成的基础性条件以及影响金融结构变迁的内外动因进行系统、全面地考察，进而提出基于 M（P）-S-E 框架的金融结构变迁思路，即从市场机制与政策传导入手，对其作用于金融结构变迁的机理进行经济解释。

4.1 M（P）-S-E 框架的提出

　　世界各国的金融发展模式和金融结构之所以迥然不同，一方面是因为金融系统自身结构属性的多维度、复杂性；另一方面，也是由于形成金融结构的基础性条件与外部环境存在不同。从根本上说，一国金融结构主要是由经济社会和金融发展过程中的内在因素所决定的，是历史延续和现实发展的自然结果；当然，经济金融环境等外在因素对形成不同的金融结构也具有重要的作用和影响。因此，一国金融结构是"金融发展过程中在内外部因素共同作用下逐渐形成和演变的结果"。图4-1表示了决定与影响金融结构的各种因素。

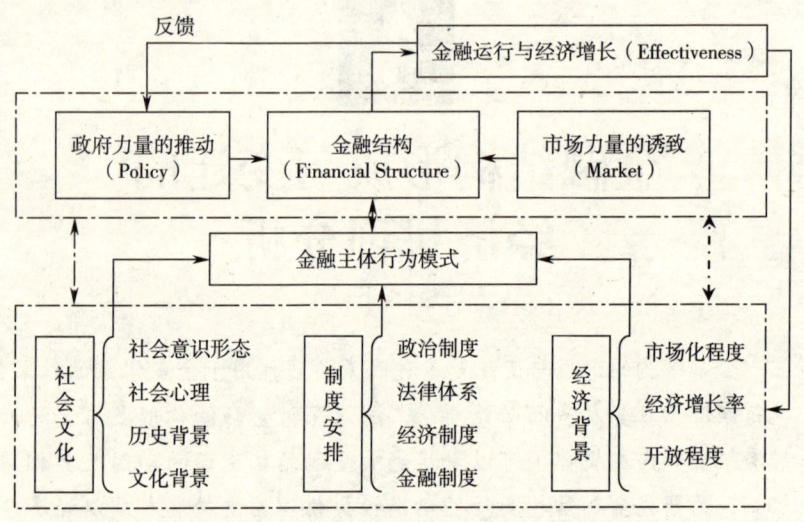

图4-1 金融结构的决定与影响因素简图

从当今世界各国的金融发展来看,金融结构变迁存在着巨大差异。发展中国家并非简单地重复发达国家金融结构变迁的轨迹,而经济增长率大致相同的发达国家可能具有完全不同的金融结构变迁路径。因此,只考虑经济因素对金融结构变迁的作用显然不能解释各国金融结构变迁的差异。通常来说,引起一国金融结构变迁的因素是多方面的,如社会文化传统、制度因素、经济环境、金融需求与供给、金融开放程度等,正是由于这些因素的不同——特别是制度背景和金融运行环境的差异,使得金融结构变迁在各个国家呈现出不同的轨迹。

归纳起来,推动金融结构变迁的力量不外乎三种,即政府力量的推动、市场力量的诱致与环境力量的影响。

(1) 政府力量推动金融结构变迁

所谓政府力量,是指政府创立和变更制度的强制性力量。一般来讲,政府部门对金融业有绝对的干预和影响力,通过制度的创立和变更,政府可以主动调整金融结构,推动金融结构的变迁。政府之所以成为推动金融结构变迁的力量是因为制度安排,特别是正式制度的安排,在很大意义上都是由政府作出的。政府推动制度结构变迁,制度结构变迁便可能产生激励和抑制效应:即通过制度结构变迁,政府可以对金融主体进行激励,推动其发展;也可以对金融主体进行抑制,阻碍其发展。正是通过这种对金融主体的激励和抑制效应,政府力量才推动了金融结构变迁。具体来讲,政府可以通过法律约束和政策行动(机构创立、管制立法等)积极推进或抑制金融结构的某一方面(如直接金融)或某一要素(如企业债券)的发展,从而改变金融结构。因此,政府力量推动金融结构变迁是典型的强制性结构变迁。日本金融结构变迁提供了政府力量推动金融结构变迁的范例,日本银行的整个发展历史就是政府支持、鼓励、操纵、控制和利用银行的历史,这种情况同美国、英国形成了鲜明的对比,属于典型的"政府主导型"。

(2)市场力量诱致金融结构变迁

所谓市场力量,是指实体经济部门的发展产生新的金融市场需求,形成新的获利机会,由此而产生的对金融供给部门的诱致性力量。市场范围的持续扩张和产品的日益多元化,要求更有效地分散风险和更好地控制交易成本,进而形成日益复杂的金融需求,同时也意味着更多的获利机会,这种获利机会诱致以利润最大化为目标的金融供给部门通过金融创新而供给市场需要的新的金融服务或金融工具。这种金融创新过程是一个充满风险和挑战的竞争与淘汰过程,是一种由市场机制调整金融部门兴衰的过程。金融产品创新的成败决定着金融企业的命运,在金融市场残酷的竞争中,有的金融企业兴,有的金融企业败,金融结构因此而变迁。市场力量诱致的金融结构变迁是金融结构被动地随着经济发展的自然演进而变迁,市场或经济因素产生的诱致性力量在金融结构变迁中起主导作用,金融结构是经济增长的函数,并且是经济增长的增函数,即随着经济的发展,金融结构将变得越来越复杂。因此,"市场诱致型"金融结构变迁顺应经济发展给金融结构带来的变化,听其自然,维持自然演化的金融格局而不加人为推动或抑制,"市场诱致型"金融结构变迁是完全由经济发展诱致的结构变迁,英美金融结构变迁是这一类的典型。

(3) 影响金融结构变迁的其他环境因素

除了政府力量的推动与市场力量的诱致作用,还有许多因素在金融结构的变迁过程中起了不可忽视的作用,如技术进步(主要指微电子技术及计算机网络技术在金融业的大量运用)是导致经济金融结构变化进而推动经济增长的重要力量;而一国是否实行对外开放政策以及经济开放的程度对该国金融结构的影响很大,许多发展中国家在开放进程中金融结构出现变化的重要原因也在于此。为了与前两种动因加以区分,又由于这些因素在实际中难以量化的性质,可对这些因素统称为其他环境因素。事实上,经济金融环境的变化,很可能使政府部门作出相应的制度安排来引导金融结构的变迁,并使得金融主体的行为在市场机制的作用下发生调整。

对于中国金融结构而言,中国金融体系的发展演变始终没有离开政府力量的介入。从发展历程来看,中国金融结构自新中国成立以来的变迁可以认为是政府主导型的;而进入 20 世纪 80 年代后,随着市场经济体制的逐步确立与完善,市场因素开始成为中国金融结构变迁的重要推动力。可以看出,政府进行宏观调控需要依托于一定的经济金融环境,各种制度因素最终将通过金融市场和经济主体的行为而作用于金融结构和金融运行绩效。由此,作者提出金融结构(Financial Structure)的形成、演变源于市场机制的作用和政策力量的引导(Market & Policy),并进而影响金融运行效力(Effectiveness)的思路,简称 M (P) - S - E 框架,并以这种框架为指导来研究中国金融结构变迁的经济机理。

M（P）-S-E框架解释如下：

第一，金融结构总是形成于一定的基础性条件下，包括社会的、经济的、政治的、法律的、历史传统的等各个方面；同时，金融结构又受到各种外部环境的影响。综观世界金融发展史，在任何发展阶段和不同经济体中，政府在金融发展和金融体系演变中的作用是不可忽视的，通过货币政策与财政政策的实施，以及金融立法、金融监管等活动，政府对金融市场产生了直接或间接的影响。因此，为了使金融系统更好地服务于经济增长，经济更好地促进金融发展，各国政府往往会借助于行政的力量对金融活动加以引导，这也是世界各国的金融体系普遍受到政府干预和严格管理的原因之一。如中国证券市场的发展、诸多金融机构的成立无不与各级政府的主导推动有着直接关系。

第二，金融结构决定了金融运行的效力，主要包括金融系统的功能、效率与行为模式，尽管其他因素也有影响，但归根结底，结构性因素是主导力量。理想的金融结构更有利于金融体系有效地动员社会资金并配置到实体经济部门，从而带动金融发展、引致经济增长；而失衡的金融结构有可能造成金融效率的低下、金融风险的大量积聚，影响金融功能的发挥，是危及金融安全与稳定的内在隐患。

第三，金融运行的效力为我们衡量金融结构的合理性提供了一个判断标准。运行结果反馈到金融管理部门，根据预期状态或绩效与现有状态或绩效的差距，政策制定者便可以采取相应的制度安排、法律规制等措施对金融体系施加影响，而经济主体响应政策的效应将在市场机制的诱致下对其金融行为作出调整，从而会间接地使金融体系随之呈现出不同的结构状态，进而演化为金融结构的变迁。

总之，金融资源的供给与需求通过金融体系的资金融通功能得以实现，金融供求的变化影响了金融结构的变迁；在这一过程中，金融管理当局可采取相应的政策安排并经过一定的传导机制来指导金融结构的调整方向；而政府引导与市场机制并不是孤立的，二者之间又相互作用、彼此协调。

4.2 市场机制下金融结构的形成及变迁

由于金融结构是资金盈余部门和赤字部门之间由分工所产生的资金融通以及政府干预经济的衍生物，因此，对金融结构变迁机制的研究，必然要建立在金融参与者（包括家庭、企业单位、金融系统自身及政府等）的市场行为基础之上。也就是说，金融结构与金融系统的行为模式是相互作用、相互影响的，各种金融制度安排，最终也将通过金融市场和经济主体的行为而作用于金融结构。

4.2.1 投资者行为与金融投资结构

投资者进行金融投资的动机是希望在保证资产安全的基础上，获得一定数额的投资收益，即"保值增值"。以居民为例，作为国民储蓄和金融投资的重要主体，居民通过消费行为和储蓄行为实现对其收入的支配。在这一过程中，居民会不断就储蓄与消费比例、金融资产组合等进行抉择。而这一系列的抉择势必会直接或间接地影响金融结构。

关于消费储蓄，学术界已有过较为深入的研究。从发展脉络来看，消费—储蓄理论包括凯恩斯（J. M. Keynes, 1936）的绝对收入假说、杜森贝里（J. Duesenberry, 1949）的相对收入假说、莫迪里亚尼（F. Modigliani, 1954）的生命周期假说和弗里德曼（Friedman, 1957）的持久收入假说、预防性储蓄理论（Leland, 1968; Samdmo, 1970; Miller, 1974; Kimball, 1990）、流动性约束理论（Deaton, 1989）、缓冲库存储蓄理论（Deaton, 1991; Carroll, 1992; Bard, Skinner & Zeldes, 1994）等。可以看出：居民的消费、储蓄行为很大程度上是由收入决定的，经济学家们通过对收入的不同界定，让我们对居民丰富多彩的经济行为有了深入的理解。从消费、储蓄理论的发展轨迹来看，早期的理论认为消费是现期收入的函数，随后的理论更注重从持久和整个生命周期的角度来把握居民的消费安排，而最新的理论则把我们的视角引入不确定性和流动性约束。由于本书的研究重点在于金融投资者的投资结构，在此不再赘述。

关于资产组合的决策过程，实质上是研究资金盈余部门如何选择其持有的金融资产种类（如银行储蓄、股票、债券、保险、外币储蓄等）及数量才能实现投资的经济性？下面将引入投资者无差异曲线与预算线来说明最佳资产组合的决策过程。

4.2.1.1 投资者无差异曲线

所谓无差异曲线（Indifference Curve）就是各个表示给投资者带来相同投资收益的投资组合的点的集合。我们可以用一组无差异曲线来表示投资者的兴趣与偏好。如果用 U 表示投资者的总投资收益，投资于 x_1 个单位的金融商品 1、x_2 个单位的金融商品 2……x_n 个单位的金融商品 n，那么，U 与 n 种商品之间函数关系的公式为

$$U = U(x_1, x_2, \cdots, x_n) \tag{4-1}$$

假设只有两种金融产品 X、Y，投资者投资于这两种金融商品的无差异曲线为 $U = f(X,Y)$，如图 4-2 所示。曲线 U_1、U_2 是投资者的两条无差异曲线，其中曲线 U_2 代表收益高于 U_1 的无差异曲线。事实上，对于特定投资者来说，存在着无数多条无差异曲线，而且每一条无差异曲线分别代表不同的投资收益水平。某一特定无差异曲线的斜率为 $K = \Delta Y/\Delta X$，其值为负，曲线向右下倾斜，如图 4-2（a）所示。

实际上，投资者的无差异曲线也可以表示成 $U = f(r_1, r_2)$，如图 4-2（b）所示。其中 U_2 是总收益高于 U_1 的无差异曲线。曲线斜率为 $K = \dfrac{\Delta r_2}{\Delta r_1}$，其值为负，曲线向右下倾斜。

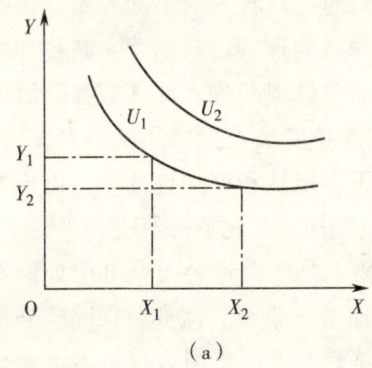 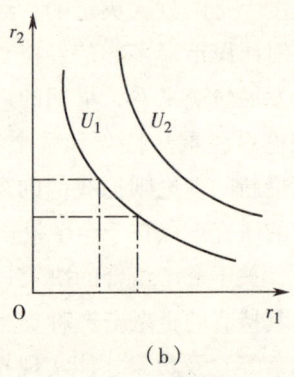

图 4-2 投资者的无差异曲线

一般说来,一个正常投资者的无差异曲线具有如下特点:第一,对于大多数投资者来说,他所拥有的金融商品越多,相应地,其投资收益就越高,所以,投资者在投资组合中拥有的金融商品可定义为宁多毋少,从而无差异曲线的斜率为负。第二,距离原点较远、位置较高的无差异曲线所代表的投资收益高于距离原点较近、位置较低的无差异曲线。第三,无差异曲线不能相交。

为了进一步说明无差异曲线的凹凸特征,我们用边际替代率(Marginal Rate of Substitution,MRS)来加以说明。所谓边际替代率,就是为保持投资者的总投资收益不变,投资者每增加(或减少)一个单位商品 X,就必须放弃(或增加)的商品 Y 的数量。这一概念说明了投资者增加(或减少)一单位商品的相对重要性。如图 4-3 的无差异曲线所示,对投资者来说,金融商品 X 对商品 Y 的边际替代率为

$$\text{MRS}_{XY} = \left| \frac{OY_2 - OY_1}{OX_2 - OX_1} \right| \qquad (4-2)$$

实际上,无差异曲线的形状不同,其边际替代率也是不同的。如图 4-3 所示,对投资者 A 来说,因无差异曲线斜率的绝对值较大,所以,X 对 Y 的边际替代率较大;而对投资者 B 来说,因无差

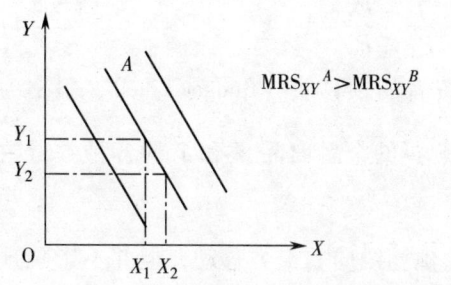 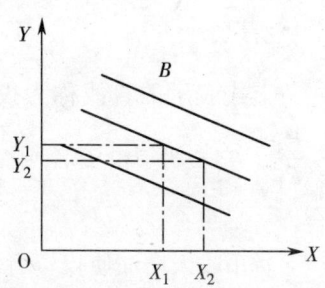

图 4-3 X 对 Y 的边际替代率

异曲线斜率的绝对值较小,所以,X 对 Y 的边际替代率较小。一般而言,在一条给定的无差异曲线上,因各点斜率不同,每点的边际替代率会有所不同。

对于一般金融投资者来说,如果他对某种金融商品的拥有量越多,处于分散风险和降低投资风险的目标,这种商品对其他商品的边际替代率就越低。或者说,投资者拥有某种商品的数量越多,该商品的投资风险就越大,增加一单位这种商品对他就越不重要。这意味着无差异曲线上各点的边际替代率是递减的。用数学方法表述,就是对某一无差异曲线来说,曲线上各点的斜率等于通过该点切线的斜率,由于无差异曲线上各点切线的斜率是递增的,因此,其对应点的边际替代率是递减的,因而无差异曲线是向上凹的,即向下凸的曲线,这说明无差异曲线位于其切线的上方。

4.2.1.2 投资者预算线

投资者所能取得的最佳投资组合还要受到其收入的限制。假设投资者总收入和消费规模一定,以 I 表示投资者的总投资额。如果只有两种金融商品 X 和 Y,P_X、P_Y 分别表示两种金融商品的价格,投资者对两种金融商品的投资规模以 X 和 Y 表示,则投资者的预算约束方程为

$$P_X X + P_Y Y = I \qquad (4-3)$$

所以，
$$Y = \frac{I}{P_Y} - \frac{P_X}{P_Y} \cdot X \qquad (4-4)$$

上式表示的直线称为投资者的预算线（Budget Line），斜率为 $-\frac{P_X}{P_Y}$。它表明了投资者所能购买的金融商品 X 和 Y 的各种数量组合。

货币收入增加使投资者的预算线向右上方移动，但并不影响预算线的斜率；相反，投资者的收入减少将使其预算线向左下方移动，也不影响预算线的斜率，如图 4-4 所示。

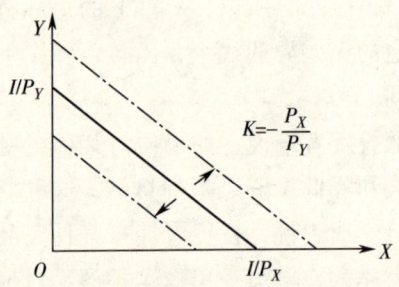

图 4-4 投资者的预算线

式（4-4）还说明，如果商品 X 的价格发生变化后，投资者的预算线将发生怎样的变化。如图 4-5 所示，P_X 升高将使预算线斜率的绝对值增加，见 G 线；P_X 下降将使预算线斜率的绝对值减少，见 H 线；但预算线与纵轴的交点不变。很明显，投资者购买到 X 的数量与 X 的价格呈反向变动的关系。至于金融商品利率变化，将引起投资者偏好的改变，对其预算线不发生影响。此外，投资者因消费品价格变化而增加或减少金融投资，则属于收入变动的范畴，这种情况将引起预算线的移动，但不改变预算线的斜率。

关于预算线性质的上述结论还表明：第一，通货膨胀将影响投资者正常的投资心理，并可能因此干扰金融资源分配的帕累托效率；第二，在证券市场发展进程中，培育和保持投资者的投资理性是非

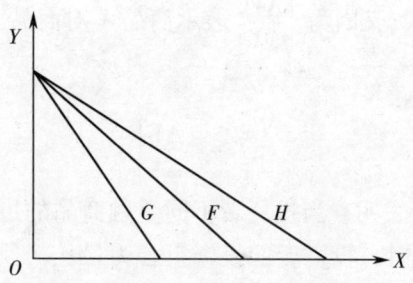

图4-5 预算线斜率的变化

常重要的。

4.2.1.3 最佳投资组合

综合以上分析,投资者进行怎样的投资组合选择才会使其收益最大化?将无差异曲线与预算线结合起来,就可以得出答案。

投资者收益最大化的条件是:使投资者收益最大化的投资组合同时位于其预算线和最高的一条无差异曲线上,即预算线与无差异曲线的切点上,如图4-6所示,投资者的预算线与某一条无差异曲线的切点为E,则E点所代表的投资组合为最佳投资组合。

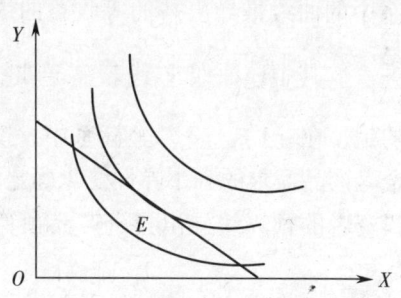

图4-6 投资者的最佳投资组合

在E点上,投资者的预算线与无差异曲线的斜率相等。即

$$-\frac{P_X}{P_Y} = \frac{\Delta Y}{\Delta X} \qquad (4-5)$$

对于投资者来说，又因为 $\left|\dfrac{\Delta Y}{\Delta X}\right|$ 表示商品 X 对商品 Y 的边际替代率，所以

$$\frac{P_X}{P_Y} = \left|\frac{\Delta Y}{\Delta X}\right| \qquad (4-6)$$

式（4-6）表明，当投资者不同金融商品的边际替代率等于金融商品价格之比时，投资者的投资组合为最佳。预算线与无差异曲线决定最佳投资组合的模型有非常重要的应用，它可以说明政府、企业、家庭或个人如何持有其金融资产。

上述关于单个投资者最佳投资组合的确定方法同样适用于金融市场投资者整体。而所有投资者的最佳投资组合就会影响到各种金融商品的利率，从而产生对投资者而言均衡的利率结构。

那么，如何实现金融市场利率结构的均衡？下面就来讨论如何通过投资者的无差异曲线和预算线确定金融市场的均衡利率。

首先，根据投资者的无差异曲线导出等收益条件下，投资者所选择的金融产品的利率组合轨迹。如图 4-7 所示，第 [4] 坐标系中的曲线 U'、V' 是根据投资者的无差异曲线 U 和 V，利用 [1]、[2]、[3] 坐标系中的曲线推导出来的等收益曲线。曲线上任意一点的斜率为 $K = \dfrac{\Delta r_1}{\Delta r_2}$。其中，曲线 V' 代表高于曲线 U' 的收益水平。另外，需要说明的是，在 [1]、[3] 坐标系中，投资者需求曲线的凸凹性质是根据金融产品需求的利率弹性变化确定的。

其次，根据投资者的预算线导出投资产品预算约束下的利率组合轨迹。

假设 I 代表投资者支付的投资总额，或投资者用于金融投资的总收入，P_X、P_Y 分别表示金融产品 X 和 Y 的价格，r_1、r_2 表示金融产品 X 和 Y 的单位收益率（利率），r_m 表示市场利率，则投资者进行金融投资的总收益（即利息总和）为 $I \cdot r_m$。

由式（4-3）投资者预算线 $P_X X + P_Y Y = I$ 可以得出：

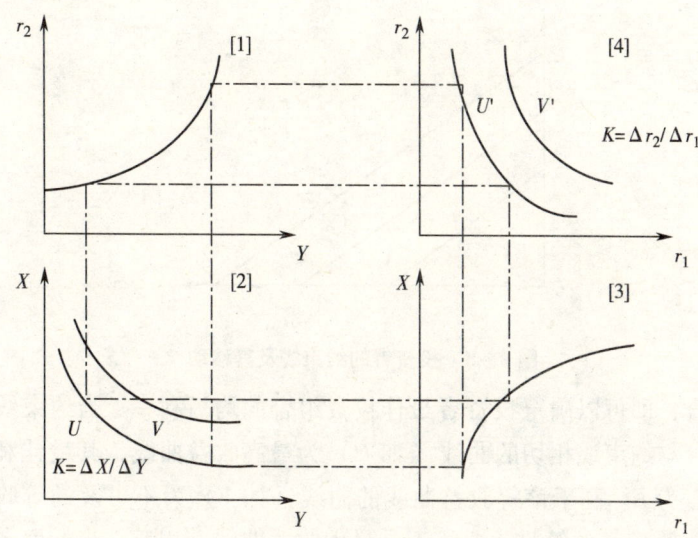

图4-7 由无差异曲线导出等收益条件下的利率组合轨迹

$$I \cdot r_m = P_X X \cdot r_1 + P_Y Y \cdot r_2 \qquad (4-7)$$

令

$$I \cdot r_m = R \qquad (4-8)$$

则

$$P_X X \cdot r_1 + P_Y Y \cdot r_2 = R \qquad (4-9)$$

那么

$$r_2 = \frac{R}{P_Y Y} - \frac{P_X X}{P_Y Y} \cdot r_1 \qquad (4-10)$$

式 (4-10) 表示在投资者预算约束条件下的金融产品利率组合 (可称为约束线)。该约束线在纵轴和横轴的截距分别为 $\frac{R}{P_Y Y}$ 和 $\frac{R}{P_X X}$, 其斜率为 $K = \frac{P_X X}{P_Y Y}$。

当约束线向外移动时 (如 W), 表示较高的收益水平; 而当约束线向左下方移动时 (如 U), 表示较低的收益水平, 如图4-8所示。

最后, 将投资者的等收益曲线和约束线建立在同一坐标系内, 则等收益曲线与约束线的切点就是投资者最佳投资组合所对应的利

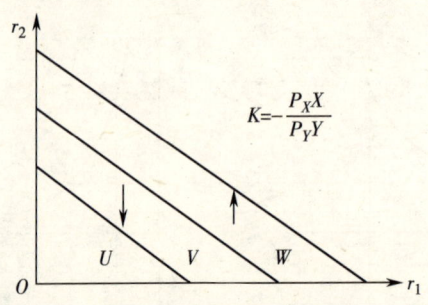

图 4-8 投资者的约束线及其移动

率组合,即可以确定投资者最佳投资组合的均衡利率。当约束线一定时,与约束线相切的曲线(如 U)为最高收益曲线,其最佳利率组合点为 E。高于该等收益曲线的曲线(如 V)为不可及的等收益曲线。低于 U 的等收益曲线不是最大收益曲线。相反,当投资者等收益曲线一定时(如 U),约束线为最低投资支出曲线。如图 4-9 所示。

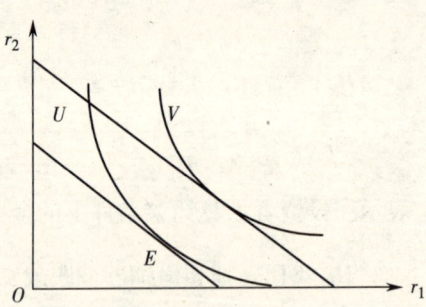

图 4-9 投资者的最佳投资组合对应的利率均衡

由于等收益曲线和约束线的斜率分别为 $K = \dfrac{\Delta r_1}{\Delta r_2}$ 和 $K = -\dfrac{P_X X}{P_Y Y}$,所以在最佳投资组合点有:

$$\frac{\Delta r_2}{\Delta r_1} = -\frac{P_X X}{P_Y Y} \quad (4-11)$$

又因为

$$-\frac{P_X}{P_Y} = \frac{\Delta Y}{\Delta X}$$

所以

$$\frac{\Delta r_2}{\Delta r_1} = \frac{\Delta Y X}{\Delta X Y} = \frac{\Delta Y}{\Delta X} \cdot \frac{X}{Y} = \frac{\Delta Y}{Y} \div \frac{\Delta X}{X}$$

即

$$\frac{\Delta r_2}{\Delta r_1} = \frac{\Delta Y}{Y} \div \frac{\Delta X}{X} \quad (4-12)$$

式（4-12）表明，当投资者实现最佳投资组合时，组合产品均衡的利率结构是两种金融商品的利率替代率等于投资者对应两种金融商品投资变化率之比。由上式还可以导出：

$$\frac{\Delta r_2}{\frac{\Delta Y}{Y}} = \frac{\Delta r_1}{\frac{\Delta X}{X}} \quad (4-13)$$

式（4-13）表示，投资者最佳的投资组合是两种金融商品边际收益率相等的点。这一结论还可以推广到多种金融商品，也就是说，对任何一个投资者而言，使其投资收益最大化的投资组合是任意两种金融商品的边际投资收益率相等时的投资组合，由此表明了金融投资者的金融投资结构。

4.2.1.4 金融投资结构的演变

由最佳投资组合模型可知，引起金融投资（或储蓄）结构变化的最直接因素是金融商品的边际替代率和预算约束。因此，利率水平与结构、收入水平及投资者偏好是导致投资组合变动的直接原因。

（1）利率与金融投资结构

利率是资金的价格，代表了金融投资行为的收益水平。它的变化直接影响消费和投资行为，理性投资者对利率变化的反应是十分敏感的。这主要体现在，利率变动影响投资者可支配收入在消费、实物投资以及金融投资之间的分配比例，也影响居民的金融投资倾向，从而使金融资产结构发生改变。

由于利率的变动不仅具有替代效应，还具有收入效用，而这两种效应的作用方向是相反的，因此，利率对居民金融投资倾向的影响方向要视实际中这两种效应的强弱而定。而利率对居民金融资产结构调整行为的影响方向则相对明确，利率的变动影响金融资产的收益率，而收益最大化的动机决定居民总是希望将有限的资金投入到收益率最高的金融投资中去。

需要说明的是，利率分为名义利率和实际利率：名义利率是在不考虑通货膨胀及其他风险的情况下支付给资金拥有者的报酬；实际利率是指在考虑了通货膨胀因素，并进行了风险调整的情况下，支付给资金供给者的报酬。从理论上说，对居民金融投资行为构成实质影响的是实际利率。

(2) 收入与金融投资结构

收入水平或财富的变动表示对金融投资的预算约束限制发生了改变。由于收入是居民金融资产形成的基础，因而，收入水平的高低将影响居民金融资产的选择，从而会影响其持有金融资产的总量与结构。收入水平对居民金融投资行为的影响体现在以下几个方面：

● 影响居民金融资产的增长。居民当年的可支配收入与其金融资产的增量是相对应的，在金融投资倾向一定的条件下，收入水平越高，居民金融资产的增量也越大，居民金融资产增长也就越快。

● 收入水平影响居民的金融投资倾向。从居民的需求层次看，居民的金融投资只有在居民必要的消费需求得到满足以后才产生。因此，当居民的收入水平不足或仅仅够应付必要的消费开支时，其投资倾向是不存在的；而当收入水平逐步提高后，由于必要的消费需求所占份额的下降，居民的投资倾向也会随之提高。

● 收入水平对居民金融资产的结构也存在影响作用。在居民金融资产的构成中，不同的金融资产的持有与收入有着不同的关联性，如现金的持有就主要由消费决定，而与收入就不存在必然的联系；相反，证券资产的持有可能会因为收入水平的提高而增加。

(3) 偏好与金融投资结构

至于投资者无差异曲线、预算线的特征与变动程度，则还要取决于投资者偏好。由于金融资产一般具有三大特征：流动性、收益性与风险性，而这三者在不同的金融资产中又有不同的表现。持有现金的风险最小，流动性最高，但收益也最低；股票投资风险高，但相应的收益也高；而存款的收益和风险则处于现金和股票两者之间。居民选择金融资产事实上就是对收益性、风险性与流动性三者的平衡，因此，任何金融资产这三大特征的变化，或者新的金融产品的出现，都将会引起居民对其金融资产结构的调整。具体如下：

• 投资者的兴趣首先决定于他对流动性的偏好，比如对现金与存款货币的需求。投资者的流动性需求越强，对流动性强的金融资产如现金、可转换证券、易变现资产等的需求就越多。

• 对未来收益的预期。各种不同金融资产有各不相同的预期收益，预期收益越高的产品，需求量越大。

• 投资风险。不同投资者有不同的风险偏好，风险偏好较强的投资者可能会选择股票、期货等衍生品，而风险厌恶者则更偏好现金、存款、债券等资产。

综上所述，微观投资个体在市场机制下选择金融投资组合的过程，也是投资者无差异曲线、预算线的变动（表现为曲线的平行移动及曲线形状的变化）过程，这种变化从两个方面影响了投资者金融资产结构：一是对某种单一金融产品的需求增加或减少，表现为需求曲线整体的移动；二是对金融产品种类的需求调整，体现为各种金融产品间的替代性。

在现实世界中，金融资产选择行为还会受到经济金融环境，特别是政策因素的影响。例如，一国金融体系的发展状况影响了其金融产品的多样化程度与可获得性，以及人们投资于某种金融产品的便利性。人们喜欢存款并非完全因其具有较高的流动性和安全性，还与金融机构的储蓄动员力度有密切关系，如金融中介机构对金融产品的广告经营与推广服务将影响到投资者对其金融产品的接受程度。同样,一个发育良好的、完善的金融市场的存在是投资者能够理性作出资产选择的前提。此外,经济发展与通货膨胀也会影响金融投资者的预期进而影响其投资结构。

可见,政策因素对金融投资行为的影响更具现实意义。这些政策因素包括政府的产业政策、金融政策、财政政策等。比如,近年来,中国股票市场上的金融政策对居民的股票投资行为就有着非常大的影响作用,尤其是在国有股减持和流通上政策的不确定性,使得居民对股票市场的预期产生较大的波动,在很大程度上影响着居民的股票市场意愿。

4.2.2 融资者行为与融资结构

融资更多的是从资金需求者的角度而言。以企业为例,作为金融市场上最主要的资金需求者和使用者,经济学往往以追求利润最大化作为假设目标。在金融市场上,融资者对融资规模的要求是由其经济活动的规模和性质决定的,当资金需要量一定时,怎样的融资结构才能在满足其资金需求的同时实现融资的经济性?下面将引入等融资量曲线与等融资成本曲线来介绍融资者行为及其决策过程。

4.2.2.1 等融资量曲线

等融资量曲线是表示某一融资者为获得一定数量金融资源而提供的各种金融产品的组合。在理想的金融市场上,融资者有自由选择融资方式的权利,这意味着融资者可以提供任意形态的金融商品。假设存在两种可供选择的金融商品 X 和 Y,即融资者可通过提供商品 X 来融资,也可以通过提供商品 Y 来融资,更可以提供某种组合的两种商品来达到融资目的。如果融资者的总融资量为 Q,P_X 和 P_Y 分别表示两种金融产品的价格且假设其价格不变,则融资者的等融资量曲线为

$$Q = P_X X + P_Y Y \qquad (4-14)$$

所以
$$Y = \frac{Q - P_X X}{P_Y} \quad (4-15)$$

式（4-15）表示一条通过点$(0, Q/P_Y)$和点$(Q/P_X, 0)$的直线。如图4-10所示，该等融资量曲线Q_1在Y轴的截距为Q/P_Y，在X轴的截距为Q/P_X，曲线的斜率为$K = -P_X/P_Y$。显然，就某一融资者来说，在相同融资偏好下，可能有无数条等融资量曲线，其中远离原点的等融资量曲线代表着较高的融资水平，如曲线Q_2；而靠近原点的曲线则代表着较低的融资水平，如曲线Q_3所示。

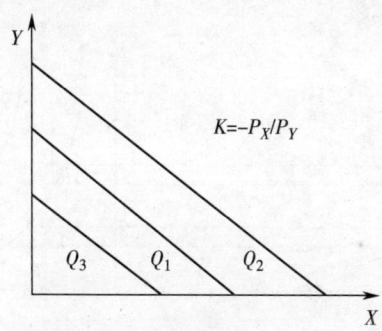

图4-10　等融资量曲线

融资者的等融资量曲线并非只能由金融商品的数量组合来表示。事实上，融资者选择任何融资组合时，每一种金融商品都对应着一定利率，所以由等融资量曲线，我们还可以导出在等融资量条件下，融资者提供的各种金融产品组合所对应的利率组合。

下面我们就根据等融资量曲线和金融商品的供给曲线来导出等融资量下的利率组合曲线。

建立如图4-11所示的四个分别标有［1］、［2］、［3］和［4］的坐标系。其中：［1］、［2］、［3］坐标系中的曲线分别表示商品X的供给曲线、包含商品X和Y的等融资量曲线W和曲线T、商品Y的供给曲线。r_1表示商品X的利率，r_2表示商品Y的利率；坐标系［2］中，曲线T代表高于曲线W的等融资量曲线。

首先从等融资量曲线 W 上的任一点出发向 [1]、[3] 坐标系中的商品 X 和商品 Y 的供给曲线分别引出平行于 Y 轴和 X 轴的平行线，两条平行线与商品 X 及商品 Y 的供给曲线的交点在坐标系 [4] 中的对应点表示等融资量条件下的两种商品利率组合。依此类推，采用这一方法我们就可以得到一系列点，由这些点所连成的曲线 W' 就是等融资量下两种商品利率组合轨迹。类似地，根据等融资量曲线 T，可以得到另一条等融资量下的利率组合轨迹 T'。由于曲线 T 代表高于曲线 W 的等融资量曲线，所以，曲线 T' 代表融资水平高于曲线 W' 的利率组合轨迹。

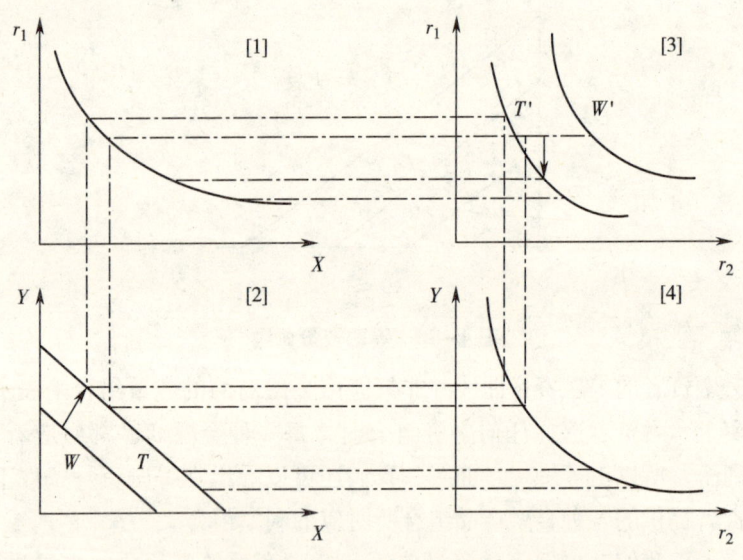

图 4-11 等融资条件下金融产品利率组合轨迹的导出

如前所述，等融资量曲线 T 和 W 的斜率为 $K = -\dfrac{P_X}{P_Y}$。而一般说来，等融资条件下的利率组合曲线 T' 和 W' 的斜率为 $K = \dfrac{\Delta r_1}{\Delta r_2}$，利率组合曲线上任一点的斜率，等于通过该点的切线的斜率。

实际上在同一利率坐标系中，对于一个既定的融资函数来说，可以有无数条等融资量条件下的利率组合曲线。其中利率组合曲线越远离原点，所代表的融资水平越低或融资利率越高；而利率组合曲线越接近原点，所代表的融资量水平越高或融资利率越低。在同一条利率组合曲线上的各点，都代表着不同的利率成本和相同的融资水平。

等融资量条件下的利率组合曲线有如下特征：第一，利率组合曲线的斜率为负，表明曲线向右下方倾斜，其经济含义是利率变化与融资量变化方向相反。第二，由于利率组合曲线是由等融资量曲线导出，而任意两条等融资量曲线是不相交的，所以，任意两条利率组合曲线也不相交。第三，利率组合曲线是上凹的（凸向原点），这一结论可以通过对边际利率替代率的推导加以证明。

显然，利率组合曲线的几何特征与前面分析的投资者无差异曲线是相似的，而且等融资量条件下的利率组合曲线在融资者行为分析中所起的作用，与无差异曲线在投资者行为分析中所起的作用是同等重要的。二者的不同点在于，无差异曲线所反映的是投资者对不同金融产品组合所产生的投资收益大小的主观评价，而利率组合曲线则代表了融资成本与融资量之间的技术关系。

为了说明等融资量条件下的利率组合曲线呈向上凹的（或凸向原点）形状，并且斜率为负值，我们可以用边际利率替代率加以解释。边际利率替代率是指当融资量保持不变时，两种融资成本（利率）相互替代的比率。更具体地说，当金融产品 X 的利率 r_1 由 A_1 降低到 A_2 时，利用产品 X 的融资增加，为使其融资量保持不变，必然相应地有金融产品 Y 的利率 r_2 从 B_1 提高到 B_2，如图 4-12 所示。

所以利用金融产品 X 替代金融产品 Y 融资的利率替代率为

$$-\frac{\Delta r_1}{\Delta r_2} = \frac{A_1 A_2}{B_1 B_2} \qquad (4-16)$$

式中，Δr_1 表示产品 X 的利率降低量，Δr_2 表示产品 Y 的利率提

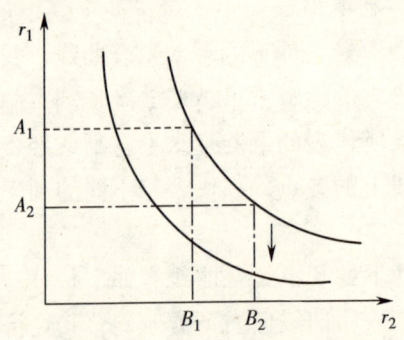

图 4-12 边际利率替代率

高量。边际利率替代率描述了融资者在融资量不变的情况下，其融资产品之间的利率变化关系。利率组合曲线上任一点的边际利率替代率正好等于该点的斜率的负数。如图 4-12 所示，当 r_1 较高而 r_2 较低时，融资者利用产品 Y 融资多于利用产品 X 融资，此时，r_1 的降低只需要 r_2 较少的提高就可以达到融资平衡（即使融资量不变）；而当 r_1 较低而 r_2 较高时，融资者注意利用产品 X 融资而较少利用产品 Y 融资，此时，r_1 降低引起的融资量增加较多，所以 r_2 必须提高许多才能实现新的融资平衡。所以，一般来说，金融商品边际利率替代率是递减的。

与 $-\dfrac{\Delta r_1}{\Delta r_2}$ 值相反，$\dfrac{\Delta r_1}{\Delta r_2}$ 表示利率组合曲线的斜率或导数，其取值是逐渐增大的（曲线的二阶导数大于零），因此，等融资量条件下的利率组合曲线为上凹的。

4.2.2.2 等融资成本曲线

对融资者而言，选择最佳的融资方案除了受到经济活动所决定的融资规模、金融市场技术条件和可供选择的融资手段等条件约束之外，还要受到融资成本以及各种金融产品的利率水平（价格水平）的约束。

一般来说,融资者的融资成本包括直接成本和隐含成本两部分。直接成本是指融资者为取得货币和货币资本而必须承担的利息支出;隐含成本则是指融资者为取得金融资源而承担的其他方面支出,如时间、精力、管理和办公费用等。在经济学家看来,一定的资源或投入用于某种特殊用途的成本,就是用这些资源从事其他活动产生的价值,这就是所谓的机会成本。在竞争性市场上,融资者支付的融资成本与融资者的机会成本趋于一致。

假设所有融资者都是金融市场理性的交易参加者,显然,融资者的最佳融资方案是既定融资规模下融资成本最小的融资结合。假设所有融资者都是金融市场完全竞争者,同时,融资者只有两种融资方法可供选择——通过提供商品 X 融资或者 Y 融资。两种金融产品的利率分别是 r_1 和 r_2,且两种融资产品的价格固定不变。如果融资者通过提供两种金融产品的融资规模分别为 X 和 Y,当融资者的总融资规模既定时,融资者为获得一定金融资源愿意支付的总融资成本为 C,则 $C = f(X, Y)$ 表示既定融资规模和融资成本条件下的产品 X 和 Y 的各种融资组合,它所表示的曲线就是融资者的等融资成本曲线,如图 4-13 所示。

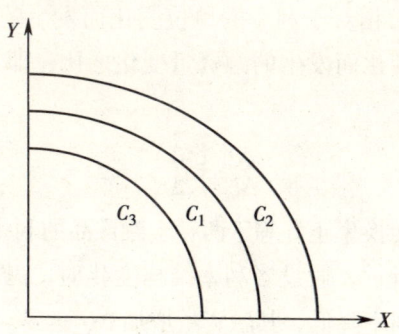

图 4-13　融资者的等融资成本曲线

当融资者只通过提供产品 X 融资时,其融资成本由融资量 X 和 r_1 决定;当融资者只通过提供产品 Y 融资时,其融资成本由融资量 Y 和 r_2 决定;当融资者同时通过提供产品 X 和产品 Y 融资时,其融资成本由产品 X 和产品 Y 的比例(即融资结构)以及 r_1 和 r_2 共同决定。

显然,等融资成本曲线反映了融资者一定规模融资的相应成本,当等融资成本曲线向右移时(如 C_2),表示融资者愿意支付的总融资成本提高;而当等融资成本曲线向左移动时(如 C_3),表示融资者愿意支付的总融资成本减少。融资者的等融资成本曲线的位置取决于所有融资者愿意支付的总融资成本、金融市场的利率总水平以及两种金融产品的利率结构等。

为了说明等融资成本曲线的形状,我们再引入边际融资转换率的概念。所谓边际融资转换率就是指一种商品相对其利率的单位变化而发生的融资量变化与另一种商品相对其利率单位变化而发生的融资量变化之比。它表示融资者在总融资成本不变的情况下,各种融资产品的替代关系。

假设只有两种金融产品 X 和 Y。如果 X 的利率 r_1 降低而 Y 的利率 r_2 提高,融资者会增加 X 融资而减少 Y 融资,于是 X 对 Y 的边际融资转换率就是 Y 相对于利率的单位变化而发生的融资量变化与 X 相对于利率单位变化而发生的融资量变化之比,即 X 对 Y 的边际融资转换率为

$$\frac{\Delta Y}{\Delta r_2} \div \frac{\Delta X}{\Delta r_1} \qquad (4-17)$$

该边际融资转换率正好等于两种金融产品的利率弹性之比。

如图 4-14 所示,假设当利率结构变化时,融资者的其他融资条件不变。X 因利率降低,其融资量增加 $\Delta Q_1 = X_2 - X_1$,则 X 的边际融资量为 $\Delta Q_1/\Delta r_1 = (X_2 - X_1)/\Delta r_1$;$Y$ 因利率提高,其融资量减少 $\Delta Q_2 = Y_2 - Y_1$,则金融产品 Y 的边际融资量为 $\Delta Q_2/\Delta r_2 = (Y_2 - Y_1)/\Delta r_2$。所以,$X$ 对 Y 的边际融资转换率为

4 金融结构形成与变迁的经济机理分析

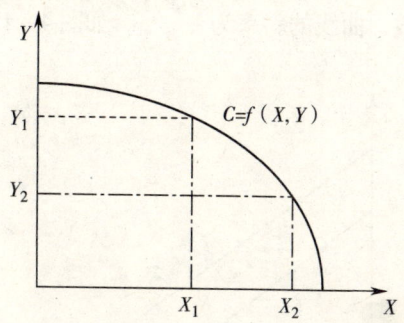

图 4-14 边际融资转换率

$$-\frac{\Delta Q_2}{r_2} \div \frac{\Delta Q_1}{r_1} = -\frac{Y_2 - Y_1}{X_2 - X_1} \cdot \frac{\Delta r_1}{\Delta r_2} \qquad (4-18)$$

根据定义,两种金融产品利率均发生单位变化时,有 $\Delta r_1 = \Delta r_2$,所以,由式(4-18)可以导出 X 对 Y 的边际融资转换率为:

$$-\frac{Y_2 - Y_1}{X_2 - X_1} = -\frac{\Delta Y}{\Delta X} \qquad (4-19)$$

式(4-19)表明,边际融资转换率为等成本曲线斜率的绝对值。显然,等成本曲线上各点的边际融资转换率是不同的。由于等成本曲线的斜率 $\frac{\Delta Y}{\Delta X} < 0$,且其值递减,所以,$-\frac{\Delta Y}{\Delta X} > 0$,且其值递增。所以,等成本曲线的二阶导数小于零,为向下凹的曲线。

根据融资者的等融资成本曲线还可以找到利率约束曲线。由前述假设条件可知,融资者的总融资成本可以表达为

$$C = P_X X \cdot r_1 + P_Y Y \cdot r_2 \qquad (4-20)$$

所以,

$$r_1 = \frac{C}{P_X X} - \frac{P_Y Y}{P_X X} \cdot r_2 \qquad (4-21)$$

显然,如果两种金融产品的价格、融资者的融资结构以及支付的总成本不变,则上式表达了融资者在相应融资结构和成本结构下的金融产品利率组合或者融资者的利息约束。将式(4-21)所表示的曲线

称为利率约束曲线,曲线的斜率为 $-\dfrac{P_Y Y}{P_X X}$,如图 4-15 所示。

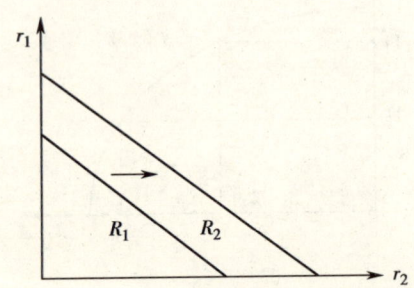

图 4-15 融资成本一定条件下的利率约束曲线

在图 4-15 中,R_1 和 R_2 分别表示融资者的两条利率约束曲线。其中 R_2 代表融资者总成本支付水平较高的利率约束曲线,而 R_1 代表融资者总成本支付水平较低的利率约束曲线。利率约束曲线的位置由两种金融产品的利率结构、利率总水平及融资者愿意支付的总融资成本决定。当融资者的融资成本上升时,利率约束曲线右移 ($R_1 \rightarrow R_2$),而当融资者的融资成本下降时,利率约束曲线左移 ($R_2 \rightarrow R_1$)。如果金融产品的利率结构或融资者的融资结构发生变化时,则利率约束曲线的斜率会相应改变。

4.2.2.3 最佳融资组合

以上我们分别讨论了融资者的等融资量曲线、等融资成本曲线以及等融资条件下的利率组合曲线和利率约束曲线。在金融市场上,每一个融资者都希望以尽可能低的融资成本取得尽可能多的金融资源。那么,一个理性的融资者如何找到最佳融资方案呢?

下面就来讨论融资者的最佳融资组合的选择问题。我们首先在同一坐标系内建立融资者的等融资量曲线和等融资成本曲线,如图 4-16 所示。

图 4-16 中,W、T 表示融资者的等融资量曲线,其中 T 代表较

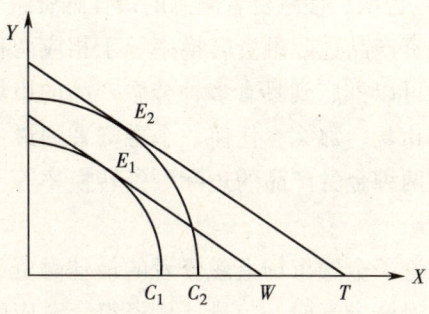

图 4-16 融资者的最佳融资组合

高的等融资量，W 代表较低的等融资量。C_1、C_2 分别表示融资者的等融资成本曲线，其中 C_2 代表总成本较高的等融资成本，C_1 代表较低的等融资成本。当融资者的融资规模既定时，最佳融资方案由等融资量曲线与等融资成本曲线的切点决定。当融资者资金需求量为 T 时，其最佳融资组合由等融资量曲线 T 与等融资成本曲线 C_2 的切点 E_2 决定，因为 E_2 点所代表的融资成本最低，因而 E_2 点所对应的融资产品组合是融资者的最佳融资方案。事实上，等融资曲线 T 可与无数条等融资成本曲线相交，但 E_2 点位于最低的等融资成本曲线上，所以该点所代表的融资组合是最佳融资组合。同理，如果融资者的资金需求量为 W，等融资量曲线 W 与最低的等融资成本曲线 C_1 相切于 E_1 点，那么，E_1 点代表了金融资源需求量为 W 时的最佳融资方案。

由于等融资量曲线的斜率为 $K = -\dfrac{P_X}{P_Y}$，而融资者的等融资量成本曲线的斜率为 $\dfrac{dY}{dX}$，所以，在融资者的最佳融资组合 E_1 或 E_2 点，有

$$-\frac{P_X}{P_Y} = \frac{dY}{dX} \tag{4-22}$$

即

$$-\frac{dY}{dX} = \frac{P_X}{P_Y} \tag{4-23}$$

式（4-23）说明，使融资者满意的最佳融资组合应该符合如下条件：即两种融资产品边际融资转换率等于相应两种产品的价格之比。这一结论还可以推广到具有多种金融产品的市场。如果金融市场是完全竞争的市场，那么，任何一个融资者的最佳融资组合，应该是组合中任意两种金融产品的边际融资转换率等于相应金融产品的价格之比。

这里我们讨论了金融市场上融资者的最佳融资组合，那么，当融资者获得最佳融资方案时，与最佳融资组合对应的金融商品利率均衡是什么样的呢？下面我们就来说明，金融市场上就融资者方面而言的利率均衡。如图4-17所示，我们在利率坐标系内同时建立融资者等融资量曲线所对应的利率组合曲线和融资者的利率约束曲线。

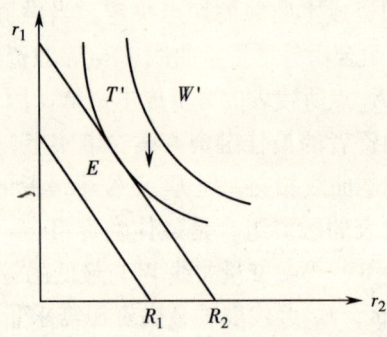

图4-17 最佳融资组合对应的利率均衡

图4-17中，T'、W'分别表示等融资量条件下的利率组合曲线，其中T'代表较高的融资水平，W'代表较低的融资水平；R_1、R_2分别表示融资者的利率约束曲线，其中R_1代表总成本支付较低的利率约束，R_2代表总成本支付较高的利率约束。由图4-17可知，当融资者的资金需求量一定时，如曲线T'所代表的融资水平，则融资者的最佳融资方案对应的利率均衡点为利率组合曲线与利率约束曲线的

切点 E 点。事实上，等融资条件下的利率组合曲线 T' 可与无数条利率约束曲线相交，但 E 点位于最低的一条利率约束曲线上，所以，对融资者来说，E 点是最佳融资组合点。在图中，曲线 R_1 虽然比曲线 R_2 代表更低的利率成本，但它与曲线 T' 不相交，因而是融资者不可及的融资成本水平。

需要说明的是，图4-17只能说明在融资者资金需求量一定时的最低融资成本，而不能说明融资成本一定时的最佳融资量。因为当融资成本一定时，融资者的资金需求量要由金融市场的外部因素决定，并非由金融市场本身决定。图4-17的经济意义在于：第一，金融市场上融资者的融资行为受市场利率的影响，当融资利率降低时，融资者的资金需求增加；反以亦然；第二，对于任何融资者来说，单位融资成本一般会随着其资金需求量的增加而有效降低；第三，融资者在追求最大利润的同时，必须关注经营风险，其中包括债务风险，所以，在融资成本一定时，融资者并非追求最大融资。

显然，融资者最佳的融资组合所对应的均衡利率是等融资条件下利率组合曲线所能达到的最低的利率约束曲线上的某一点，即两条曲线相切的那一点。由于等融资量条件下利率组合曲线的斜率为 $\dfrac{dr_1}{dr_2}$，而利率约束曲线的斜率为 $-\dfrac{P_Y Y}{P_X X}$，所以，融资者最佳融资组合对应的均衡利率应满足条件：

$$\frac{dr_1}{dr_2} = -\frac{P_Y Y}{P_X X} \qquad (4-24)$$

式（4-24）说明，使融资者满意的融资方案应满足如下条件：组合中两种金融产品的利率替代率等于相应产品的融资额之比。这一结论还可进一步推广，在完全意义上的金融市场上，如存在多种金融产品，融资者可自由选择融资方式，则融资者的最佳融资组合所对应的利率组合应满足任意两种产品的利率替代率等于相应产品的融资额之比。

由式 (4-24)，我们还可以推出以下结论：

由于
$$-\frac{P_X}{P_Y} = \frac{dY}{dX}$$

所以
$$\frac{dr_1}{dr_2} = -\frac{P_Y Y}{P_X X} = \frac{dX}{dY} \cdot \frac{Y}{X} = \frac{dX}{X} \div \frac{dY}{Y} \quad (4-25)$$

即
$$\frac{dr_1}{\frac{dX}{X}} = \frac{dr_2}{\frac{dY}{Y}} \quad (4-26)$$

式 (4-26) 表明，使融资者融资方案最佳的融资组合是其各种融资产品边际融资成本相等的点。这一结论同样可推广到多种金融商品的金融市场，即融资者最佳的融资组合是其任意两种融资产品的边际融资成本相等时的融资组合，反映了融资者的融资结构决定过程。

4.2.2.4 融资结构的演变

由于融资者最佳的融资组合是等融资量曲线与等融资成本曲线共同决定的。所以，融资者在权衡融资成本与收益来优化其融资结构时，必须充分考虑决定企业融资结构选择及其变动的内外因素，如融资规模、融资成本、融资者偏好等。

(1) 融资需求规模

融资规模或资金需求在一定程度上也代表了企业的增长机会和盈利能力。根据 Mayers (1984) 的优序融资理论，权益融资会传递企业经营的负面信息，而且外部融资要多支付各种成本，因而企业融资一般会遵循内源融资、债务融资、权益融资这样的先后顺序。因此，在融资需求一定的情况下，企业倾向于某种既定的融资组合；而随着融资规模的扩张以及融资渠道可获得性的限制，企业便可能需要改变融资方式而形成新的融资结构。

(2) 融资成本与融资决策

融资者最基本的任务是选择那些融资成本最低的融资渠道和方式。融资成本是影响企业融资结构的核心，它不仅会优化社会资源配置，而且还会使企业融资结构趋于合理化。企业融资成本取决于企业对资金的需求与投资者所能提供的资金供给的比较，它的高低决定了企业融资的数量及投资者的投资额度。

(3) 融资风险与融资结构

融资成本与融资风险是相对应的，融资成本相对较低，则企业的融资风险相对较高，反之则相反。企业融资结构与风险密切相关，并在很大程度上受到管理者风险态度的影响。如果管理者对风险极为厌恶，那么企业的融资结构偏向于尽可能使用主权资本，负债的比重相应较小，是低风险低报酬的结构。相反，如果管理者以取得较高报酬为目的而比较愿意承担风险，则融资结构偏向于较多的负债经营，发挥财务杠杆的作用带来额外的收益，是高风险高报酬的资本结构。

然而，单纯考虑市场机制在融资结构形成过程中的作用只能对个别融资行为进行解释，并不能对融资者整体行为特征作出合理解释。

现实中，企业融资过程除了受到市场因素的影响，还受到金融制度、筹资的顺利程度、资金的使用约束、筹资的社会效应等非经济因素的影响。如融资者选择何种融资方式（银行融资、财政融资、商业融资、证券融资与国际融资），与融资产品的可获得性即一国金融体系特别是资本市场的发展程度相关。一般来说，在股票市场未开放的条件下，企业融资只能通过发行债券或向银行举债进行融资；而股票市场的发展，会使企业外部股权融资局部替代企业外部债券融资，降低企业的资产负债率，整合企业融资结构。但随着股票市场的进一步发展和完善，由于企业融资风险分散和信息的共享效应，又促使企业用债务融资替代股权融资。

因此，对于融资结构的研究，应该将制度因素纳入融资结构的分析框架之中，综合考虑制度因素与融资市场机制的共同作用。在我国现有转轨经济条件下，各种制度安排处于快速的变迁之中，制度安排包括融资制度处于不均衡（或短期均衡）的状态。融资者在一定的外部融资制度环境和公司治理机制的双重作用下，根据效用最大化的原则进行融资决策，形成一定的融资结构，其行为是在理性经济人的假设前提下对于外部制度环境与融资市场机制的最好反映。在每一个短期制度均衡条件下，融资结构也形成一个短期均衡；而在长期里一旦外部制度环境发生改变，原来的融资均衡即被打破，根据新的成本收益函数在可行的融资方式中选择恰当的融资行为进行融资决策，从而形成新的融资结构均衡。这种融资均衡是一种短期均衡，长期稳定的融资结构均衡只有在完善的市场经济体制与健全的宏观制度条件下才可能出现。也就是说，融资结构将随着法律环境、经济体制与融资制度的变迁而变迁，一定时期的融资结构与特定的制度环境和经济体制背景相对应。

4.2.3 金融系统资金融通结构

金融系统包括市场、中介、服务公司和其他用于实现家庭、企业、政府的金融决策的机构。作为沟通资金供给和需求的媒介，金融系统从资金盈余部门吸纳资金进而将资金配置到赤字部门。在这一过程中，资金盈余部门的一部分资金通过银行这样的金融中介机构流向赤字部门，还有一部分通过金融市场而不通过金融中介流向赤字方。同时，金融中介经常将一些资金导向金融市场；相应地，一些金融中介也从金融市场获得资金。因此，我们便把金融系统资金融通结构的研究转到了金融发展中的中介与市场这一问题上。

根据中介和市场在金融体系中的重要性不同，或者说直接金融和间接金融这两种融资方式在金融体系中地位的不同，在目前全球的金融实践中我们可以将金融体系划分为两种类型：以德国为代表的银行主导型金融体系和以美国为代表的市场主导型金融体系。前者是以商业银行为核心形成的金融体系；而后者则是以金融市场（主要是资本市场）为核心形成的。从静态观点看，中国金融体系中银行占绝对优势，靠近德日模式；就动态观点看，中国的资本市场发展迅速，对经济的发展发挥着越来越重要的作用。

半个世纪以来，经济学家和政策制定者在以市场为基础的金融体系和以银行为基础的金融体系孰优孰劣上存在争执。这场争执的双方：一方坚持金融中介导向观，认为金融中介（尤其是银行）在动员储蓄、鉴别项目、监督管理者和风险管理方面所具有的比较优势；另一方则强调金融市场对经济增长的积极贡献，主张建立以金融市场为基础的金融体系。在这场争论之外，我们就有必要探讨金融体系中市场与中介发展演变的规律。

一般来说，一国金融体系的结构特征与经济发展阶段是相对应的。在经济发展的早期阶段，一方面因为经济的快速增长需要大量的资本投入，而个人储蓄难以依靠，于是依靠可以再生货币的银行体系就显得格外重要；另一方面，由于人们的收入普遍较低，经济主体的风险规避动机较强，因此通常选择把剩余资金放在银行。此时银行体系发挥着重要的作用。此外，在经济发展的早期阶段，银行相对于金融市场具有竞争优势。这是因为，第一，在经济发展的早期阶段，资金相对于其他生产要素而言更为稀缺，从而资金使用的机会成本也相对较高，而且企业的资金需求大而个人只拥有小额的储蓄，而银行在完成小额储蓄向投资的转化过程中具有规模经济效益；第二，由于经济发展初期法律制度和市场体系不完善，通过市场收集信息成本相对较高而通过长期交易关系和组织内部收集信息成本相对较低，也使得银行相对于金融市场更具竞争力。而在经济较为发达的阶段，法制逐渐完善，市场逐渐成熟，资本不再是最为稀缺的资源，而同时人们的收入提高，投资愿望和风险承受能力也随之增强，产生了对风险较大的金融资产的需求。因此，一国此时需要一个更为复杂的金融体系，金融市场的作用就会体现出来。世界银行的实证研究也表明：随着国家富裕程度的提高，相对于银行部门而言，股票市场的相对规模、业务量和效率都呈上升趋势。

从现实情况看，世界金融体系自20世纪80年代以来在结构上有两个显著的变化：一是商业银行在金融体系中的地位在一些工业化国家有相对下降的趋势；二是金融市场特别是资本市场在许多国家发展非常迅速，在金融体系中的地位不断提升。市场主导型国家不断加强其全能型银行的功能，而银行主导型国家也大力发展金融市场，传统行业之间的界限越来越模糊，有些金融新产品已很难明确地归属于某一传统行业。表4-1显示了美国、英国、德国、法国、日本五国银行业和金融市场的发展情况。

表4-1　　银行和金融市场发展的比较（1988~2002年）

年份	美国		英国		德国		法国		日本	
	银行贷款/GDP	股票市值/GDP	银行贷款/GDP	股票市值/GDP	银行贷款/GDP	股票市值/GDP	银行贷款/GDP	股票市值/GDP	银行贷款/GDP	股票市值/GDP
1988	114.65	55.12	104.66	92.54	99.15	19.02	96.67	25.00	250.56	131.02
1989	114.83	64.53	118.37	98.30	98.39	27.73	99.35	37.14	257.91	147.55
1990	110.77	53.21	121.18	85.80	104.43	21.24	104.35	25.82	259.57	95.64
1991	112.98	68.96	117.96	95.57	105.43	22.20	104.43	28.52	257.26	89.72
1992	114.43	71.70	115.54	86.47	110.32	17.22	105.02	26.08	264.45	63.01
1993	118.14	78.02	113.74	119.54	118.29	23.68	101.60	35.74	272.48	68.58
1994	116.32	72.46	116.27	116.07	122.72	22.49	100.81	33.41	279.07	77.30
1995	124.66	93.45	122.37	124.04	127.41	23.49	101.94	33.61	285.00	69.14
1996	130.89	109.46	126.19	146.34	134.87	28.15	102.10	38.03	288.46	65.63
1997	140.25	136.97	125.26	150.34	140.33	39.09	102.23	47.96	291.50	51.28
1998	150.51	154.26	122.48	166.82	145.66	51.01	—	68.29	300.38	63.24
1999	162.46	180.57	125.37	200.89	147.43	67.94	104.62	102.20	320.56	101.73
2000	162.91	154.72	133.80	179.21	147.75	67.92	104.93	110.57	316.03	66.27
2001	163.23	137.83	139.96	155.09	146.89	57.83	107.14	88.94	316.15	53.93
2002	159.38	106.45	145.35	119.02	144.72	34.57	104.96	67.56	312.51	53.24

资料来源：《世界经济年鉴》（2002），载中经网《中国经济统计数据库》。

从表 4 – 1 可以看出，各国的银行贷款占 GDP 的比例都有上升，这说明银行系统在经济发展中的渗透正在不断地加深，对经济发展的支持在不断地强化。在金融市场的发展上，原来以银行主导为特色的德国和法国，其国内的股票市场也有了很大的发展，表现在其股票市值占 GDP 的比重正在逐年地上升。

这一现象引起了西方研究者的广泛关注，如 Rybezynski（1984）认为金融体系的两种模式可以被看做是金融体系演进中的两个阶段，并指出一国金融体系将会从银行主导型阶段向市场主导型阶段演进；Claudia Dziobek & John K. Garrett（1998）也提出了金融系统的趋同问题，美国转向全能型银行，而德国加强了其市场导向的融资，这两种金融系统看起来好像要趋同于一种共同的中间模式。

可见，对于市场的存在和运作，中介通常是必需的；而中介也从市场的存在中获益。因此，作为联系资金供求双方的金融系统，通过金融中介与金融市场的相互补充，才能促进资金融通渠道的顺畅，更好地发挥并完善金融功能。

4.3 金融结构变迁中的政府行为及其影响

一般来说，政府干预金融体系表现为宏观金融调控（Macro – Adjustment and Control of Finance）和金融监管（Financial Regulation）。金融宏观调控是以中央银行作为调控主体，运用货币政策等工具，影响金融机构、企业部门和居民等微观主体的行为，进而影响产出的行为。金融监管是金融监管当局借助于一系列监管制度和措施，行使监管职权以控制金融风险，保障金融机构稳健经营，维护金融业的稳定运行。前者的目标是宏观经济的稳定与增长；后者则是直接的、强制性的，是对金融交易行为的直接管理。

4.3.1 宏观金融调控与金融结构

宏观金融调控总是在特定的金融结构下进行的，宏观金融调控的效果也必然受到金融结构的影响。为了达到预定目标，宏观当局会运用各种调控措施以使其政策意图通过一定的传导机制作用到金融系统，调节金融市场的资金供求关系，进而渗透到经济主体的金融行为并可能导致金融结构的变化。

一般意义上的宏观金融调控政策，是指宏观调控当局通过调节货币供应量，来影响最终支出，进而达到影响名义国民收入的调控目标。其中的政策手段或调控工具主要包括两种类型：

一般性的调控工具（General Credit Control），又称为数量性调控工具（Quantitative Credit Control）。从理论上说，这些工具主要是基于对货币供给总量的调控，对于某个特定的部门或者产业不发挥单独的调整作用。一般性的调控工具主要包括公开市场业务、再贴现政策和法定准备金制度，即所谓宏观金融调控的"三大法宝"。

选择性的调控工具（Selective Credit Control），又称为质量性控制工具（Qualitative Credit Control）。主要包括道义劝说，信贷分配控制，利率控制，对于不动产、证券、消费等领域的信用控制，这些调控工具着重在于对个别的信用领域进行调节，从理论上看，其调节的主要是货币供给的结构。

按照中央银行实施调控的方式来分，金融政策工具又可分为直接工具和间接工具，而常用的三大工具均属于间接的调控工具。从金融结构变迁的历程看，金融机构的多元化、金融市场的发展促使各国金融管理当局从一开始注重直接政策工具逐步转向间接工具的运用。就我国而言，1994 年以前，我国金融调控基本上采用的是直接调控方式；随着我国经济体制改革的不断深入，我国金融调控工具也由直接调控工具逐渐向间接调控工具转变；1998 年 1 月 1 日，人民银行正式取消了对商业银行的信贷规模限制，标志着我国进入了以间接调控为主的时代。

根据货币政策传导机制理论，宏观金融调控从货币供应量的调节，到影响最终支出和名义国民收入的波动，可以经过利率、财富、资产价格、信用供给四种传导渠道。由前面分析可知，利率、财富、资产价格和信用供给都是影响金融结构的直接因素，因此，我们在政策传导过程引入金融结构与金融运行环节，即

（1）货币供应量—利率—金融结构（金融运行）—最终支出，即利率渠道。

利率对经济金融运行和宏观金融调控影响显著。一般来说，利率对现实经济运行的影响是通过对个人名义收入、储蓄比率、投资品和消费品的相对比率等因素的影响来间接实现的。具体来说，利率影响经济运行包括两个环节：①收入与分配环节：利率变动会直接影响到存款者和借款者的收入及其分配状况，改变消费和储蓄的相对比例，同时还会影响储蓄资金在金融体系的分配方式。②商品市场和金融市场的结构调整：利率调整能够影响到资源配置状况的变化和商品市场上投资品和消费品的相对关系，同样也会引发金融市场的结构调整，从而影响经济运行。

（2）货币供应量—财富—金融结构（金融运行）—最终支出，即财富渠道。

在西方经济学中，财富是指经济主体所持有的所有未来收入的现在价值。宏观当局通过调节货币供应量，会相应改变经济主体的实际财富数量，从而使经济主体改变自己的意愿支出，并调整自身用货币在商品市场（各种商品和劳务）、资本市场（不同形式的金融资产）上的购买行为。如宏观当局增加货币供给量，一方面，家庭部门会因财富拥有量的增加而增加生利资产的持有数量，企业部门会利用新增货币扩充生产并相应减少债券和股票的发行，金融机构则会以此扩张贷款的发放。于是，宏观当局对于货币供给量的调整而产生的财富效应，引发各种生利资产和可贷资金的供求关系的变

化，导致资产数量、资产价值和资产收益产生相应的变动。

（3）货币供应量—资产价格—金融结构（金融运行）—最终支出，即资产结构渠道。

宏观当局在采取金融调控措施、导致货币供应量的增减时，会相应破坏原来处于均衡状态的各个经济主体的资产组合，这会使他们重新调整自己的资产结构，进行资产选择，以使其所持有的各类资产在安全性、流动性和盈利性等方面的组合维持在其所愿意的均衡水平上。资产结构决定于不同资产的特性，如资产的收益、风险、到期日以及资产持有者的偏好；资产结构的改变是由于市场情况、资产的特性、资产的数量以及资产持有者的偏好等因素的变化而引起的。在市场上，不同资产的关联程度取决于各项资产之间的替代性与互补性；经济运行中的资产结构选择行为与最终支出之间具有十分明显的相关关系。各个经济主体的这种资产结构调整行为通过相应的传导环节，会在不同程度上影响到金融资产的价格和收益，从而影响到投资和消费活动，进而影响到实际经济活动的变化。

（4）货币供应量—信用供应—金融结构（金融运行）—最终支出，即信用供给渠道。

信用供给渠道强调了金融中介机构对于政策传导的影响力。金融宏观调控通过信用供给渠道进行传导的主要方式包括：①贷款渠道：这意味着货币政策可以控制银行贷款供给，从而影响到金融中介机构的贷款行为，这在一定程度上改变信贷供给的总量和结构，相应地影响到投资活动和总需求的波动。②资产负债表渠道：宏观金融调控政策通过特定的方式影响借款人的资产负债表状况，从而影响到银行对其给予的授信，并影响到借款人的投资活动，如从紧的货币政策将恶化厂商的资产负债表，削弱他们从所有资金来源借款的能力。

为了进一步说明宏观金融调控政策与金融结构间的传导过程，我们考虑一个存在家庭、企业、金融部门的简单经济系统。家庭通过向企业提供生产要素和从商业银行取得利息而获得收入,并通过在商品市场上购买企业的产品和在金融市场上购买金融资产对这些收入进行支出。企业利用已有的资本与技术并结合从家庭买来的劳务来进行生产,它要向家庭部门支付工资、向商业银行支付贷款利息、向债券持有者支付利息和购买各种资本品而发生支出,企业运营资金的来源包括自身的盈余积累、发行债券和向商业银行贷款等。作为中介机构的商业银行则执行各种清算功能,它吸收家庭部门的储蓄并支付储蓄利息,向企业部门贷款并获得贷款利息收入。而中央银行作为金融管理当局,可以利用各种政策工具对上述过程施加影响。显然,金融政策有效发挥的前提是要对金融结构有比较准确的把握。同时,作为对金融市场的最重要的外生扰动,金融政策的有效实行与否对金融结构的变迁也产生影响。因此,金融政策的具体实施有赖于具体的金融结构,而金融结构的变迁也受到金融政策的巨大影响。如图 4-18 所示。

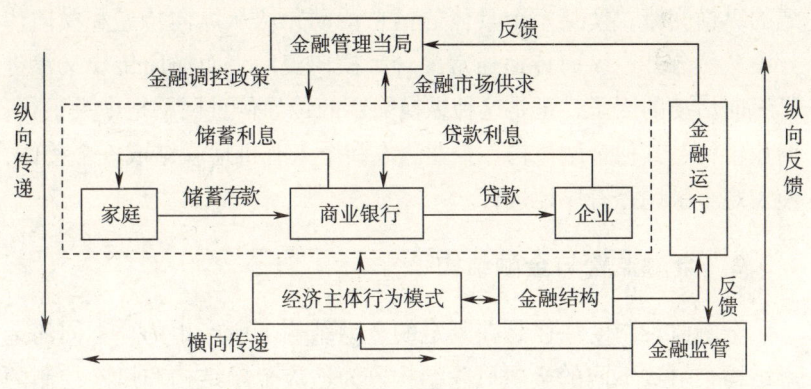

图 4-18 管理当局对金融结构的引导机制

图 4-18 中,宏观金融调控的传导渠道可分为两个层次:第一层次是中央银行在既定调控目标下的政策意向和调控信号的纵向传递和反馈。中央银行根据一定时期内国民经济发展速度、金融市场

上资金供求状况和价格水平、货币供应量等信息，通过有效地操作金融宏观调控手段，从金融方面保证社会总供给和总需求的平衡。在金融市场上运用的调控手段既可以是单项的，也可以是各种调控手段的综合运用。这个层次上调控信号传递的程序是：中央银行→金融市场→资金供给的扩张或收缩；其反馈程序是：资金供给的扩张或收缩→金融市场→中央银行。第二层次是调控政策和有关信息的横向传递。这个层次的传递通道是由在金融市场中活动的经济实体之间的联结而形成的。商业银行、其他金融机构、企业法人及个人通过金融市场的资金供求、价格水平等参数相互传递调控信号，并反馈其行为信息。

在宏观金融调控的实际运作中，调控信息的纵向传递与横向传递是交错在一起的。中央银行的政策意向和调控信号通过第一层次的纵向传递，经过金融市场传导至各个经济主体，它们在市场活动中获得的信息是各方面行为共同作用的结果。由于调控信息传导方式的纵横交错，使某一个具体的信息活动无法从纵向传递和横向传导中截然分开，纵向传递通常融合了横向流动，而横向传导又渗进了纵向活动的因子，正是这种纵横交错的传导信息网，把中央银行、商业银行、其他金融机构、企业法人和个人有机地联结成一个整体，使宏观金融调控有序地进行。

4.3.2 金融监管与金融结构

金融监管制度往往是在既定的金融结构下所产生的，不同的金融结构会引致不同的金融风险结构。为适应金融结构和风险控制的需要，金融监管也需要形成相应的制度安排与分工结构。因此，可以说有什么样的金融结构就有什么样的监管制度，当金融监管不适应金融结构的需要时会阻碍金融结构的平衡发展。

从金融监管史来看，金融监管制度与分工结构的发展也是适应金融结构及其引致的金融风险结构的过程。如早期金融业是以银行为主导的金融结构,证券、保险等其他金融业务很不发达,金融风险也主要表现为银行风险,适应这种需要,各国都建立了中央银行作为国家的金融监管机构,以管理商业银行的经营行为。随着证券、保险、信托等作为独立的金融产业发展起来,成为与银行业并重的金融部门,在新的金融结构和金融风险结构下,金融监管制度与分工结构也有了新的安排,出现了专司证券、保险监管的机构,在立法、执法、机构设置等各个方面均得到重视。考察世界主要发达国家,在20世纪80年代之前,金融监管制度与结构的发展历程无不如此。

通过金融监管制度的安排,金融管理部门将对金融结构产生影响,并且由于是对金融交易行为的直接管理,金融监管对微观金融结构的影响表现更为显著。例如,实行严格分业经营和分业监管的国家,与实行混业经营与监管的国家,当然会形成不同的金融结构。一般来说,在分业经营和分业监管体制下,由于金融机构和金融业务的细分,会使金融产业结构、金融市场结构和融资结构中的种类增多,构成更为细密。从现实情况看,金融监管当局对某项金融业务或某一金融领域的抑制(或支持)将直接阻碍(或促进)该金融业务或领域的发展。如一些国家在从实行严格分业经营与监管向混业经营与监管转变的过程中,其金融产业结构、金融市场结构和金融工具结构等都发生了巨大的变化。

再从金融监管的传导机制及其与金融结构的关系来看,它不同于货币政策,货币政策的传导过程是从输入经济变量开始,经过市场机制的作用,最后实现政策目标。而金融监管是从建立监管制度和规则开始,包括法规(制定)、许可证、命令(颁布)、处罚(设置)、援助(授予)等制度化的工具,通过一定的作用机制和主客体双方的博弈,把制度变量转化为经济变量,再经过宏微观机制的作用,来实现金融监管的目标。

在某种意义上,金融结构的演变趋势直接影响甚至决定了金融

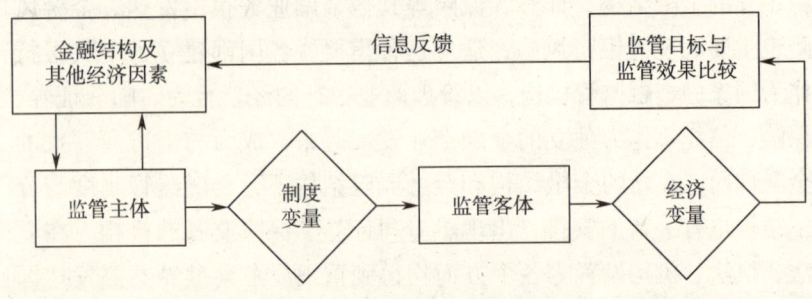

图 4-19　金融监管的传导与金融结构

监管的变革取向，而金融监管在适应金融结构变动的同时，也直接影响金融结构变动的路径和时间进程。因此，为了促进金融发展，金融监管当局的制度安排应与金融结构的变动相互适应，实现两个因素的动态协调。

综合来看，基于政府视角的也即宏观角度的金融结构与从微观角度的考察内容不同。宏观视角的金融结构可以认为是微观经济行为的集合，它将研究基点转向了金融体系，也就是说立足金融体系整体而考察金融结构。因此，宏观视角的金融结构优化，是通过调整经济体系中不同资金融通方式之间的结构关系，使金融体系能够发挥最大的资金融通功能，经济主体的正常金融需求得到最大的满足。也就是说，宏观最优金融结构是金融体系发展与微观金融需求相一致的结果。

4.4　金融结构变迁的经济效应分析

毋庸置疑，由于金融结构体现了金融体系吸纳社会盈余资金并配置到实体经济部门的机制，在一定程度反映了金融系统资金融通的效率，其合理性、平衡性必然对一国金融发展、经济增长产生长期的影响。

从历史的线索看，金融结构体现了一国的金融发展水平和层次，金融结构变迁和优化可以增强金融功能，提高金融效率。一般来说，金融组织体系、金融市场体系、金融工具体系、融资方式的种类越多，金融功能就越强，金融效率就越高。具体而言，金融结构优化的过程是金融功能不断完善、不断增强的过程。在金融发展的低级阶段，货币的功能就是金融功能，主要发挥交易媒介和财富储藏等功能。随着货币银行业的发展，金融部门的结算功能、聚集资源和信贷功能凸显出来。在金融发展的高级阶段，金融体系的风险管理功能和激励功能也越来越重要。在从简单的经济结构向日趋复杂的经济结构变化的过程中，实体经济对金融业提出了新的功能要求，这也是金融功能完善的内在推动力。也就是说，金融体系内部各组成部分的相对规模、相互关系与配合状态的变化，将促使金融结构朝着一个更有利于实体经济发展的方向调整，这些变化是金融体系内部结构的优化，表现为金融功能的不断增强。

另一方面，金融结构的变迁和优化也是金融效率不断提高的过程，即金融体系运作能力的提升，包括对资金的有效动员与配置。这主要体现在：①金融机构的多元化发展带来了金融商品与金融服务的增长，提高了社会对金融需求的满足度；②金融市场的多种类、多层次发展丰富了市场上金融商品的数量，增加了投资者选择的余地，也提高了金融商品价格对信息的反应灵敏程度；③金融结构演进的复杂化和多元化趋势也加剧了金融竞争，促使金融主体降低交易成本，并提高运作效率。

此外，金融结构直接关系到金融系统的风险与金融发展的稳健性。合理的金融结构能够充分发挥金融体系的资源配置功能，使投资者通过多元化的资产组合分散或转移风险，改善宏观金融调控政策的传导机制和反应的灵敏度，有利于实现宏观金融调控的预定目标，保持金融运行的平衡与稳定。

实际上，金融结构的演进也是金融发展的过程，而金融发展能够促进储蓄和投资的增长,并能优化资金的配置结构和提高投资的经济效益,由此金融结构的演进也就具有引致经济增长的效应。20世纪90年代金融发展理论中最核心的部分就在于此。从内生经济增长理论出发,关于金融发展或者说金融结构变化对经济增长的作用机制,可以借用内生增长模型——AK模型加以说明:

AK模型可用如下公式表示:

$$g = A\beta s - \delta \qquad (4-27)$$

式中:g 为产出增长率

A 为资本的边际生产率

β 为储蓄—投资转化率

s 为储蓄率

δ 为折旧率

AK模型表明,金融系统可以通过储蓄—投资转化率、社会总储蓄和资本配置效率等因素来影响总产出。根据金融结构变迁作用于经济增长的机制,为了最终服务于金融发展与经济增长这一目标,金融结构变迁主要通过以下四个主要参数得以体现:

(1) 国民储蓄率

国民储蓄率是个人和部门的储蓄(包括家庭储蓄、公司存款和留存收益)、公共储蓄与公共赤字(如财政盈余和赤字)三者之和与GDP之比。在经济体中,由谁来做储蓄并不重要,重要的是从总量上共有多少资金被储蓄起来为投资提供资金,以支撑经济的发展。因此,国民储蓄率在一定程度上代表一国金融体系吸纳社会资金的能力,与此对应,国民储蓄结构则反映了金融体系内部融资渠道的结构状况。国民储蓄率的提高将使更多的盈余资金投资于实体经济,而经济增长需要一定的国民储蓄作为资金支撑。因此,通过金融结构的调整,充分发挥其资金动员的功能,可以为支持经济发展提供获取资金来源的渠道。目前,中国有非常高的国民储蓄率,这也是支持我国经济高速增长的重要因素。

(2) 储蓄—投资转化率

储蓄向投资的转化是金融体系最基本、最重要的经济功能。储蓄—投资转化率代表广义的储蓄额（包括国民存入金融机构的储蓄和投入到股票市场、债券市场等金融市场的资金）转化为全社会固定资产投资额的比率，它是金融运行的重要效率指标。储蓄—投资转化率在一定程度上代表了一国金融体系的发展程度，与此对应，金融资源配置到实体经济部门的结构反映了金融体系资金配置功能。目前，作为我国的国民储蓄主体——居民，其储蓄—投资转化率偏低，这是制约我国投资有效形成的主要因素。而提高储蓄—投资转化率的关键在于完善储蓄向投资转化过程中的机制。通过金融结构的调整和优化，有利于形成储蓄—投资转化方式的多元化，并强化储蓄—投资转化机制的竞争性。

(3) 金融交易成本

按照科斯的阐述，交易成本是运用价格机制的成本。那么，所谓金融交易成本，是指在金融交易活动中耗费的人力、物力、财力的价值表现。从狭义上看，金融交易成本是指金融交易过程中发生的费用；从广义上看，金融交易成本是整个金融制度运转的费用，包括信息成本、监督成本、产权界定和保护成本以及保险成本。从长期来看，金融系统的演变改变了金融资源的分配状态，在一定程度上体现了各金融部门的竞争力和市场份额，很可能朝着节约交易成本的方向演变。因此，优化的金融结构无疑可以降低交易成本，并为经济增长作出更多的贡献。

(4) 投资经济效益

投资经济效益是指资金占用、成本耗费与有用生产成果之间的比较。资源配置是市场经济的核心，而金融资源作为一种资源的资源，在于其本身不仅是经济发展的一种十分重要的资源，而且还具有引导和配置其他资源的作用。因此，金融资源的配置对于经济发展起着十分重要的作用。良好的金融结构能够合理地配置经济资源以形成高效率的产出能力。为提高金融资源配置效率,就需要金融体系有效地把金融资源配置到最具活力的经济部门,当然,实体经济部门有效使用资源并实现价值增值具有同样的重要性。金融结构的调整可以使资金融通更为便利,特别是金融体系融出资金的结构优化,有利于提高资金配置与使用的质量,这样,再通过增加投资对经济增长的贡献率,金融结构调整便间接地促进了经济的快速、稳定增长。

事实上,现代经济发展的一个显著特征是经济运行与金融运行逐渐融合,即经济的金融化。从国际金融业来看,各国的金融结构不断进行重组,即金融机构、金融市场和金融工具越来越复杂,随之而来的是金融系统的功能不断强大,金融资产总量扩张迅速。可见,一国金融结构重组与变迁对经济发展的影响是巨大的。

反过来,经济增长又是导致金融结构变迁的一个重要因素。图4-20 描述了金融结构与经济增长的关联机制。

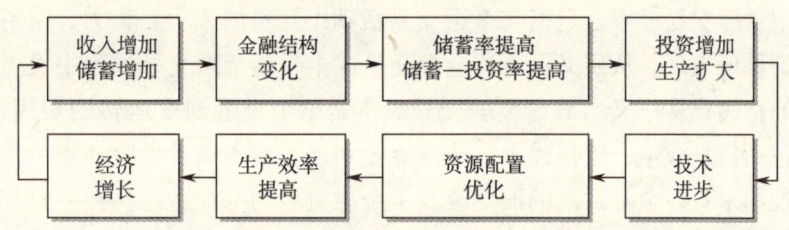

图 4-20 金融结构与经济增长的关联机制

经济的增长与收入水平的增加,提高了社会储蓄水平,使金融结构在增量中发生调整,从而提高了储蓄—投资转化率,增加了投资,投资的增加则促使生产扩大和产出增长。更为重要的是,以金融结构为表征的金融发展推动了技术进步,以及人力资本与 R&D 资本水平的提高,可以促进资源的配置优化,使生产效率得以提高,从而促进经济更快地增长。因此,整个经济就处于这样一个动态的、反馈循环的过程中。

小结

金融结构变迁是各种因素综合作用于金融体系的结果，其中经济主体的金融供求、政策引导起了根本性的作用。从中外金融发展模式及金融结构演变的历史来看，尽管在不同国家或同一国家的不同阶段，金融系统的演变或者受到政府强有力的干预，如德国、日本和大部分发展中国家经历的那样，也可能金融系统自然演变的成分更大，如英国和美国。但是，从长期来看，各国金融系统的演变均是在政府的推动和市场的诱致力量下发生的。

因此，本章提出了基于 $M(P)-S-E$ 的金融结构变迁框架，即市场机制、政策引导作用于金融结构演变，进而影响金融运行的动态过程。作者运用经济学分析方法，考察了微观经济主体在理想的市场条件下的金融决策及金融结构，分别是：投资者的金融投资结构由其无差异曲线与预算线决定，融资者的融资结构由等融资量曲线和等融资成本曲线决定。对于金融系统本身，通过考察金融发展中的市场与中介，既把盈余部门金融投资结构与赤字部门融资结构联系起来，又从更高层次考察了金融结构。最后，作者对金融结构变迁的经济效应进行了分析。

金融结构形成与变迁的过程是复杂的，$M(P)-S-E$ 框架为我们研究金融结构变迁的经济机理和内在规律提供了一种分析思路，这也是作者构建金融结构数学模型并研究其动态性变迁的依据。

5

金融系统动力学模型

金融系统是与人类经济生活息息相关的系统,也是人类创造的最为典型的复杂系统之一。从中国金融体系的发展历程来看,在新的经济金融环境及金融体制改革的作用下,中国的金融结构已在动态演变中变得日益复杂、多样化,对金融发展和经济增长的推动作用也日益凸显。针对金融系统的复杂性以及金融结构动态演变的特性,本章以金融结构变迁的经济机理为基础,拟借助于系统动力学原理与方法,来探索金融系统的内部结构、功能及其行为模式之间的联系。

5.1 系统动力学及其优点

系统动力学(System Dynamics)又称系统动态学,是美国麻省理工学院(M. I. T)的福瑞斯特(Jay W. Forrester)教授于 1956 年所提出的一种计算机仿真模型,当时主要应用于工业管理领域(In-dustry Dynamics, 1961);20 世纪 70 年代初期,《世界动态学》(*World Dynamics*, 1971)和《增长的限制》(*The Limits to Growth*, 1972)的出版,把系统动力学的思维和方法应用于探讨世界性的议题,从此受到全球的瞩目。而历经了近50年的发展，系统动力学已渐渐成为一门体系完备的学科。

准确地说，系统动力学"是一门分析研究信息反馈系统的学科，也是一门认识系统问题与解决系统问题的综合性交叉学科"。作为系统科学与管理科学的一个分支，系统动力学的发展与其他相关学科有着密切的联系，这主要体现在它以系统论为基础，综合了控制论、信息论、管理科学与决策论等多门学科知识，并借助计算机模拟技术融诸家于一炉，脱颖而出形成了一门新的学科。

系统动力学的主要理念是以宏观的、系统的角度来思考与解决问题，强调系统整体的观点，以及联系、发展和运动的观点，从而避免了因微观角度而局限于片段的思考。系统动力学透过模拟的方式来探讨问题，由不同的变量与情境来观察其结果的变化，以达到分析问题的目的。

应用系统动力学研究问题的目标是显示整个系统（如组织或企业）的动态行为特征，它实际上可以看做是实际系统的一个"管理实验室"，利用这个实验室，高层决策人员便可以通过试验各种虚拟的结构变更或政策方针的改变，并借助于计算机模拟结果作为决策的重要参考依据。

从方法基础来看，系统动力学在处理系统问题时采用定性与定量相结合、系统综合推理的方法，并以结构——功能模拟为其突出特点。系统动力学认为系统是结构与功能的统一体，结构和功能分别表示了系统的构成与行为的特征；而系统行为的性质主要取决于系统内部的结构，在一定条件下，外部环境的变动、外部的干扰会起着重要作用，但归根结底，外因只有通过内因才能起作用。

系统动力学研究问题的基本过程大体可分为五个步骤：首先要用系统动力学原理和方法对研究对象进行系统分析；其次进行系统的结构分析，划分系统层次与子块，确定总体的与局部的反馈机制；第三步建立数学的、规范的模型；第四步以系统动力学理论为指导借助模型进行模拟与政策分析，可进一步剖析系统得到更多的信息，发现新的问题然后反过来再修改模型；第五步检验评估模型。如图 5-1 所示。

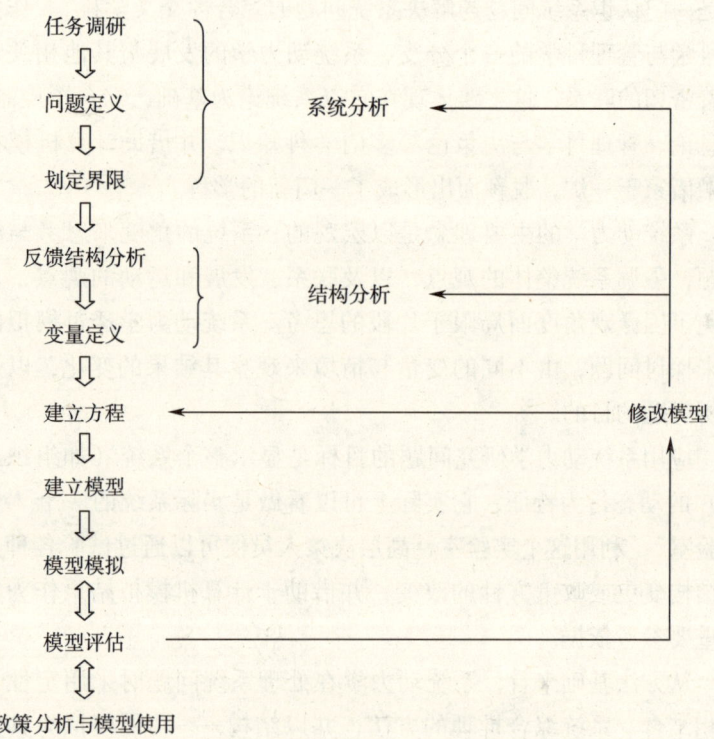

图 5-1 系统动力学研究问题的过程与步骤

然而若是因此将系统动力学仅视为一种处理与分析工具或单纯的一种研究方法，甚至只是将系统动力学当成只是一种可以用来处理模拟的软件包，那将无法抓住系统动力学的内涵，更可能在应用时产生偏误。因此，我们必须深刻认识系统动力学解释系统行为的观点。

而今，系统动力学的应用领域已远远超出了最初的工业动力学的范畴，扩展到城市动力学、世界动力学、生态动力学、能源动力学、工程动力学等领域。综观系统动力学的发展途径，从民用到军用，从对科研、设计工作的管理到城市摆脱停滞与衰退的决策研究，从研究世界人口膨胀、资源枯竭危机到检验糖尿病的病理假设，如此等等。可以说，系统动力学几乎遍及各类系统，深入到各种领域。

随着这门学科的发展，目前已有许多系统动力学仿真软件相继被开发出来，如 Dynamo、Stella、Powersim、Vensim、Ithink 等，这为我们解决复杂的大系统问题提供了一种比较便捷的建模和分析工具。总的来说，系统动力学与其他分析工具最大的不同之处在于，它具备处理非线性问题（Non-linearity）、信息回馈（Information feedback）、时间滞延（Time delay）、动态性复杂（Dynamic complexity）问题的能力，这也正是其优点所在。

综上所述，系统动力学正是一种以宏观角度去看待动态复杂系统的分析工具，它的研究重点包括同一种结构下的系统其结构与行为间的关系，也包括系统从旧结构向新结构的变化过程中产生各种行为模式。因此，对于金融结构的动态性问题，作者认为系统动力学模型及方法在思路、应用对象与范围、条件要求等诸方面均可满足本研究的需要。

5.2 对金融结构的动力学描述

5.2.1 金融系统的层次结构分析

从系统论的观点看，所谓结构是指单元的秩序。它包含两层意思，首先是指组成系统的各单元，其次是指诸单元间的作用与关系。系统的结构标志着系统构成的特征。任何层次上的系统，都是一个服从耗散结构理论的非线性的、开放的动态系统，其动态行为一方面受制于环境的非平衡约束,另一方面更主要地取决于系统内的非线性因素的相互作用。

对于金融系统而言,一个完整的金融系统是由多个相互联系的单元组成的,如金融中介机构、金融交易主体、金融工具、金融体制安排等,每一个单元的变化都可能受到其他单元的影响,并可能引起其他单元的改变。也就是说,系统会受其本身历史行为的影响,并把历史行为的后果回授给系统本身,从而影响系统未来的行为,这就是系统动力学中"反馈"的思想,它是指系统输出与来自外部环境的输入的关系。反馈可以从单元、子块或系统的输出直接连至其相应的输入,也可以经由媒介——其他单元、子块甚至其他系统实现。

如前所述,根据系统的整体性与层次性,系统的结构一般自然地形成体系与层次,系统也就划分成若干个相互关联的子系统(或子结构)。基于以上观点,笔者根据研究目的将金融系统的层次结构划分如下:

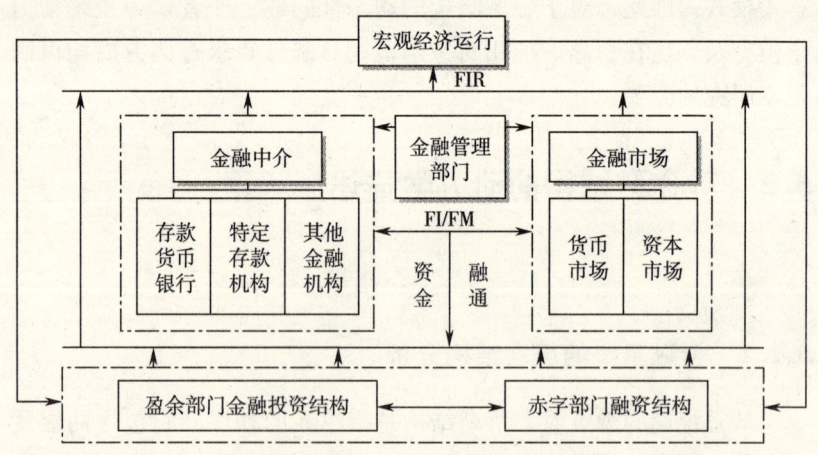

图 5-2　金融系统层次划分与结构框图

在我国，中国人民银行是中国的金融管理当局，是监督、管理金融体系并负责实施货币政策的政府机构。金融体系的管理部门还有中国银行业监督管理委员会、中国证券监督管理委员会、中国保险监督管理委员会三个管理性组织，它们也是有能力通过政策性工具影响金融结构变迁的宏观管理当局。在金融系统内部层次，金融中介为接受个人和机构存款并发放贷款的中介机构，主要有各种商业银行、储蓄贷款协会、互动储蓄银行和信用社等；金融市场中则有无数个参与者即实体经济部门，包括存款者或资金盈余方（通过储蓄或投资把盈余资金注入金融市场的个体或机构）以及筹资者或赤字方（从金融市场筹集资金的个体或机构）。各参与者根据市场供求关系来决定其买或卖的行为，它们相互依赖、模仿、学习，并通过彼此之间的相互作用共同推进整个金融市场的演化，即金融参与者之间的相互作用将引起金融市场整体的运动。在这一过程中，金融系统体现出许多动力学特征，如市场的大幅波动或市场崩溃等。

综观金融系统的演化发展，可以说是这些子系统及其内部结构相互作用的结果。例如，政府和投资者的关系，可以看成一个多层决策系统，政府是高层决策者，投资者是低层决策者。政府不断根据金融市场的变化修正宏观经济政策，而投资者则根据宏观经济政策的改变，调整其在金融市场上的资产组合。因此，鉴于金融结构的系统特性以及各子系统间的相互关联与作用，使得我们对金融结构的研究必须从整体、全局的角度出发，同时逐层深化到系统的内部结构与反馈机制。

5.2.2 对金融结构变迁的动力学描述

从系统动力学的观点看，金融结构的变迁如同人口的增长、就业人数的增减、物价的涨落一样，可以看做是一个动力学问题。这意味着金融结构的变迁具有两个基本特点：第一，它是动态的，即它所包含的量是随时间变化的，能以时间为坐标的图形表示；第二，它包含了反馈的概念,即系统中的各单元、子块或外部环境之间通过信息的传输与回授而发生关联及作用。

如第3章所述,金融系统是一个包含多变量的系统,其结构属性也是多维度、多层次的,对于多变量系统而言,只有用状态变量的描述方法,才能完全地表达系统的动力学性质。根据前文对金融结构的定义与衡量方法,金融结构可以从金融资产结构、资金融入结构、资金融出结构、金融中介与金融市场等几个方面得以反映,其中涉及一些存量的概念,如金融系统的资金存量、储蓄资金、贷款存量等,即系统的状态变量。

那么,设 $x_1(t), x_2(t), \cdots, x_m(t)$ 是金融系统的一组状态变量,则其相应的状态向量为

$$FS(t) = \begin{bmatrix} x_1(t) \\ x_2(t) \\ \cdots \\ x_m(t) \end{bmatrix} \quad (5-1)$$

以 $x_1(t), x_2(t), \cdots, x_m(t)$ 为坐标轴所形成的欧氏空间称为状态空间,当坐标轴数为有限数时,此状态空间为有限维的。状态空间中的每一点都代表了状态变量的唯一的和特定的一组值,即系统的一个特定状态,而 $t > t_0$ 各时刻系统的状态则构成状态空间中的一条轨线。此轨线的形状(或称系统的行为模式)完全由系统在 t_0 时刻的初始状态与 $t > t_0$ 时的输入,以及系统固有的动力学特性所唯一地确定。

一般来讲,系统除了状态变量 $x_1, x_2, \cdots, x_m$ 以外,还包含有控制变量(或扰动变量)$u_1, u_2, \cdots, u_r$,以及输出变量 $y_1, y_2, \cdots, y_h$。这样,系统的动力学特征可用 m 个一阶微分方程所组成的方程来描述:

$$\dot{x}_i = f_i(x_1, x_2, \cdots, x_m; u_1, u_2, \cdots, u_r; t) \quad (i = 1, 2, \cdots, m)$$

$$(5-2)$$

而其输出特性可表达为:

$$y_j = g_j(x_1, x_2, \cdots, x_m; u_1, u_2, \cdots, u_r; t) \quad (j = 1, 2, \cdots, h) \quad (5-3)$$

上述两方程组成了系统在状态空间的完整描述。为简化表达引入向量，令

$$X = \begin{bmatrix} x_1 \\ x_2 \\ \cdots \\ x_m \end{bmatrix} \quad U = \begin{bmatrix} u_1 \\ u_2 \\ \cdots \\ u_r \end{bmatrix} \quad Y = \begin{bmatrix} y_1 \\ y_2 \\ \cdots \\ y_h \end{bmatrix}$$

分别称为状态向量、控制（或扰动）向量和输出向量。同时引入与前两个方程组中的函数相应的向量函数：

$$f(X, U, t) \text{ 与 } g(X, U, t)$$

于是，原方程组可改写为如下的向量形式：

$X = f(X, U, t)$ ——状态方程，$X \in R^m$，$U \in R^r$

$Y = g(X, U, t)$ ——输出方程或量测方程，$Y \in R^h$

式中：R 表示欧式空间；向量 X 为 m 维；U 为 r 维；Y 为 h 维。这两个向量方程对系统在状态空间作了完整的描述。

以上是对金融系统状态在控制变量（包括环境因素及管理决策）的作用下而发生变化，进而影响金融运行效果（即金融系统的输出）这一动态过程的描述。系统动力学认为，系统的行为模式与特性主要地取决于其内部的动态结构与反馈机制。因此，从金融体系的内部结构入手，研究各个单元或子块的作用反馈机制，是把握金融结构变迁模式及其动态特性的一个有效途径。

5.3 金融结构——基本模型

依据以上分析，作者将分模块来建立金融结构的系统动力学模型。在模型的整体架构中，经济由四个部门组成，即家庭、企业、政府和其他世界各国，其中包括三种类型的市场，分别是资源市场、

产品(或劳务)市场以及金融市场,如图5-3所示。家庭从企业得到收入(Y)并进行消费支出(C);企业进行投资支出(I);政府购买物品与服务(G);其他国家购买净出口(NX)。总收入等于总支出。家庭储蓄(S)和净税收(T)从循环流中漏出。企业借款为自己的赤字筹资或贷出盈余资金。

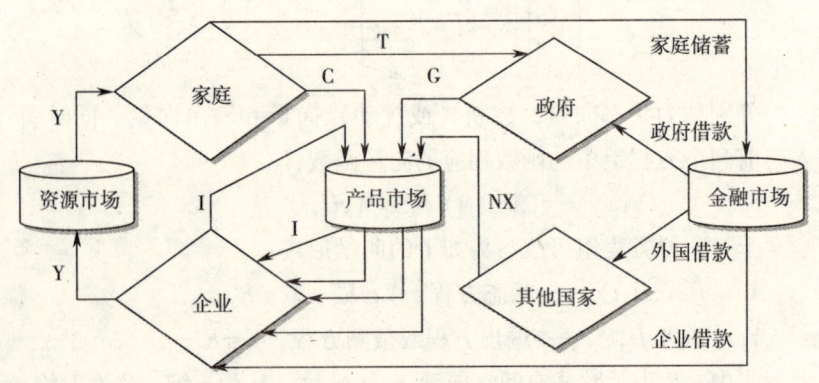

图5-3 经济系统资金循环流

5.3.1 家庭部门模块

家庭部门可以看做社会资金的主要盈余方。一方面,收入为家庭部门注入资金而形成其财产;另一方面,家庭部门通过消费而消耗资金使得其资产减少。盈余资金的存在使得家庭部门发生储蓄(金融投资)行为,它的大小因利率水平与结构同时对投资量、投资结构都产生影响,储蓄(金融投资)的结果又将形成家庭部门的资本收入,进而累积为家庭财产。家庭部门的因果与相互关系如图5-4所示。

因此,可以把家庭资产作为水平变量(Level),其变化由收入和支出两个速率变量(Rate)决定,即家庭资产是收入速率和消费速率随时间而累计作用的结果。再来看速率的决定因素,家庭收入一般来源于提供劳务、土地等要素的非资本收入和利息等资本收入,

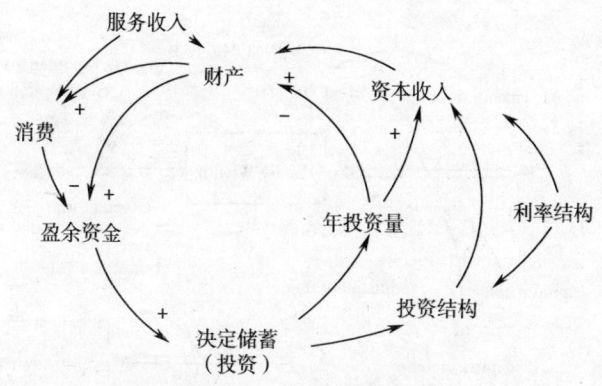

图 5-4 家庭储蓄投资的因果图

考虑到政府部门的存在，还应包括政府部门的转移支付，当然由于赋税的存在，最终形成家庭部门可支配收入的则要减掉相应的直接税等赋税。对于家庭的要素收入，在理想的市场条件下应等于厂商部门的要素支出，而现实中则要考虑要素市场的有效性问题。对于资本收入，它取决于家庭储蓄资金（包括投资，即广义的储蓄）的大小和利率水平，由此模型引入了另一个水平变量——储蓄存量，它是指家庭可支配收入除去消费后的资金，由年储蓄这一速率变量决定。而家庭之所以进行消费—储蓄决策，是为了实现某种目标，这里假设家庭部门以若干年后持有一定数量的资产为目标，即期望资产。而对于储蓄资金，家庭可能选择不同的资产持有形式而形成其资产结构，也就是投资结构，它与利率结构有关。这些变量相互关联、相互作用，体现了家庭部门金融行为的动态过程。在因果图的基础上，可以画出家庭部门的一个简单 SD 流图，如图 5-5 所示。

5.3.2 厂商部门模块

与家庭部门相对应，作者将厂商部门看做是社会资金的短缺方，即融资者。对于厂商而言，其生产运营过程必然伴随着资金流入和流

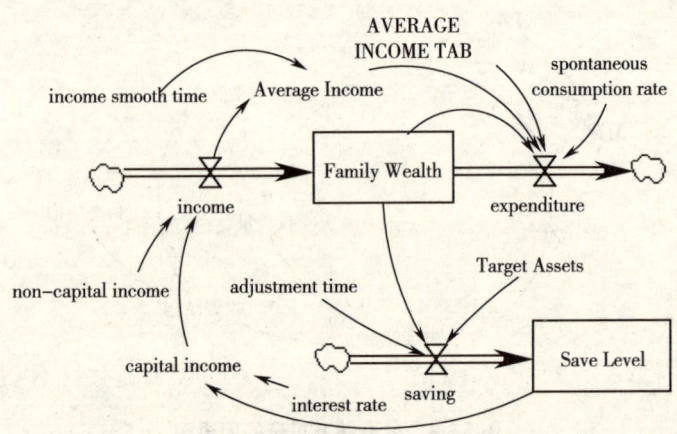

图 5-5 家庭储蓄投资 SD 流图

出，当厂商部门的现有资金不能满足其正常的生产经营或投资需求时，便需要从外部单位进行融资。厂商部门的资金需求与现有资金的差额决定了其融资额，而各种融资产品的可获得性、利率水平与结构将影响其融资决策。获取的资金一方面增加了企业的资金存量，另一方面厂商需要支付资金使用成本（如利息、股息等）又使其资金存量减少。厂商部门融资决策的因果与相互关系如图 5-6 所示。

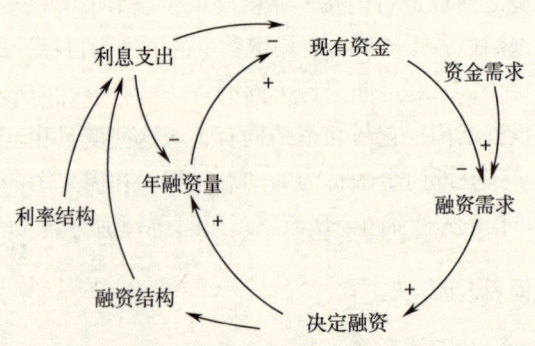

图 5-6 厂商融资决策的因果图

因此，厂商存在着资金存量的水平变量，而资金流入和资金流出则是决定资金存量的速率变量。其中，资金流入主要取决于厂商的销售收入。与家庭部门的消费相对应，在理想的市场条件下，销售收入等于家庭部门的消费支出；现实中，销售收入还需要考虑产品市场效率的问题。当厂商为满足资金需求进行融资时，还有另一个资金来源即从金融系统进行融资，如通过贷款而形成其资金流入，或通过发行股票进行直接融资，由此厂商的资金来源也就呈现出一定的结构。无论何种融资方式，都将形成厂商的流金流入。假设通过贷款融资，由于年贷款是一个速率的概念，它将引出另一个水平变量——贷款存量，贷款存量是由年贷款与年还款共同决定的。其中，年贷款取决于厂商的资金需求与现有资金的差额以及投资周期，年还款则与贷款存量及还贷时间的长短有关。而厂商部门的资金流出则包括直接成本支出、利息支出、年还款额等。

如果考虑政府部门的存在，那么厂商资金的流入、流出还应包含政府购买及相关的税收问题，如各种税收。以上分析反映了厂商部门的资金流动的动态过程，其目的可以认为是满足投资需求。由此画出厂商部门的 SD 流图，如图 5-7 所示。

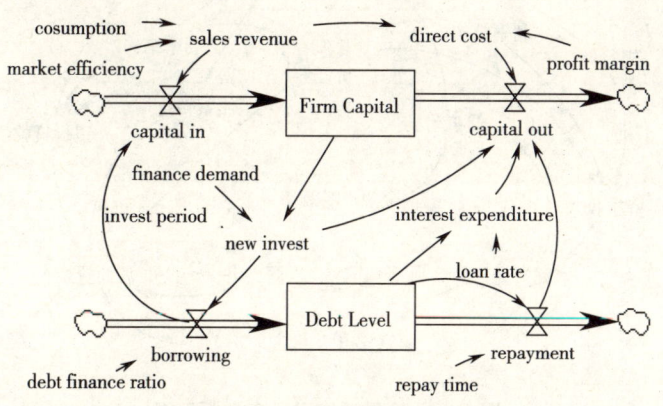

图 5-7　厂商融资决策 SD 流图

5.3.3 金融系统模块

金融系统好比一个资金库,盈余资金以一定的速率流入金融系统,金融系统再把资金配置到有资金需求的各经济部门,为经济建设提供资金支持。

在这一过程中,金融系统的资金动员规模与盈余部门可支配资金呈正向关系,并受利率水平与结构的影响,即储蓄者能从银行储蓄或持有其他金融证券而获得多大收益。与此对应,金融系统将储蓄资金转化为投资,转化效率将影响其配置资金,即融资者倾向于银行贷款或发行股票等方式进行融资。当然,这些都与一国金融中介和金融市场的完善程度密切相关。由上分析,金融系统使资金在供求双方循环并实现均衡,它将从融资部门获得资本收益,并向储蓄者支付利息,这取决于资金的规模及其利率水平与结构。如果考虑金融资产发行,则新发行的金融资产又将使得金融系统的资金存量增加。这就是金融系统资金融通的动态过程。如图 5-8 所示。

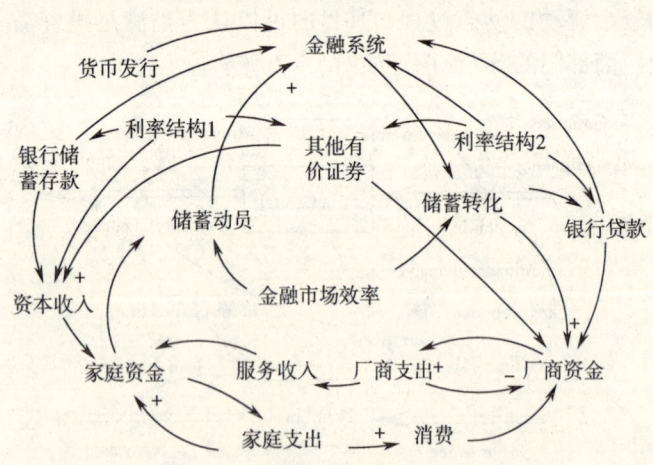

图 5-8 金融系统融通资金因果图

5.3.3.1 资金动员与配置

在因果图的基础上,我们将金融系统的资金存量 Finance System 作为一个水平变量,联系它的两个速率分别是 Absorption 和 Allocation,决定速率的辅助变量有 Economic Growth Multiplier(经济增长对动员储蓄的影响)、Interest Rate Multiplier(实际利率对动员储蓄的影响)、Finance System Multiplier(金融系统对动员储蓄的影响),这些乘数因子以表函数的形式表示,并且乘数因子之间存在相互的数量关系。由此,画出金融系统资金融通的 SD 流图,如图 5-9 所示。

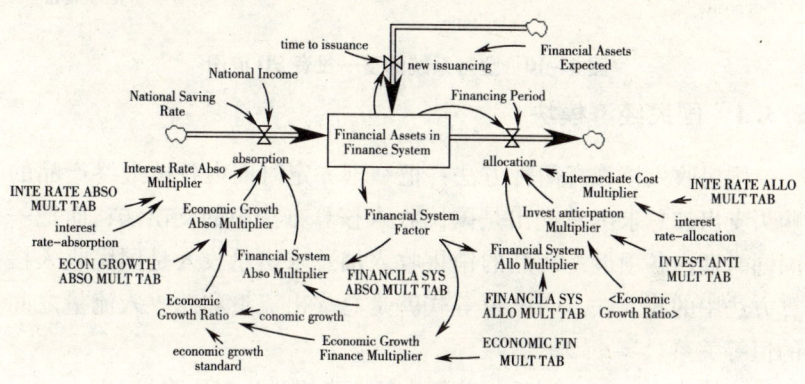

图 5-9 金融系统资金动员与配置 SD 流图

5.3.3.2 储蓄—投资转化

在理想的金融条件下,盈余部门的储蓄资金将全部转化为投资,这即是传统储蓄理论的观点;而事实上,由于金融中介成本的存在,家庭部门的资金结存并不能全部转化为投资,而是存在储蓄—投资转化率的问题。假设家庭盈余资金的某个比例转化为了投资,则形成了另一种资金结存,即已转化为投资的资金存量。可见,以上两种资金结存分别代表了不同的经济含义,为了加以区分,我们称前者为资金结存 1(deposits1),后者为资金结存 2(deposits2)。其中,资金结存 1 由三个速率——年储蓄、利息收入、储蓄—投资转化率决定;资金结存 2 由年投资、利息支出、储蓄—投资转化率决定。

图 5-10 的 SD 流图反映了金融系统储蓄—投资转化的动态过程。

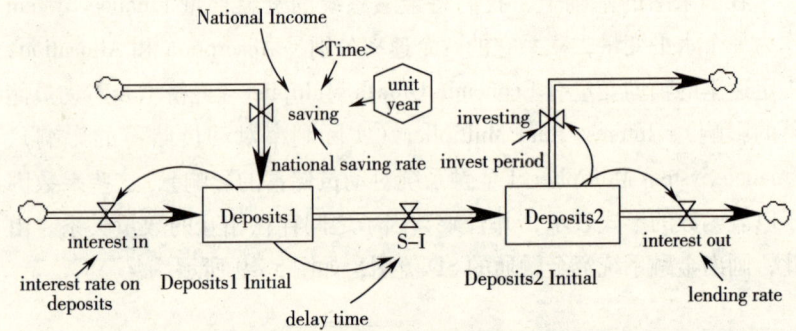

图 5-10 金融系统储蓄—投资 SD 流图

5.3.4 国民经济模块

国民收入核算有两种方法：把一国一定时期内各项最终产品的购买支出加总求出总支出是国民收入核算方法中的支出法；而把一国同时期内各项最终产品的销售收入加总求出总收入是国民收入核算方法中的收入法。GDP 恒等式就是总支出流量和总收入流量之间的恒等关系。

采用支出法（在以后的分析中暂不考虑进出口因素），即

国民收入 = 居民消费支出 + 企业投资支出 + 政府购买支出 + (出口 - 进口)

$$GDP = C + I + G + (X - M)$$

消费、投资、政府购买的增长将带动国民收入的增长，国民收入的增长可通过当期 GDP 与基期 GDP 增长的比率反映。而 GDP 增长使得经济需要更多的资金来支持，它又能够刺激投资，并使经济主体产生一种乐观的经济预期，从而使得其经济行为变得活跃。也就是说，消费、投资、政府购买形成了 GDP，GDP 又把经济信息回授到经济主体的消费与投资决策。国民收入因果与相互关系图如图 5-11 所示。

GDP 是一个流量的概念，其大小由年消费、年投资、政府购买三个速率决定。为了画出国民收入形成的系统动力学流图，我们需要借

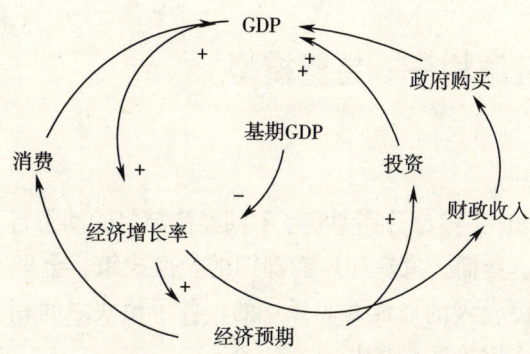

图 5-11 国民收入形成的因果图

助于家庭部门、厂商部门的决策过程及其资金流循环。家庭可支配资金中用于消费的部分由边际消费倾向决定,同时它又受到经济预期的影响;年投资与金融体系动员与配置资金的效率有关,又受到 GDP 增长对资金的需求的影响;政府采购与财政收入有关,后者又主要形成于对经济部门的税收。国民收入 SD 流图如图 5-12 所示。

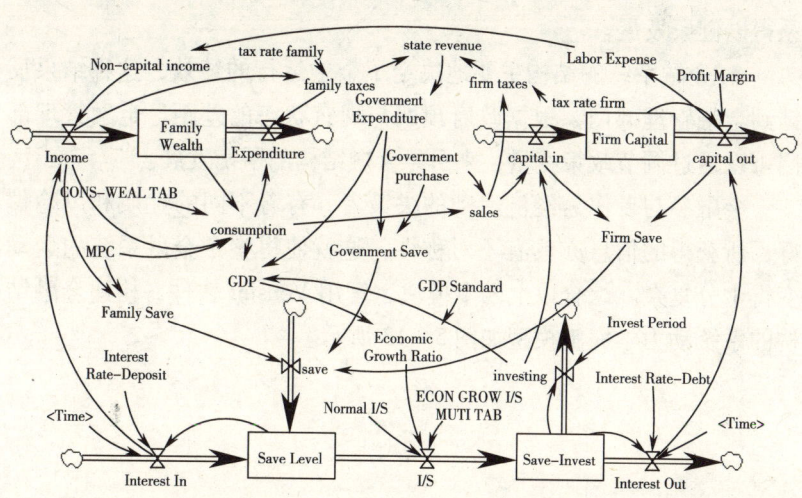

图 5-12 国民收入 SD 流图

5.4 金融结构——完整模型

以上各 SD 子模型分别考察了不同经济部门的动态行为,均可独立模拟运行。然而,家庭与厂商部门的金融决策、金融系统的资金融通以及国民收入的形成并非孤立的,各子模块之间相互联系,存在着反馈的作用关系。其中:

● 消费者、生产者、投资者和金融中介机构在相互依靠和相互制约下从事经济活动,是微观经济的决策者,并由此形成了其微观金融结构。

● 政府以特殊的身份和地位参与经济活动,它利用财政政策工具和货币政策工具甚至行政手段对宏观经济进行调控,实现其宏观经济的目标;同时,政府通过金融规制和金融监管,以保证金融体系得以健康发展。

● 金融系统的结构主要地决定了金融运行的绩效,这种结果反馈到金融管理部门,根据政府预期与现有状态的差距,金融管理部门可以通过调节政策变量,来引导金融结构的平衡发展。

金融参与者作为经济活动的决策者,有着不同的性质和风险偏好,所获得的信息亦具有不对称性,这就使得整个金融系统的运动变得十分复杂。综合以上四个模块,运用 Vensim 软件,构建金融结构的系统动力学完整模型如图 5-13 所示。

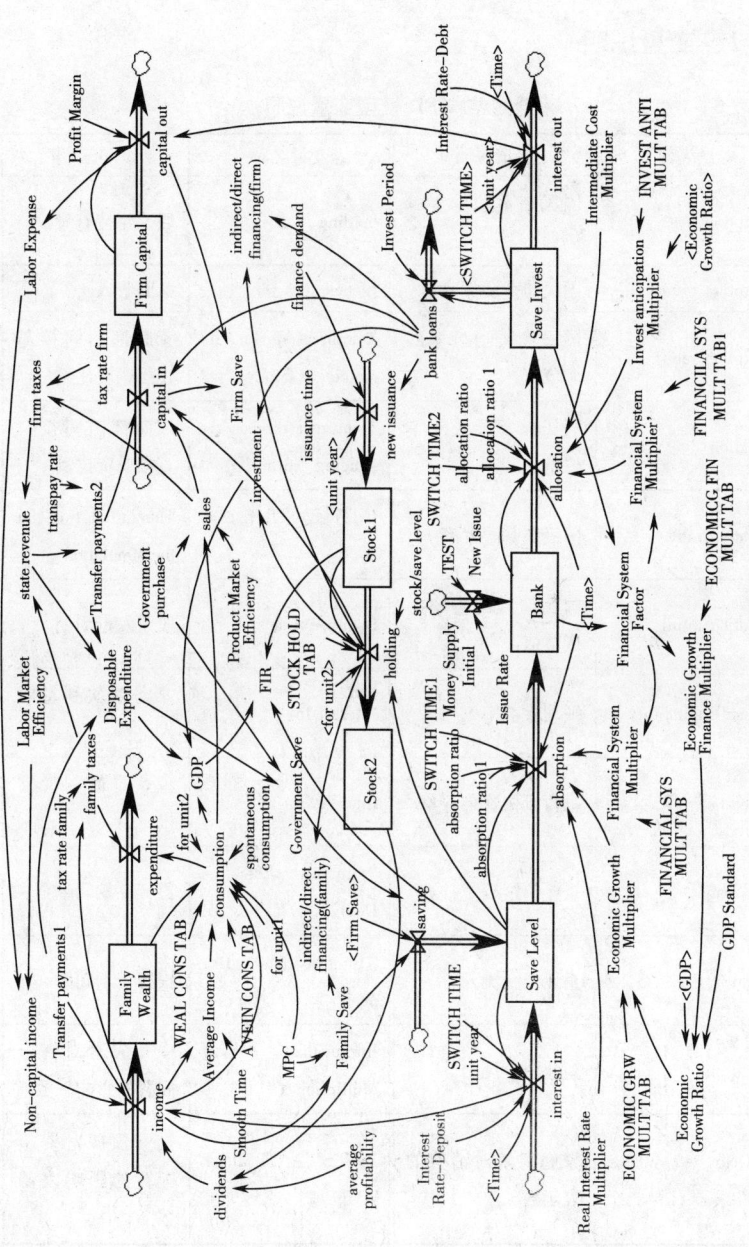

图5-13 金融结构系统动力学模型

5.4.1 变量说明

表 5-1　　　　　　　金融结构 SD 模型变量说明

变量名称	变量说明	变量名称	变量说明
absorption	国民储蓄动员年单位量	holding	股票年持有量
absorption ratio	国民储蓄动员率	Income	家庭收入
absorption ratio1	国民储蓄动员率的调节值	"indirect/direct financing (family)"	家庭部门间接与直接融资比例
allocation	国民储蓄配置年单位量	"indirect/direct financing (firm)"	厂商部门间接与直接融资比例
allocation ratio	国民储蓄配置率	INITIAL TIME = 2000	The initial time for the simulation
allocation ratio1	国民储蓄配置率的调节值	issuance time	股票发行周期
average profitability	平均收益率	Interest In	家庭存款利息收入
Bank	银行机构资金存量	Interest Out	企业贷款利息支出
bank loans	企业年银行贷款	"Interest Rate - Debt"	银行存款利率
capital in	企业资金流入	"Interest Rate - Deposit"	银行贷款利率
capital out	企业资金流出	Intermediate Cost Multiplier	中介成本对资金配置的影响系数
"CONS - WEAL TAB"	家庭财富对消费的表函数	INVEST ANTI MULT TAB	投资预期对资金配置的影响表函数

续表

变量名称	变量说明	变量名称	变量说明
consumption	家庭消费	Invest anticipation Multiplier	投资预期乘数
dividends	股息	Invest Period	投资周期
Economic Growth Finance Multiplier	金融因素对经济增长的影响系数	Labor Expense	工资支出
ECONOMICG FIN MULT TAB	金融因素对经济增长的影响表函数	Labor Market Efficiency	劳动市场效率
Economic Growth Multiplier	经济增长对储蓄动员的影响系数	MPC	边际消费倾向
Economic Growth Ratio	经济增长率	new issuance	股票新发行量
ECONOMIC GRW MULT TAB	经济增长对储蓄动员的影响表函数	"Non-capital income"	家庭非资本收入
Expenditure	家庭支出	Profit Margin	企业利润率
Family Saving	家庭年储蓄	Real Interest Rate Multiplier	真实利率乘数
family taxes	家庭赋税	sales	销售收入
Family Wealth	家庭财富存量	Save Invest	由储蓄转化的投资
FINAL TIME	The final time for the simulation	Save Level	国民储蓄存量
finance demand	金融年需求	SAVEPER	The frequency with which output is stored
FINANCIAL SYS MULT TAB	金融因素对储蓄动员的影响表函数	saving	年储蓄
Financial System Factor	金融因素	state revenue	财政收入

续表

变量名称	变量说明	变量名称	变量说明
Financial System Multiplier	金融因素对储蓄动员的影响系数	STOCK HOLD TAB	市场容量对股票持有的表函数
Financial System Multiplier'	金融因素对资金配置的影响系数	"stock/save level"	股票持有比例
FINANCILA SYS MULT TAB1	金融因素对资金配置的影响表函数	Stock1	股票总市值
Firm Capital	企业资金存量	Stock2	家庭持有股票市值
Firm Saving	企业年储蓄	SWITCH TIME1	转换时间
firm taxes	企业赋税	SWITCH TIME2	转换时间
for unit	量纲调节	TEST	测试函数
GDP	国内生产总值	tax rate family	家庭税率
GDP Standard	基期国内生产总值	tax rate firm	企业税率
Government Expenditure	政府支出	TIME STEP	The time step for the simulation
Government Save	政府年储蓄	Transfer payments1	政府对家庭部门的转移支付
Government purchase	政府购买	Transfer payments2	政府对企业部门的转移支付
Product Market Efficiency	产品市场效率	unit year = 1	量纲调节

5.4.2 主要方程

在上述 SD 模型中，包含七个状态变量（Level 或 State），它们是随时间而变化的积累量，是物质、能量与信息的存储环节。对应七个状态方程，以 L 表示，分别是：

（1） L   Family Wealth = INTEG (income − expenditure,

5 金融系统动力学模型

99545.9)

(2) L　Firm Capital = INTEG (capital in − capital out, 108889)

(3) L　Stock1 = INTEG (new issuance − holding, 48091)

(4) L　Stock2 = INTEG (holding, 7917.72)

(5) L　Save Level = INTEG (interst in + saving − absorption, 123804)

(6) L　Bank = INTEG (new issuance − holding, 48091)

(7) L　Save Invest = INTEG (allocation − bank loans − interest out, 99371.1)

Units: 亿元

模型包含十三个速率变量（Rate），或称变化率，随着时间的推移，速率使状态变量的值增加或减少。对应十三个速率方程，以 R 表示，分别是：

(1) R　income = "Non − capital income" + Transfer payments1 + interest in + dividends

(2) R　expenditure = consumption + family taxes

(3) R　capital in = sales + Transfer payments2 + bank loans + holding

(4) R　capital out = Firm Capital * (1 − Profit Margin) + interest out

(5) R　holding = (Save Level * "stock/save level") * STOCK HOLD TAB (Stock1/for unit)

(6) R　new issuance = (finance demand − bank loans) / (issuance time/unit year)

(7) R　saving = Family Save + Firm Save + Government Save

(8) R　bank loans = Save Invest / Invest Period

(9) R interest in = IF THEN ELSE (Time > SWITCH TIME,
Save Level * "Interest Rate – Deposit" (Time/unit year),
Save Level * 0.0464)

(10) R interest out = IF THEN ELSE (Time > SWITCH TIME,
Save Invest * "Interest Rate – Debt" (Time/unit year),
Save Invest * 0.0624)

(11) R moneytary issue = Money Supply Initial * Issue Rate

(12) R absorption = Save Level
 * IF THEN ELSE (Time > SWITCH TIME1, absorption ratio 1, absorption ratio)
 * Economic Growth Multiplier
 * Financial System Multiplier
 * Real Interest Rate Multiplier

(13) R allocation = Bank
 * IF THEN ELSE (Time > SWITCH TIME2, allocation ratio 1, allocation ratio)
 * Financial System Multiplier'
 * Intermediate Cost Multiplier
 * Invest anticipation Multiplier

Units: 亿元/年

除状态变量和税率变量外,该金融结构 SD 模型还包含 60 余个辅助变量(Auxiliary),它们表述了系统内部的信息。辅助变量方程以 A 表示,其表达类似于速率方程,都是代数运算不包含积分,而且无标准形式。本模型中,60 余个辅助变量方程主要根据相关的经济金融理论而构思，和真实系统的机理是一致的。

在所有的辅助变量中，居民消费（consumption）是非常重要和复杂的，下面将以其方程为例，来介绍模型中的辅助变量方程：

$$A\ consumption = spontaneous\ consumption$$
$$+ (Income * MPC)$$
$$* AVERIN - CONSTAB(average\ income/for\ unit1)$$
$$* WEALTH - CONSTAB(Family\ Wealth/for\ unit2)$$

Units：亿元/年

该辅助方程中，消费除了自发性消费（spontaneous consumption）加上由于年收入而增加的边际消费（居民年收入与边际消费倾向相乘求得）外，还受到居民平均收入、财富水平以及经济预期的影响。因此，本辅助方程引入平均收入、财富水平和经济形势对消费的影响系数，以表函数（Table Functions）表示，分别是：家庭平均收入对消费的影响系数 AVERIN - CONS TAB，家庭财富对消费的影响系数 WEALTH - CONS TAB。

其中，表函数 WEAL CONS TAB（Family Wealth）的自变量是居民的财富水平（居民收入与支出资金流的积累），因变量是财富对消费的影响系数。一般来说，较多的财富会导致较多的消费，即随着居民财富的增加，它对消费的影响系数也逐渐增大。同样，对于表函数 AVEIN CONS TAB（Average Income），自变量是居民平均收入（对居民年收入求平滑 Smooth 得出），因变量是平均收入对消费的影响系数。根据消费理论，平均收入的增加将使居民有更多的资金用于消费，同时也增加了居民的消费偏好，也就是说，随着居民平均收入的增加，它对消费的影响系数也逐渐增大。

此外，本模型中包含多个常数，如自发性消费（spontaneous consumption）、边际消费倾向（MPC）、产品市场效率（Product Market Efficiency)、劳动市场效率（Labor Market Efficiency）、平均收益率（average profitability）、税率（tax rate）、年储蓄动员率（absorption ratio）、年资金配置率（allocation ratio）等，SD 模型需要对这些变量赋予常数值。本书中，将按照中国实际情况的一般水平进行赋值；另外，为了模拟金融结构未来若干年的变迁趋势，模型时间（Time）设置为 20 年。

完整的方程参见本书附录：金融结构 SD 模型方程。关于以上状态方程中的初始值、表函数各变量间的数量关系以及对常数的赋值，将在 5.4.3 节参数估计中进行详细讨论，本节不再赘述。

5.4.3　参数估计

系统动力学模型在进行模拟之前，首先应对模型中的所有常数、表函数及状态方程的初始值赋值。由于系统动力学模型的基本结构是信息反馈，反馈模型的行为对参数变化是不敏感的，其行为模式与结果主要取决于模型结构而不是参数值的大小，因此，纵然模型运算的准确度与参数的赋值方法有关，但对模型参数的准确度满足建模要求即可。

（1）主要常数和初始值的确定

本书中金融结构 SD 模型的常数、状态方程的初始值力求拟合历史数据，主要来源于我国宏观经济的实际数据，包括《中国金融年鉴》、《中国统计年鉴》、国家统计局及其他官方网站公布的历史数据。详见表 5-2。

表 5-2　　　　　　金融结构 SD 模型主要参数

参数名称	估值（范围）	单位	参数名称	估值（范围）	单位
Family Wealth	99 545.90	亿元	Labor Market Efficiency	0.94	Dmnl
Firm Capital	108 889.37	亿元	Product Market Efficiency	0.94	Dmnl
Save Level	123 804.35	亿元	Profit margin	0.36	Dmnl
Bank	135 483.70	亿元	stock/save level	0~0.9	Dmnl

续表

参数名称	估值（范围）	单位	参数名称	估值（范围）	单位
Save – Invest	99 371.10	亿元	SWITCH TIME	2 000 ~ 2 020	Dmnl
Stock1	48 091.00	亿元	SWITCH TIME1	2 000 ~ 2 020	Dmnl
Stock2①	7 917.72	亿元	SWITCH TIME2	2 000 ~ 2 020	Dmnl
absorption ratio	0.6 ~ 0.7	Dmnl	tax rate family	0.20	Dmnl
allocation ratio	0.6 ~ 0.7	Dmnl	tax rate firm②	0.35	Dmnl
average profitability	0.08	Dmnl	GDP standard	99 214.6	亿元/年
MPC	0.60	Dmnl	TIME	2 000 ~ 2 020	年

注：①以上为各状态变量的初始值（2000 年），单位均为亿元。
②以上为主要常数值。
Dmnl 表示变量无量纲。
资料来源：《中国金融年鉴 2001》，国家统计局，中国人民银行等。

（2）模型中的系统动力学表函数

表函数（Table Function）是一种常用的系统动力学函数，主要用来描述自变量和因变量之间的函数关系，尤其是非线性函数关系，其设计过程是模型能否正确模拟的重要步骤。设计表函数的基本思路如下：

- 先要确定好自变量和因变量的函数关系。
- 确定自变量的取值范围。
- 构造函数表。
- 折线替代曲线。

根据以上可知，表函数处理非线性问题的技巧，在于把曲线用一条相应的折线来逼近。同时在必要的时候，需要在反复模拟过程中，进行局部修正。

本章所构建的金融结构 SD 模型中包含多个表函数，如家庭财富水平对消费的影响系数（WEALTH CONS TAB）、家庭平均收入对消费的影响系数（AVERIN CONS TAB）、股票市值对居民认购股票的影响系数（STOCK HOLDING TAB）、各年存款和贷款利率的变化

("Interest Rate – Deposit"和"Interest Rate – Debt")、金融因素和经济增长因素分别对金融体系储蓄动员与配置资金的影响系数（FINANCIAL MULT TAB 和 ECONOMIC MULT TAB）等，共10个表函数。

下面仍以家庭消费（consumption）方程为例，对系统动力学表函数加以说明，其他表函数详见本书附录。根据5.4.2节对消费方程的分析，家庭财富（Faminly Wealth）和平均收入（Average Income）对居民消费行为存在一定的数量关系。限于统计数据的缺乏，仅能从趋势上来近似反映各变量间的关系，其表函数如图5-14所示。

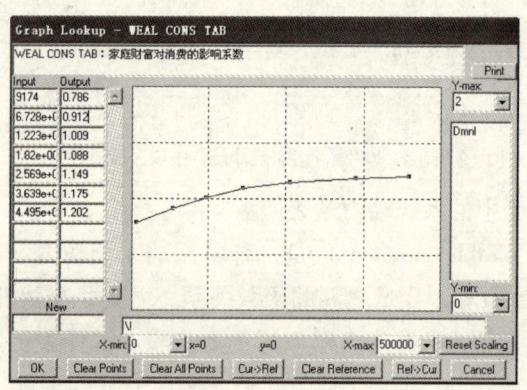

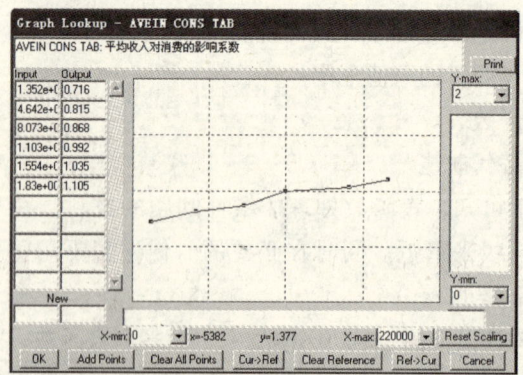

图5-14 相关变量对家庭消费影响的表函数

5.5 模型调试与检验

建立系统动力学模型是一个分解综合、循环反复逐渐达到目标的过程。此过程包括下述主要环节：构思模型结构、建立方程、模拟调试、再构思与提炼修改、政策分析。其中，模型调试主要分两步完成：第一步，对各子系统的模型结构、参数、方程式进行反复修改，以保证能模拟各自对应的客观系统；第二步，将各子系统联结起来，形成总体模型，调试总体模型。

任何模型都不能与实际系统完全一样。因为系统具有类似性，不同结构的系统可具有同一性质的功能，如金融系统中市场与中介虽然呈现出的不同结构，但其基本功能却是相同的，这也是20世纪70年代以后学术界推崇"金融功能论"的主要原因之一。因此，在用模型来描述客观的实际系统时，要求模型及其行为等同于或几乎等同于实际系统的结构与行为是不恰当的，也是不必要的。然而，我们还是需要对所建模型进行检验，确保基于模型的政策分析是可靠的、有效的和可信的。

系统动力学中的模型检验是贯穿于整个建模过程的持续工作。本章在构建金融结构 SD 模型过程中，经历了反复的调试与检验工作。

- 首先，此模型的量纲的一致性已经满足。
- 模型界限的范围已足以使模型产生参考模式。
- 模型中各变量之间的数学关系，主要依赖于经济金融学原理进行描述，能够反映出一般规律。
- 模型对于部分参数或结构的变动具有较低的行为灵敏度和政策灵敏度，说明模型的强壮性是好的。

此模型中含有反映金融结构变迁的指标，主要包括：金融相关比率(FIR)、家庭部门间接融资和直接融资比率(indirect / direct financing (family))、厂商部门间接融资和直接融资比率(indirect / direct financing (firm));包含反映经济金融运行状况的变量,如金融机构、金融市场、经济主体行为、金融效率和宏观经济等指标。经测试,模型的模拟结果(曲线的形状与变化趋势)能够说明金融结构变迁的一系列问题,以及不同政策方案对金融结构及其演变轨迹的影响,大体反映真实系统的行为模式。因此,此 SD 模型将作为我们进行动态模拟和政策分析的工具。

小结

本章把金融结构变迁看成是一个动力学问题,即它首先是随时间而变化的,其次,它包含了反馈关系。基于这种认识,文中借助于系统动力学原理与方法,研究了金融系统这一高阶次、多回路、非线性的复杂大系统的结构变迁问题。依据金融结构变迁的经济机理及其动力学特性,本章开创性地运用系统动力学方法建立了金融结构 SD 模型。模型分为四大子块——家庭部门模块、厂商部门模块、金融系统模块与国民经济模块,其中,家庭与厂商模块反映了社会资金供求双方的内在反馈机制;金融系统模块又分为资金动员与配置、储蓄—投资转化两个部分,它代表了金融体系介入资金供求的作用机制,储蓄投资转化过程体现了其运行效率;国民经济模块则从整体上反映了经济部门的消费、储蓄、政府购买与国民收入的反馈关系。在此基础上,考虑到各子模块间的联系,本章对基本模型扩展为金融结构的 SD 完整模型。

金融结构 SD 模型中包含了有效的政策变量,也即是金融管理当局可用以执行其管理职能的调节工具。通过分析金融系统随时间变化的行为模式,家庭财富、消费、金融投资、厂商资本存量、融资结构、金融运行效率、国民收入等变量的动态性可从中得以体现。本模型在以下三个方面体现了其应用价值:(1)金融结构变迁趋势及其经济效应的动态模拟;(2)金融运行与系统内部结构之间的动力学机制研究;(3)宏观金融调控政策研究。

6

中国金融结构变迁的动态性分析

金融结构变迁是一个动态的过程。本章是对金融结构系统动力学模型的典型应用:一方面,考察在既定条件下,中国金融结构可能的变迁趋势与演变轨迹,从系统动力学对系统结构——行为的描述来看,它表现为系统内部结构的作用使得系统行为随时间而变化的一系列曲线;另一方面,考察在金融结构变迁过程中,即系统从旧结构向新结构变化的过程中可能产生的各种行为模式,这也是系统动力学模型的一个重要应用,它在一定程度上体现了金融结构变迁的经济效应。

6.1 中国金融结构变迁的动态性取向

依据我国金融经济运行的实际情况设定有关参数,对金融结构 SD 模型采用系统动力学软件 Vensim 进行模拟,Vensim 软件提供了模型查错和验证(包括 Check Model 和 Units Check)方法,便于对模型进行修正与完善。通过从 2000 年到 2020 年的模拟,得出以下关键指标的模拟结果。

6.1.1 金融业与国民经济

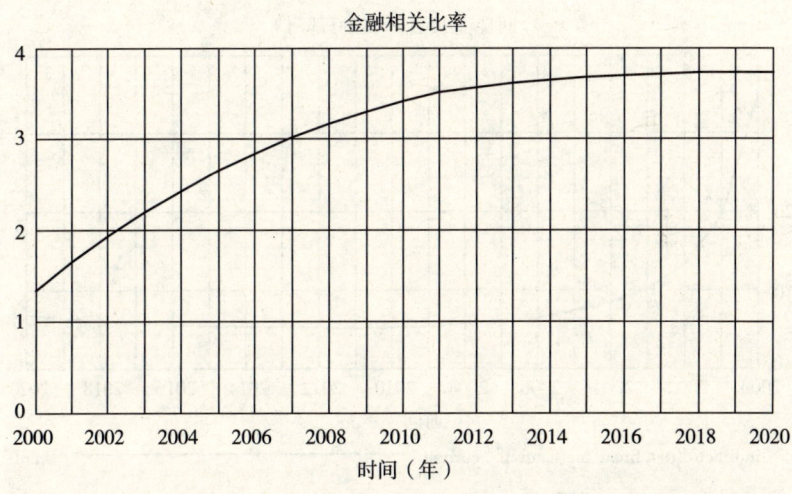

图 6-1 金融相关比率（近似）模拟结果

图 6-1 中 FIR 是由银行业储蓄存量和证券市场的股票市值之和与 GDP 求比值得出，近似于金融资产与国民财富之比，即金融相关比率（FIR）。因此，本章借助于这一变量来考察金融增长与国民经济的关系，从宏观层面上分析金融增长与国民经济的变化态势。

由图 6-1 可以看出，我国金融相关比率已具有较高的水平。从 2000 年到 2020 年模拟期间 FIR 持续增长，其值最高约达到 3.872，说明这一时期金融增长迅速，且增长的速度高于同期 GDP 的增长速度，它对国民经济的贡献也在不断增强；然而，FIR 的增长并不是无止境的，从数值上来看，其变化幅度逐步放缓，更可能在调整后最后趋向于平稳。

6.1.2 家庭金融投资——银行储蓄/有价证券

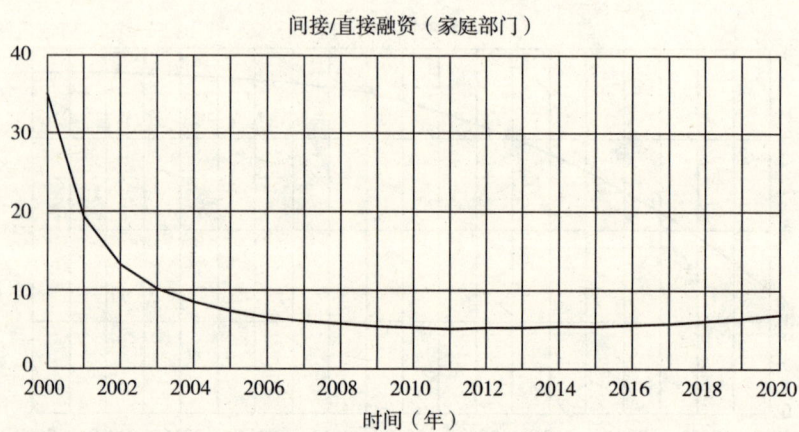

图 6-2 家庭部门间接融资与直接融资的比率变化

从图 6-2 可以看出，家庭部门金融投资中的银行存款与其他证券持有量（以股票为例）具有绝对的优势，在模拟期初更是达到 30 余倍以上。从趋势上来看，其间接/直接融资值呈下降的趋势，说明家庭部门的间接融资份额相对于直接融资份额越来越小。

中国的情况是，家庭部门作为主要的资金盈余部门，长期以来倾向于也习惯于把其盈余资金以银行存款的形式持有，使得间接金融的份额大大高于直接融资份额。但是我国金融业的发展为盈余部门进行金融投资提供了更多的方式和渠道，这也是间接/直接融资降低的主要原因之一，如股票市场的繁荣与股票持有份额的增加便是一个很好的说明。

6.1.3 企业融资结构——直接融资/间接融资

从模拟结果来看，企业部门通过间接方式（主要指银行贷款）

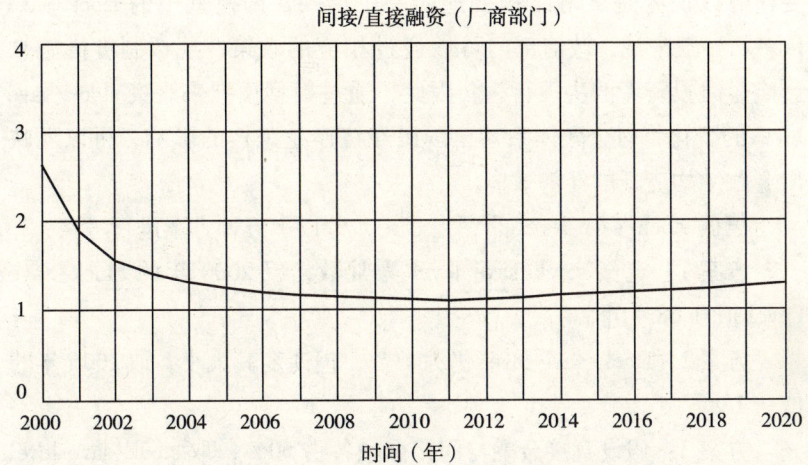

图 6-3 厂商部门间接融资与直接融资的比率变化

进行融资的份额呈下降趋势,并表现为指数下降的特点,即在刚开始的时候,间接/直接融资下降的速度比较快,但随着时间的推移,下降的速度越来越慢,最终趋向于某种稳定状态。

中国的情况是,银行贷款仍是企业融资的主要方式。但是近年来中国资本市场的发展尤为迅速,如股票市场的交易非常活跃,说明企业的融资方式可能面临着新的局面,通过发行股票等方式进行融资不失为一种优化企业融资结构的补充。

6.2 中国金融结构的调整方案分析

金融结构变迁可以理解为资金融通方式的改变,不同金融结构将产生不同的经济效应。在本书所构建的 SD 模型中,资金盈余部门在其总储蓄中用于银行存款或投资于其他有价证券(股票)的比例变化可以认为是金融结构变迁的一个反映,即模型中的 stock/save level。一般来说,政府部门可以通过相应的政策、规章制度措施来影响金融投资者的决策行为,因此,通过模型模拟来观察 stock/save level 的变化将对金融体系甚至国民经济产生怎样的影响,可以反映出金融结构变迁的经济效应。

根据 stock/save level 的变化方式,分以下五种方案进行考察:

方案1:定义 stock/save level 为常数,以 2000 年的 Stock/Save Level 值 0.08 为准;

方案2:stock/save level 仍为常数,但改变其大小,取 2006 年的值 0.18;

方案3:假设直接金融与间接金融各占 50%,取 stock/save level 的值 0.5;

方案4:考察金融市场极为发达的情况,即 stock/save level 取值为 0.9;

方案5:借助于测试函数 RAMP,使 stock/save level 在模拟期间按一定的斜率增长。

6.2.1 金融结构变迁对金融机构运作的影响

在金融结构变迁过程中,金融资源将在多元化的金融实体间实现新的配置。在这一过程中,金融机构(本书主要指银行)作为金融体系的主体,其资金存量的变化可以反映出金融机构的发展情况。图 6-4 反映了不同结构方案下银行业资产存量变化的动态特性。

从模拟结果来看,金融结构变迁对金融机构运作的影响是非常明显的。在较低的直接融资份额(方案1)下,金融机构资产存量 Bank 在模拟期间内平缓增长;当直接融资份额增加到 0.18(方案2、方案5,方案5代表了中间水平)时,金融结构资产存量的变化模式发生了变化,呈现出 S 形增长的特点,即开始增长较快而后增长速度放慢,并逐渐趋向平稳,这是颇具典型的一种系统行为,它包含

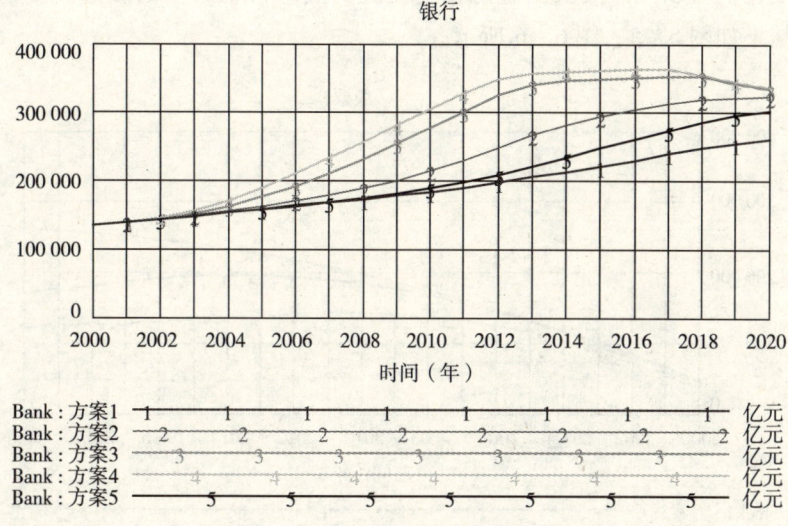

图 6-4 金融机构资产存量的变化

了指数和渐进两种增长过程,前者是正反馈起主导作用,后者则是负反馈起主导作用;而随着直接融资份额的进一步提升并达到一定的程度(方案3、方案4),金融机构资产存量增幅明显加大,模拟期间内仅呈现出其变化曲线的局部特点,它不同于以上各金融结构方案下的模拟结果。

6.2.2 金融结构变迁对金融市场运作的影响

金融市场作为金融体系的一个子系统,是经济主体赖以直接融资的渠道。金融结构的演变使得金融市场能够提供更多样化的金融工具,形成多元化的金融结构,同时它也将对金融市场的运行状况产生影响。

根据本书所构建的金融结构 SD 模型,我们主要以股票市值来反映金融市场相对金融中介的发展情况,这集中体现在股票市场容量和股票融资实现量,通过考察这两个存量在不同金融结构方案下的变化，可以大体反映出金融结构变迁对金融市场运作的影响。模拟结果如图6-5、图6-6所示。

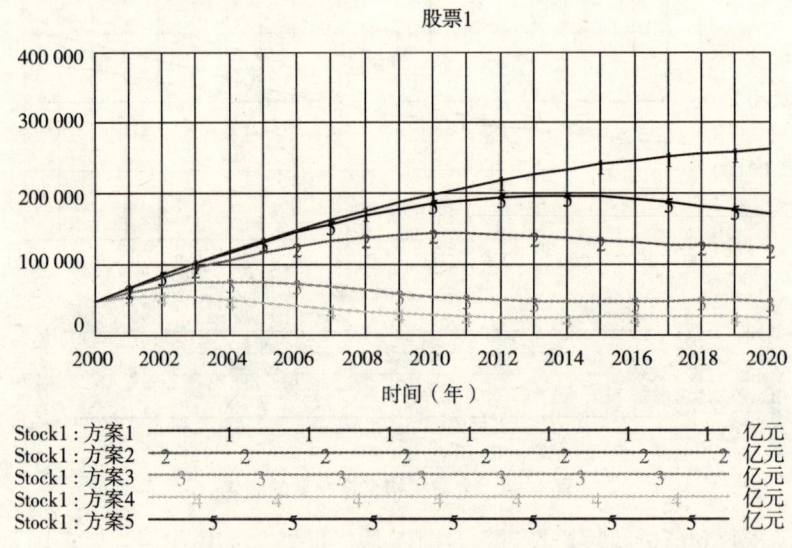

图6-5 股票市值的变化（市场容量）

由股票市场容量Stock1和股票融资实现量Stock2的模拟结果来看，较低的直接融资份额（方案1）使市场容量表现为新的增长的变化模式，使融资实现量呈缓慢增长的特点。随着直接融资份额的提升（方案2、方案3、方案4、方案5），Stock1的模拟曲线趋于平缓，到方案3和方案4时甚至出现了下降的趋势，说明市场容量和融资实现量变动的幅度和趋势都发生了变化；Stock2总体上仍呈增长趋势，但增长的幅度和方式发生了变化。

6.2.3 金融结构变迁对经济主体的影响

金融结构在一定程度上反映了社会经济主体投融资方式的改变。合理的金融结构可以为经济主体提供良好的金融环境，提高经济主体的金融需求和总体效用。考察金融结构变迁对金融主体的影响，

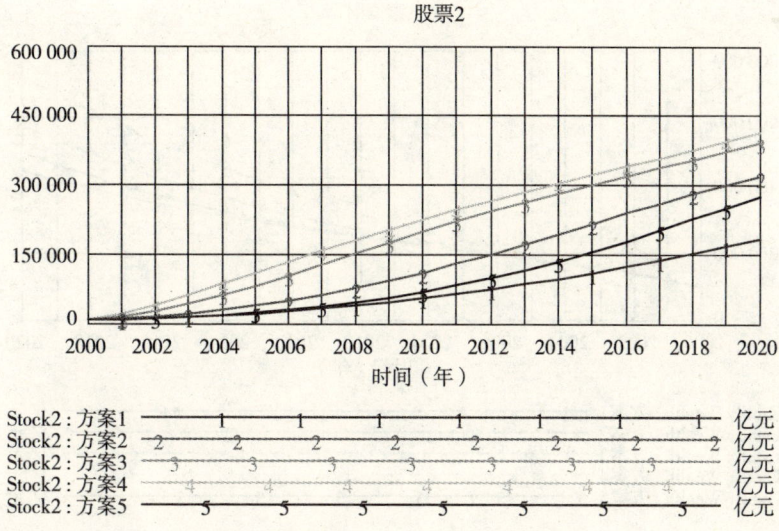

图 6-6 股票市值的变化（融资实现）

主要通过家庭部门的财富水平、年收入、年支出以及厂商部门的资金存量、年资金流入、年资金流出来反映。

图 6-7、图 6-8、图 6-9、图 6-10、图 6-11、图 6-12 分别显示了不同金融结构方案对家庭部门和厂商部门主要经济变量的影响，包括家庭部门的财富水平（Family Wealth）、年收入（Income）、年支出（Expenditure）以及厂商部门的资金存量（Firm Capital）、年资金流入（capital in）、年资金流出（capital out）。

由模拟结果看，家庭部门的财富水平（Family Wealth）、年收入（Income）、年支出（Expenditure）以及厂商部门的资金存量（Firm Capital）、年资金流入（capital in）、年资金流出（capital out）在各金融结构方案下均呈现出随时间而增长的特点。而且，随着直接融资份额的提升，即方案1、方案2、方案3到方案4下，各变量的增长幅度也随之增加。也就是说，金融结构变迁会导致经济主体在金融存量和流量上的增减，但不会影响其总体趋势。

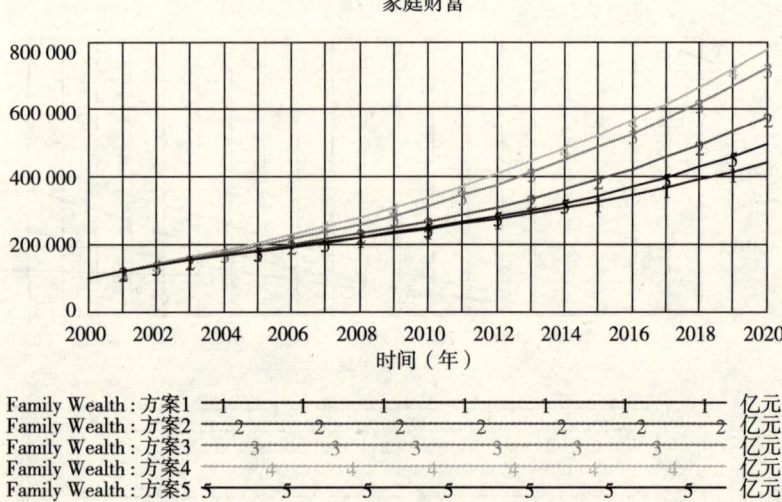

图 6-7　家庭财富的变化

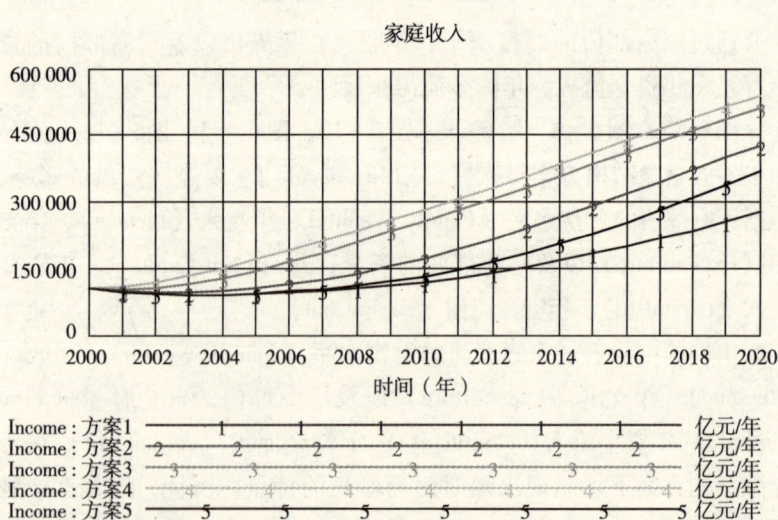

图 6-8　家庭年收入的变化

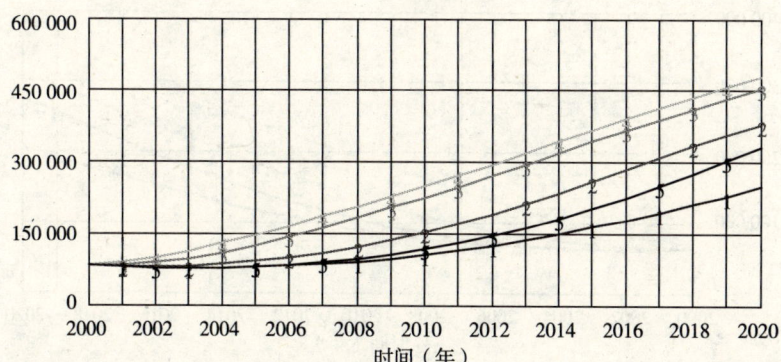

图6-9 家庭年支出的变化

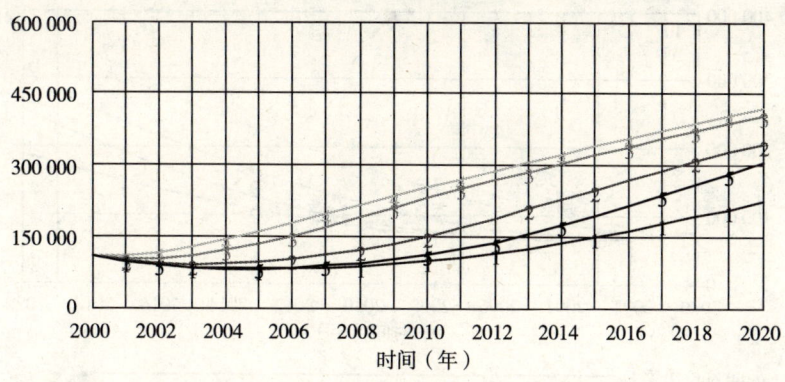

图6-10 厂商资金存量的变化

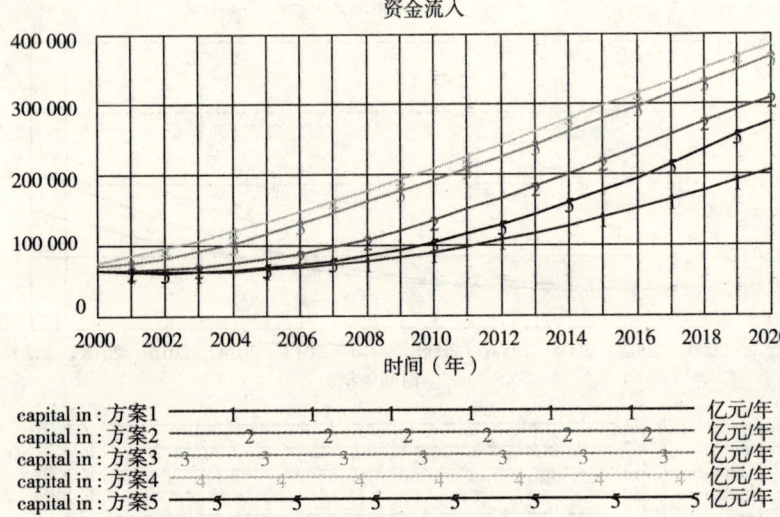

图 6-11 厂商年资金流入的变化

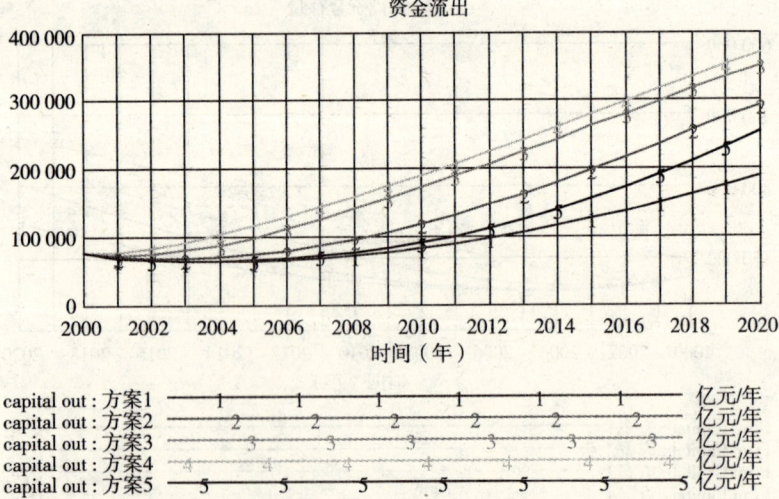

图 6-12 厂商年资金流出的变化

6.2.4 金融结构变迁对金融运行的影响

金融结构对金融运行有着决定性作用,这种作用不仅体现为金融系统的资金存量,尤其对金融效率的影响更为显著。至于金融效率(资金融通的效率),它包括微观和宏观两个层面:①微观金融效率反映金融机构自身的投入产出比率,如资本利润率、资产利润率等;②宏观金融效率主要是金融系统动员社会储蓄的多少,有多少储蓄转化为投资,以及通过储蓄转化而来的投资效率,并反映了投资对实体经济的推动作用,宏观金融效率具体体现为金融系统对社会储蓄的动员效率、储蓄—投资的转化效率等。本章中,考察金融结构变迁对金融运行(包括存量与流量)的影响主要围绕其宏观层面展开。

图6-13、图6-14、图6-15、图6-16的模拟结果验证了金融结构变迁对金融运行效率的显著影响。从储蓄储量(Save Level)、年储蓄量(absorption)、年资金配置量(allocation)和转化为投资的资金存量(Save Invest)的模拟图来看,不同金融结构方案下,各变量有着不同的运行轨迹。其中,较低直接融资份额(如方案1)下,各变量均平缓增长;而随着直接融资份额的提高(方案2、方案3、方案4),各变量的增幅逐渐加大,尤以方案3和方案4对金融运行效率的影响最为显著,使储蓄存量、年储蓄和年资金配置发生了波动。

6.2.5 金融结构变迁对宏观经济的影响

在现代经济中,金融因素对宏观经济运行有着重要影响。由于金融效率、金融功能在很大程度上决定于金融结构的优化水平,从而使金融结构成为一国经济增长的重要变量。下面对金融结构变迁对宏观经济的影响主要通过GDP进行考察,如图6-17所示。

由图6-17可以看出,在各种金融结构方案下,GDP均呈现出增长的趋势。而不同的金融结构对宏观经济将产生较为显著的影响。其中,方案1代表的低直接融资份额下GDP增长较为缓慢,方案4代表

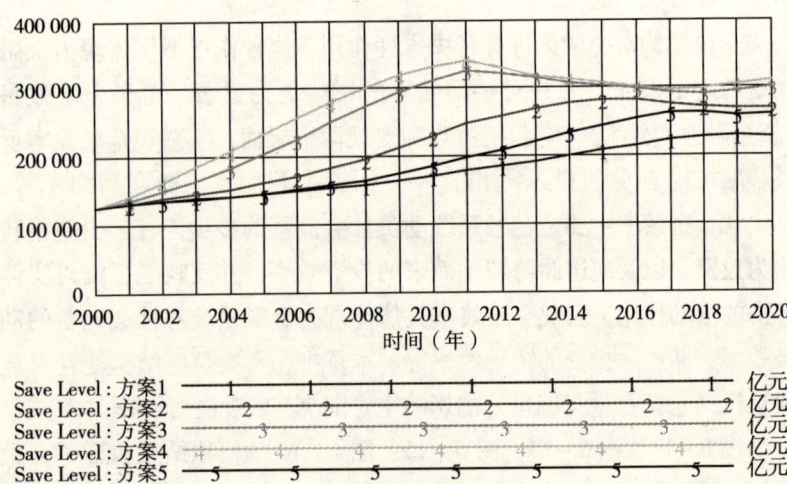

图 6-13 国民储蓄存量的变化

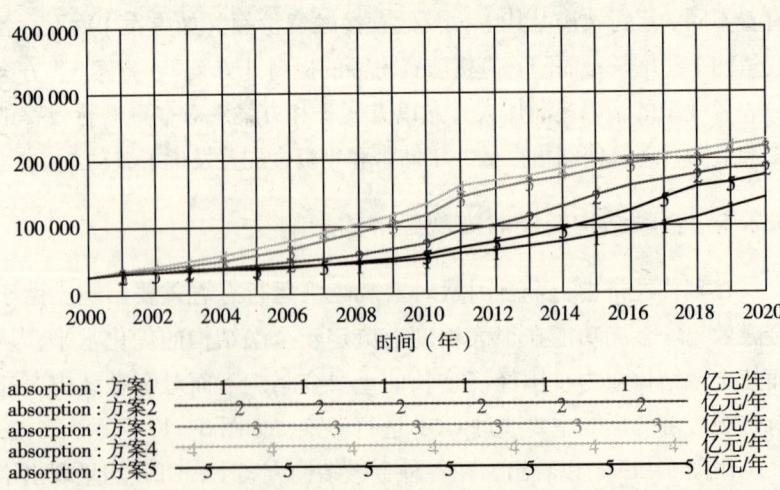

图 6-14 年储蓄动员的变化

6 中国金融结构变迁的动态性分析

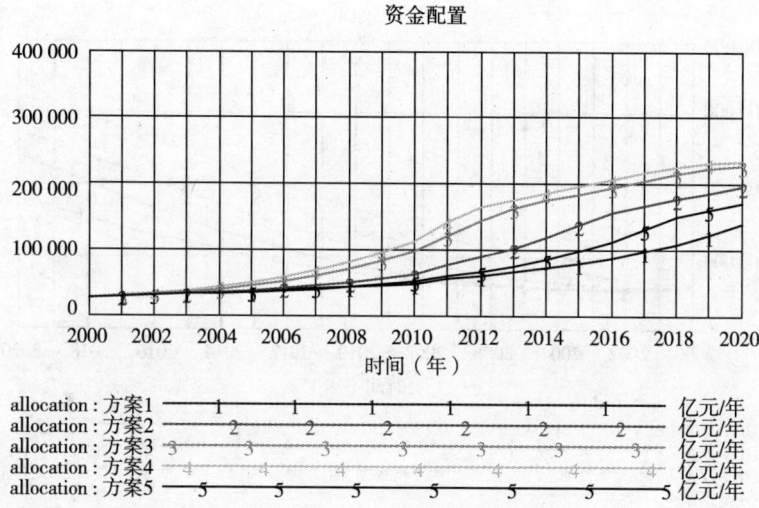

图 6-15 年资金配置的变化

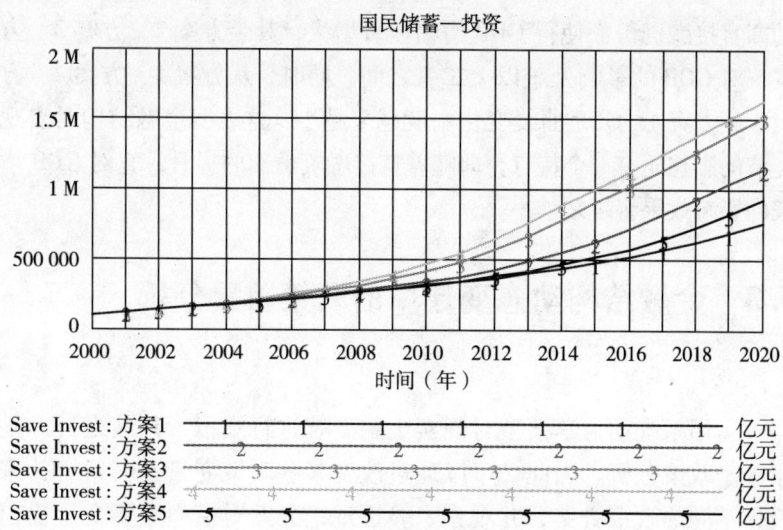

图 6-16 国民储蓄—投资存量的变化

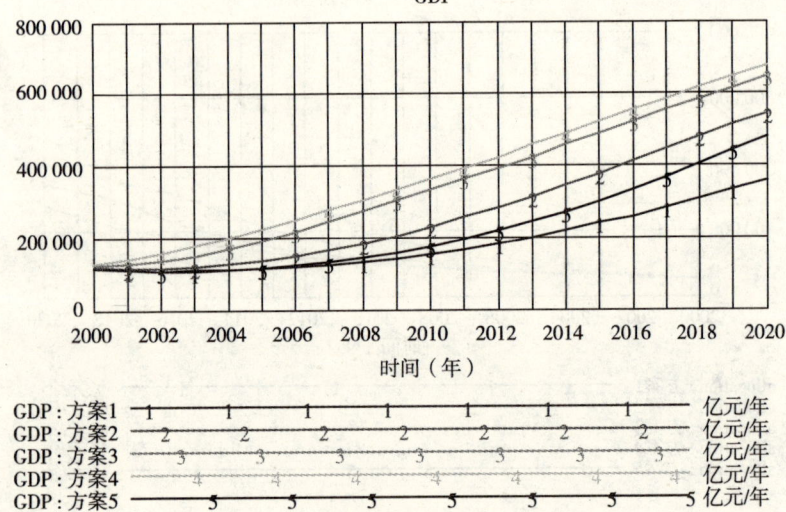

图 6-17 不同金融结构方案下的 GDP 变化

的高直接融资份额使得 GDP 增幅显著增大,其余方案2、方案3、方案5对 GDP 的影响处于以上二者之间。同时,从方案1、方案2、方案3到方案4,GDP 曲线变化幅度越来越小,这表明金融结构对宏观经济的影响还有一个特点,即随着直接融资份额的提升,它对 GDP 增长的影响效果将越来越小。

6.3 金融结构动态变迁中的政策因素分析

运用系统动力学模型对现实金融系统进行模拟,其最终目的是服务于政策分析。因此,可以通过改变某些政策变量及其组合,来设计不同的政策方案,并观察、验证理论方案对模型主要变量输出值的影响。依据本书所构建的金融结构 SD 模型,金融结构动态变迁中的政策因素包括税收与支出政策、货币供应量及货币政策。

6.3.1 政府税收与支出政策

国家通过制定税收与支出政策，可以直接调节纳税人的收入和收入分配，间接影响经济系统的资金流量和各经济部门的金融行为。由于国家征税是一部分经济资源从纳税人向政府的转移，因而对纳税人的经济决策必将产生一定的影响，这就决定了税收不仅是政府财政收入的主要来源，而且是贯彻政府经济社会决策、实施有效的宏观经济调控的重要手段。由于政府税收与转移支付对实体经济的资金作用是相反的方向，即增加政府转移支付提高了实体经济部门的资金量，可以看成是削弱了政府税收，反之亦然。因此，下面仅考察税率变化对金融结构的影响。

方案1：分别取家庭部门、厂商部门税率的平均水平，分别为0.20、0.25；

方案2：调节家庭部门、厂商部门税率为较低的水平，分别为0.10、0.15；

方案3：调节家庭部门、厂商部门税率为较高的水平，分别为0.30、0.35；

方案4：降低家庭部门税率并提高厂商部门的税率，分别取0.10、0.35；

方案5：提高家庭部门税率并降低厂商部门的税率，分别取0.30、0.15。

由图6-18、图6-19、图6-20、图6-21的模拟结果来看，通过改变家庭部门与厂商部门的税收政策，金融相关比率（FIR）、间接融资与直接融资份额（indirect/direct financing）以及GDP将会发生改变。尽管这种改变并不十分显著，但是政府税收与支出政策依然可以对经济主体的相关变量产生影响。从长期来看，代表两种极端状态的方案4和方案5对FIR和GDP的影响变得更加明显；方案1、方案2和方案3介于以上二者之间。

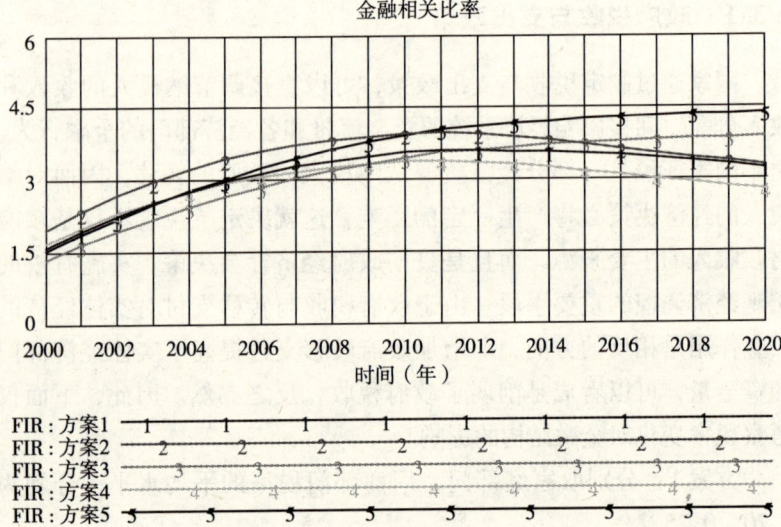

图 6-18 税收政策下的金融相关比率

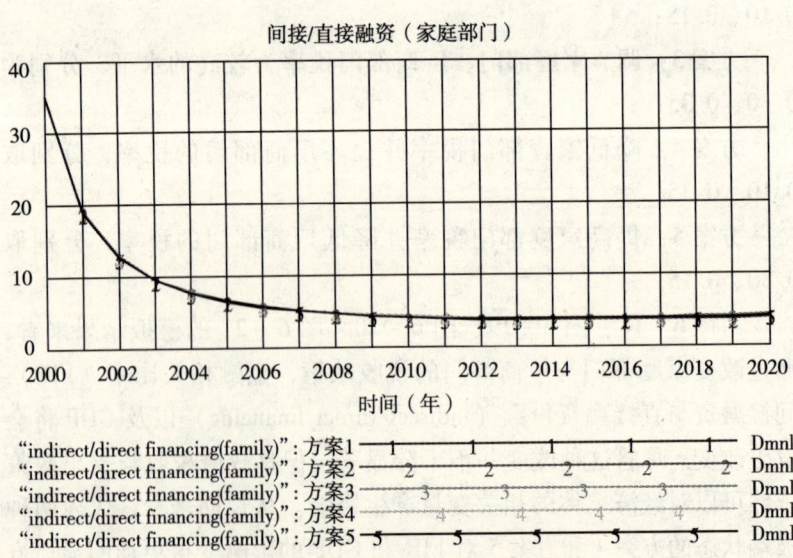

图 6-19 税收政策下的家庭金融结构

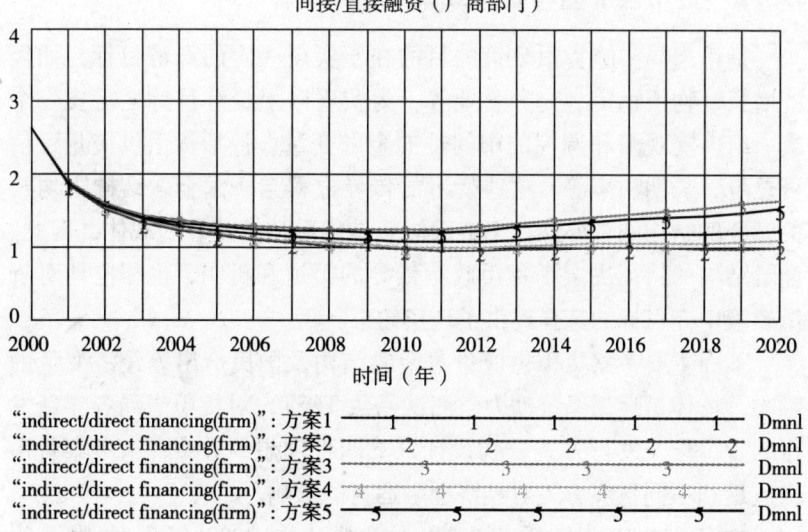

图 6-20 税收政策下的厂商金融结构

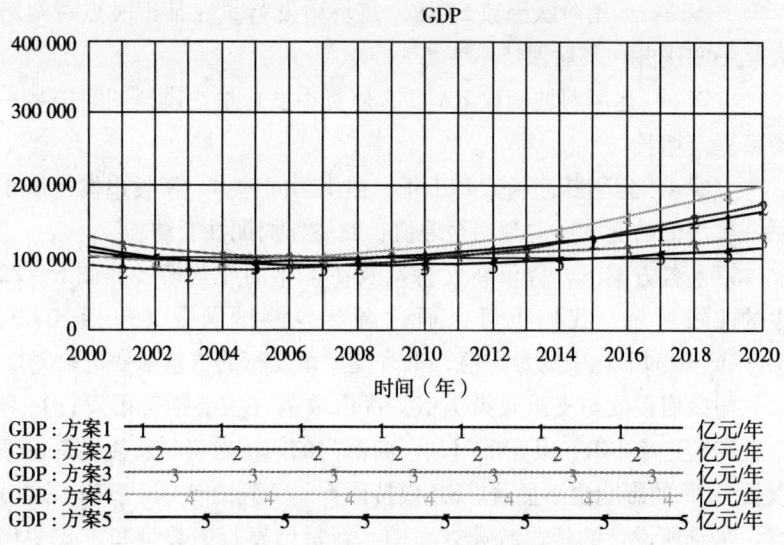

图 6-21 税收政策对 GDP 的影响

6.3.2 货币供应量与货币政策

货币当局实施货币政策的目的在于实现一定的经济目标,如经济增长、物价稳定、充分就业等,为实现以上最终目标,需要一个或一组可能观测和调控的中间性的金融变量,包括货币供应量、信贷总量、长期利率等,这些变量的传导过程与一国金融结构密切相关。金融结构的重要性在于金融体系是货币政策传导的载体,因此,金融结构的特征决定了货币政策传导的渠道和机制,也相应地对货币政策中介目标的选择提供了现实约束。

下面主要考察货币供应量对金融结构及国民产出等经济变量的影响,具体是运用系统动力学测试函数 TEST,对货币当局各年新发行的货币量及发行方式分别设计以下四种理想的方案,来考察货币供应量和不同供应方式对经济金融运行的影响。

方案1:定义货币发行量为常数,取 2000 年底的数据为 15 938.31 亿元,并在模拟期间保持恒定。

方案2:运用阶跃函数 STEP,使货币发行量在某一时点瞬间增大某一幅度并在其后保持不变。

方案3:运用斜坡函数 RAMP,使货币发行量在模拟期间按某一斜率稳定增长。

方案4:运用脉冲函数 PULSE,提供瞬间冲击,使货币发行量在每一次短促的变动后立刻回至原值,此后作周期性变动。

以上各方案下,货币新发行量及在各年的变化模式如图 6-22 中的曲线所示,我们也可以通过调节各测试函数(包括 STEP、RAMP、PULSE)中的参数值,来改变货币发行的数量和变化幅度。

与政府税收与支出政策类似,货币政策(主要指货币发行)对金融相关比率 FIR、家庭部门和厂商部门的间接融资与直接融资份额以及 GDP 的影响也不显著。SD 模拟图 6-22 到图 6-26 表明了这一点,尽管所设计的货币政策方案中,新货币发行的数量和方式变化很大,但不同方案下以上各变量的模拟曲线几乎重叠。

6 中国金融结构变迁的动态性分析

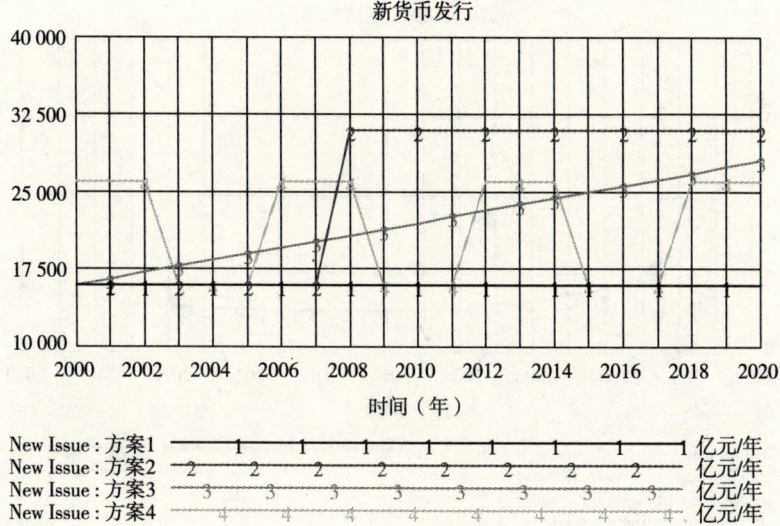

图 6-22 对货币发行的测试函数

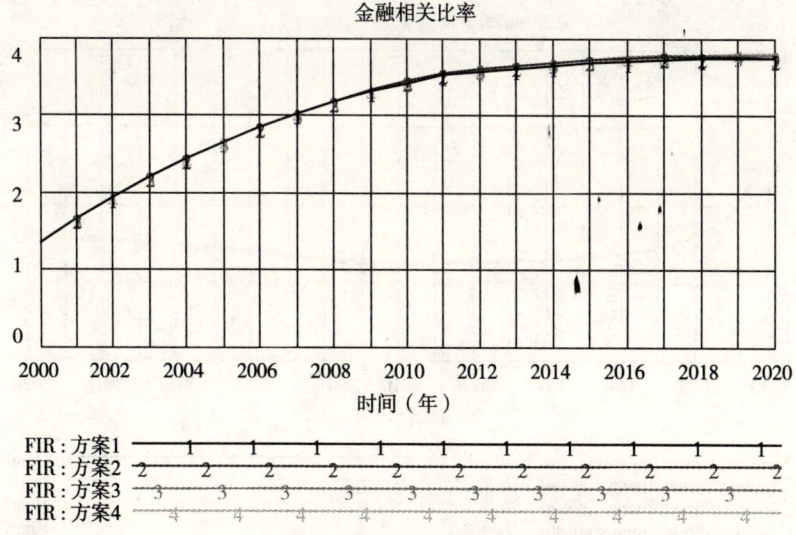

图 6-23 货币发行对金融相关比率的影响

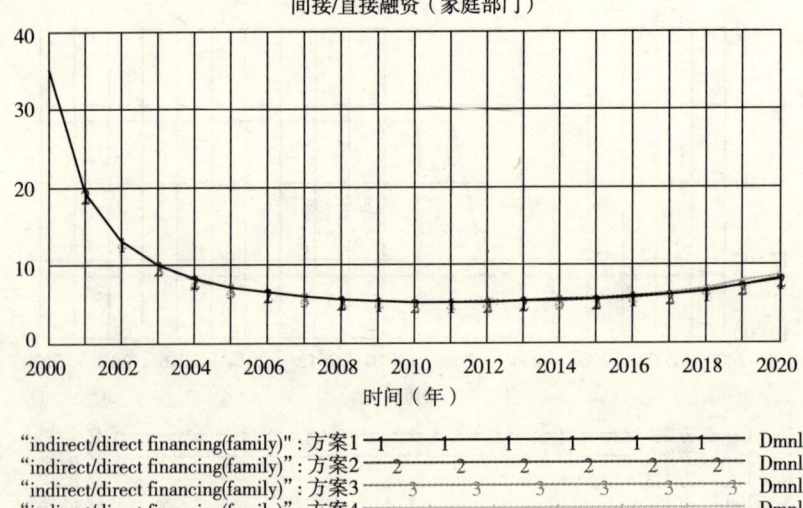

图6-24　货币发行对家庭金融结构的影响

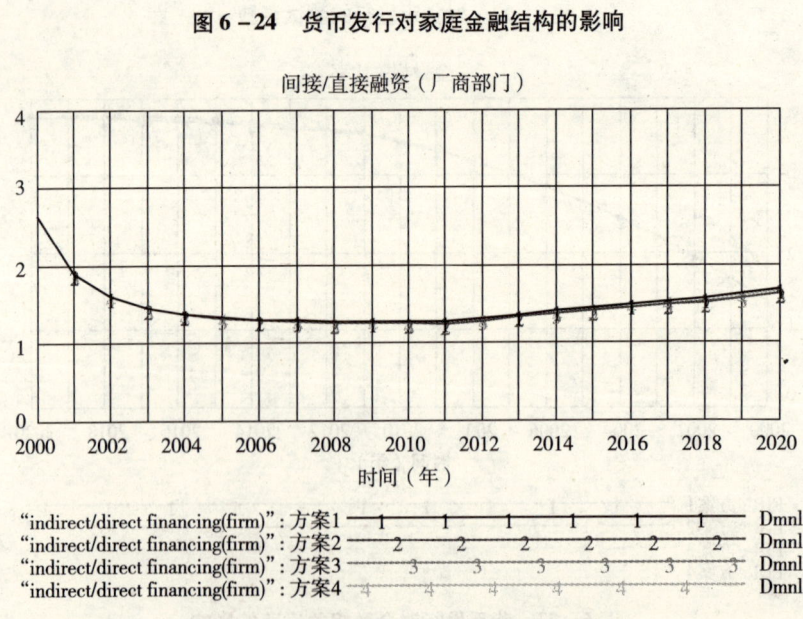

图6-25　货币发行对厂商金融结构的影响

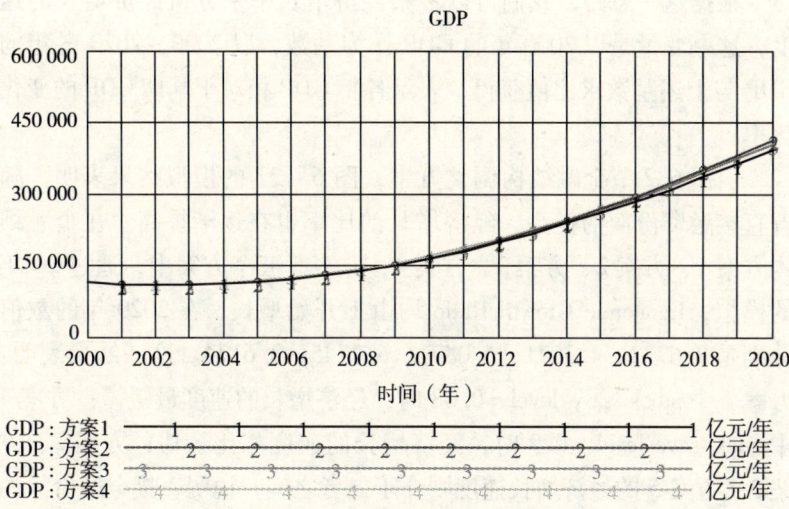

图 6-26 货币发行对 GDP 的影响

究其原因,货币供给对金融结构影响不显著是由于本书所构建的金融结构 SD 模型没有体现货币供应与利率之间的反馈联系。货币供应量理论上影响了市场经济的利率水平,而针对我国目前的情况,存贷款基准利率由国家制定尚未完全实现市场化,使货币供应与利率之间失去了直接的反馈联系。

6.4 基于经济增长的金融结构调整

中国金融结构是伴随实体经济的快速增长而演变发展的,金融结构调整可以满足日益变化的储蓄投资转化需求、流动性增强需求和风险管理需求,并最终作用于经济增长。由此,笔者认为,金融结构调整应从经济增长的角度出发,全面审视现有金融结构的特征和合理性,以符合经济增长需要为指导来加以调整。

根据这一思路,我们可以考察经济增长率来分析经济增长的速度,这一变量是以 2000 年的 GDP 作为基数,以 2000~2020 各年的 GDP 与上述基数求比值获得,表示各年 GDP 相对于基期 GDP 的变化比率。

引用 6.2 节金融结构调整方案,图 6-27 的模拟结果表明,随着直接融资份额的提高,经济增长的比率也在逐渐提高。在金融结构方案 1、方案 2、方案 3、方案 4、方案 5 五个方案中,通过 20 年的模拟,Economic Growth Ratio 均由 1 开始增长,在 2020 年的数值分别是 2.6732、4.3071、6.0871、6.7745、3.6174。这一结果表明:方案 1 中 stock/save level = 0.08 时,经济增长的速度最缓慢;方案 4 中 stock/save level = 0.9 时,经济增长的速度相比最快;方案 2、方案 3、方案 5 的经济增长速度则介于二者之间,说明直接金融份额的提升确实有助于提高经济增长速度。

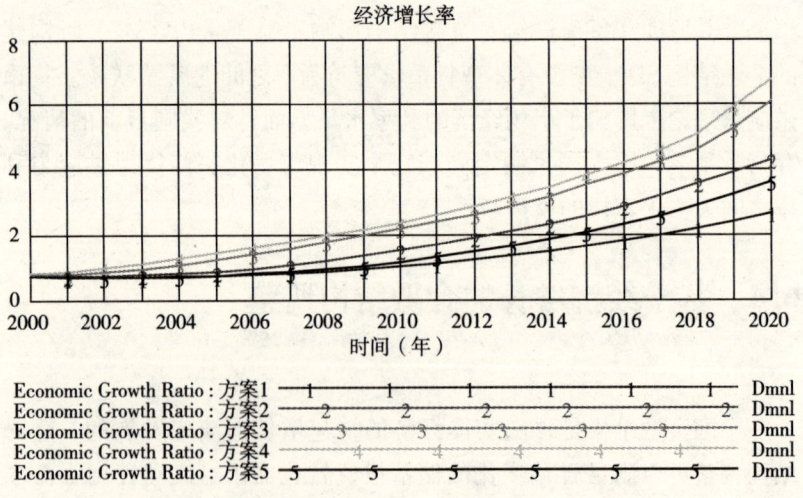

图 6-27　金融结构调整对经济增长速度的影响

但是,由图 6-27 可以看出,当 stock/save level = 0.5 与 stock/save level = 0.9 时,Economic Growth Ratio 随 stock/save level 的变化

已不太显著,这种现象说明,当直接金融份额提高到较高的水平时,它对经济增长速度的影响变得越来越小,从而减弱了直接金融与间接金融份额的调整对经济增长的效应。

下面来看税收政策对经济增长速度带来怎样的影响。如图6-28所示,整体来看,不同的税率水平与税率结构对经济增长速度的影响,开始时并不显著,经过较长时间的调整后可以体现出差距。具体来说,五种方案的 Economic Growth Ratio 在 2020 年的值分别为:2.4936、2.3541、2.1401、2.7619、1.8968。可见,从长期来看,低税率水平(方案2)与高税率水平(方案3)相比,对经济增长速度的效应略大;而厂商部门税率的提高(方案4)较家庭部门税率的提高(方案5),对经济增长速度具有更强的效应,并且这种效应随时间逐渐增大。

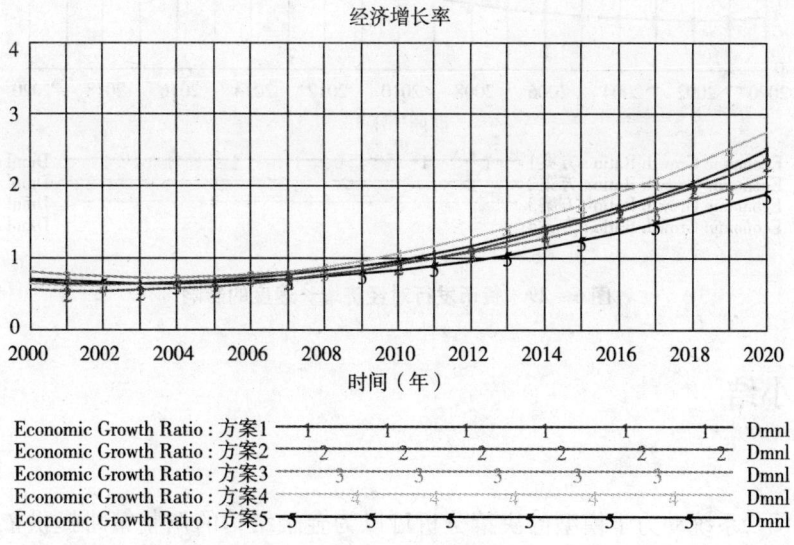

图 6-28 税收政策对经济增长速度的影响

再来看货币发行对经济增长速度的影响,从图 6-29 可以看出,在各种方案(代表不同的货币发行方式)下,Economic Growth Ratio

的模拟图几乎重叠,说明货币发行方式对经济增长的影响非常不显著。从数据来看,2020 年 Economic Growth Ratio 的值相差不大,分别为:3.1035、3.1807、3.1129、3.2149。货币供给对金融结构影响不显著的原因在于,在市场经济国家,货币供应量理论上影响了一国的利率水平,而中国目前的利率由国家制定尚未实现真正的市场化,货币供应量与利率之间失去了直接的反馈联系。

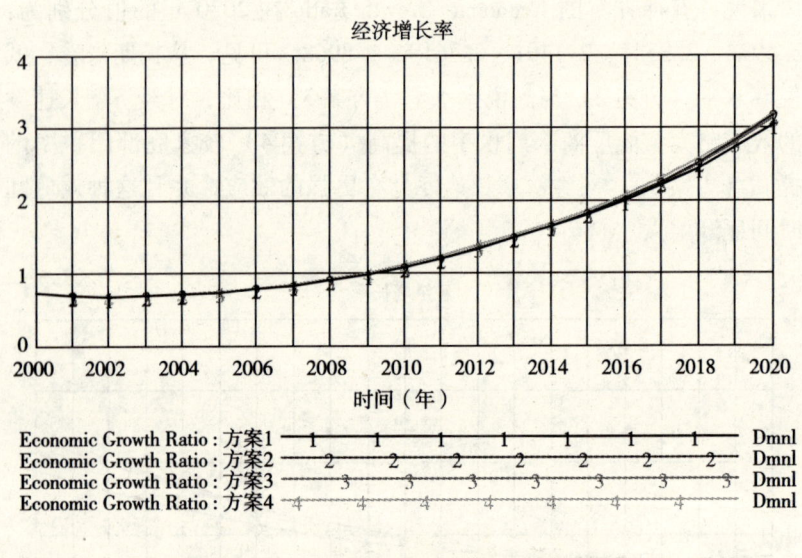

图 6-29 货币发行对经济增长速度的影响

小结

系统动力学模型的决策分析可以为金融结构的调整策略提供依据。本章是对前章所建立金融结构 SD 模型的具体应用,主要考察了金融结构可能的变迁趋势及金融结构变迁的经济效应,据此对我国金融结构变迁的动态性进行分析。根据我国经济金融的实际情况,本章首先模拟分析了金融与国民经济的关系、家庭部门与厂商部门的金融结构，以表明中国金融结构演变的基本取向。此后，作者设计了不同的金融结构方案、不同的税收政策（税率调整）、不同的货币政策（货币发行），来考察金融政策、金融结构与国民经济运行的关系。最后，作者提出基于经济增长的金融结构调整思路。

依据模拟结果得出以下结论：（1）直接融资份额的提升有助于提高经济增长速度，但是这种效应随着直接融资份额的不断提升越来越小；（2）政府税收与支出政策、货币政策对经济主体的相关变量影响较为直接，但在本 SD 模型中对金融结构的影响在短期内表现并不十分显著；（3）政策因素尤其是货币供给对金融结构影响不显著的原因在于，根据我国目前的利率体系，存贷款基准利率是由国家制定的尚未实现真正的市场化，货币供应与利率之间失去了直接的反馈联系，鉴于此，金融结构 SD 模型未建立二者间的反馈联系，而市场经济体制下，货币供给理论上影响了存贷款利率的变化。

7

中国金融结构的调整与发展策略

当前,世界金融结构发生了全面而深刻的变化,这既对中国金融体系产生影响,又为中国金融发展提供了参考和借鉴。为提高金融体系的运行效率、完善金融功能、维护经济开放环境下的金融稳定,中国金融结构的调整和优化变得尤为必要。本章依据中国金融结构的现状、动态性演变及其经济效应,就中国金融结构的平衡发展、金融结构对经济增长的协调问题提出政策性建议。

7.1 协调金融结构与经济增长的关系,从宏观上保持二者的均衡发展

经济金融理论研究和各国历史实践表明,经济的正常运行离不开经济组织的协调配合,离不开货币、资金的循环周转,金融业对于经济发展具有重要的推动作用。从系统理论、动力学原理出发,由于金融效率、金融功能在很大程度上取决于金融结构的优化水平,从而使金融结构成为一国经济增长的重要变量。

因此,金融结构的调整和优化,除了要保证金融体系自身的发展与内部平衡外,更为重要的是要保证其与实体经济的适应与协调,

即一国的金融结构应与实体经济的发展阶段相适应。否则，过快的金融扩张或不平衡的金融结构都很可能对金融的稳定性带来冲击。从中国近三十年的 FIR 发展来看，其增长率是非常高的，若按此增长速度发展，在不久的将来完全可能超过大多数发达国家，这与中国目前的经济仍处于不发达状况是极不协调的。因此，金融管理当局首先应从总体上、宏观上协调中国金融结构与经济增长的关系，保持二者的均衡发展。

前文已述，各个层次的金融总量与国民财富的比率衡量了金融业发展与经济增长关系。其中，最为重要的指标——金融相关比率（FIR）从总量上反映了金融业发展对国民财富的贡献程度。通过把握 FIR 水平及变动态势，我们可以观察金融在促进经济增长方面所作的贡献。

按照雷蒙德·戈德史密斯（Raymond W. Goldsmith）对金融结构从经验角度的研究，在一国的经济发展进程中，金融上层结构的增长比国民产值及国民财富所表示的经济基础结构的增长更为迅速，因此，金融相关比率有提高的趋势，但是一国金融相关比率的提高并不是永无止境的，当金融发展到一定的阶段该比率将趋于稳定，发达国家和发展中国家进行比较，前者的金融相关比率高于后者。总体来说，可以把 FIR 的变化分为三个阶段，大致体现为金融发展的不同阶段：

- 金融增长阶段。表现为 FIR 伴随着经济增长而同步增长。由于经济活动量的增加，作为经济活动价格载体的现金流量增加，且由于在逐步摆脱金融压抑的过程中，受金融工具创新、金融自由化的影响，FIR 将以加速度增长，金融结构匹配程度将逐步提高。从中国的金融相关比率看，中国目前正处于这一阶段。

- 金融调整阶段。表现为 FIR 达到最高点以后，FIR 开始减速并出现反复震荡下降的特点。在这一阶段，经济管理者的政策制定水平将对金融市场的走向起到决定性作用，如果缺乏适当的理论认识和调控手段，将使金融市场进入混乱。东南亚一些国家在实行了较长时期的金融自由化和金融增长政策以后，目前正处于这一阶段的初期，而一些发达国家的金融市场可能正处于这一阶段的中期。

- 金融稳定阶段。在经济增长和调整以后，金融市场出于自身的免疫能力，对市场的调控能力可能增强，从而引导金融市场逐步趋向于稳定。这一阶段，FIR 相对稳定，金融结构实现了最优或次优的匹配状态。除非出现金融结构颠覆性的变化，FIR 会寻找新的平衡点，否则金融发展将进入稳定的阶段。

作为发展中国家的中国，在金融深化和金融体制改革的推动下，金融资产数量增长较快，金融相关比率已有了不小的提升，20 世纪 90 年代以后的增长速度更是明显提高，这也表明了中国金融规模扩张的速度提高了。

前文对所构建的金融结构系统动力学（SD）模型的模拟，也体现了 FIR 变化的这一特点，即 2000~2020 年模拟期间，FIR 水平持续提高；然而，从趋势上来看，它的增长速度将逐渐放缓，最后趋于某一稳定的状态。

中国现阶段 FIR 快速增长的现象，一方面表明了近三十年来中国金融发展迅速，并保持着良好的势头，这对于推进中国经济增长起了不可忽视的作用。当然，在金融资产迅速增长的同时，防止其过快扩张以及扩张中出现的非平衡性，是宏观金融管理部门亟需关注的课题。事实上，在金融总量增长过程中，研究如何调整金融结构并保持金融体系的平衡发展，始终是一国宏观当局经济金融政策的重要方面。

为了协调金融结构与经济增长的关系，从宏观上保持二者的均衡发展，应从了解和改善我国经济金融的基础条件着手。也就是说，改善金融结构形成的基础性条件，特别是加大经济结构的调整力度，这不仅是中国经济持续发展的内在需求，也是金融结构调整与优化的迫切需要。

（1）改善形成金融结构的基础性条件，促进金融结构的优化。一国金融结构总是在特定的基础性条件下形成的，这些基础性条件包括社会、经济、制度安排、文化传统、习俗等各个方面，其发展变化又受到多种外在因素的影响。如前所述，中国金融结构现存的诸多问题如果追根溯源，大多归因于基础性条件的不完备。因此，要优化中国的金融结构，必须改善形成中国金融结构的基础性条件特别是管理当局可控的因素，如维持中国宏观经济的长期稳定，提高经济发展中的商品化与货币化程度、加强社会信用基础和信用制度建设、提高经济主体行为的理性化程度等。

（2）调整经济结构，为金融结构的优化创造适宜的外部经济环境。随着中国经济发展水平的提高与经济规模的扩大，要促进实体经济结构的不断提升，就必然要求金融部门提供更大规模、更多品种、更为周到的金融服务。而金融部门只有通过改革，逐步发展金融机构、金融工具、金融市场、融资方式等，才能满足实体经济的变化与需要。因此，经济结构的提升将带动金融结构的优化。就中国目前的经济结构而言，针对产业结构不合理、区域结构失衡等突出问题，中国经济结构的调整可以从两个方面入手。在优化产业结构方面，可以通过对传统农业的产业化改造、传统工业的升级换代、以及加快第三产业的发展，来带动生产要素的重新分配，进而引导资金流量结构的变化和投资储蓄结构的变化；在协调发展区域经济上，可以通过制定区域发展的整体规划、给予更多的区域政策扶持、以及建立区域经济发展的调节机制等措施，来提高我国经济的整体发展水平，也为金融结构的优化提供空间。

7.2 从金融体系融资渠道入手，保持金融中介和金融市场的协调发展

7.2.1 金融中介不容动摇，并将在一个相当长的时期内占据主导地位

前文中金融结构 SD 模型的模拟结果表明，近年来的家庭部门和厂商部门，通过金融中介的间接融资份额远远多于其直接融资份额。因此，中国金融中介在一个相当长的时期内将仍然占据主导地位。

金融中介担负着社会经济资金融通的功能，是金融市场的重要补充。尤其是在中国，金融中介（特别是国有商业银行）一直以来都是金融资源的主导者，并占有绝对的市场优势。从理论上看，早在 20 世纪中叶，格利（John G. Gurley）和肖（Edward S. Shaw）便指出了金融中介在促进储蓄向投资转化上起着重要的作用；随后，阿罗（Kenneth J. Arrow, 1974）提出金融中介所具有的风险管理功能；本斯顿和史密斯（George Benston & Clifford Smith, Jr. 1976）提出交易成本应成为金融中介理论分析的核心内容。此后，随着 20 世纪 70 年代信息经济学的产生，信息不对称理论的引入使金融中介研究取得新的进展。而 20 世纪 90 年代以后，动态研究代表了金融中介理论的新发展，金融中介也得到了更加深入的认识。

之所以再次提到以上关于金融中介的研究，是希望从理论上说明金融中介在经济发展中的重要角色和作用。总的来说，金融中介的作用可以概括为以下三个方面：

- 推动储蓄并跨越时间空间配置信用。
- 为企业和家庭部门提供生产、生活必需的金融产品。
- 对经济增长作出直接贡献。

再从实际金融中介的发展历程看，传统银行业虽然在整个金融机构体系中的市场力量有所下降，而期货、期权等衍生品的交易市场得到了较大发展，但这些市场的主要参与者仍是各种金融机构。因此，金融中介虽然在类型和内部组织上有所演变，但作为资金供需方之间的媒介，它在经济发展中的作用不容忽视。事实上，几乎所有为实体经济提供服务的金融活动（在开放的经济发展中还包括全球范围的跨国界资金流动）都是通过金融中介的推动与运作而完成的。

目前，经过多年的改革与发展，中国金融中介体系已逐步形成了以银行、证券和保险为主体，包括信用社、信托投资公司、财务公司、担保公司、基金管理公司、资产管理公司和租赁公司在内的多元化、多层次和各种所有制形式并存的局面，对于满足社会金融服务需求、推动中国经济快速发展起到重要作用。但是，针对中国金融中介体系结构，中国有商业银行与小银行及其他非银行金融机构发展的非平衡问题，中国金融中介体系的结构需要调整。也就是说，为适应经济发展、满足金融服务需求的多元化要求，我们既要保持金融中介的稳定发展，完善其运行机制，又要调整和优化金融中介结构。具体措施如下：

（1）从金融机构的组织看，要加快中国金融体系主体——国有商业银行的改革步伐，提高其综合竞争力；同时，大力发展证券业、保险业、信托业、租赁业等非银行金融机构，优化金融产业结构以满足市场经济运行中多样化的金融需求，并通过金融创新在发展过程中调整和优化其比例结构。

（2）从内部管理看，中国金融机构的经营管理水平不高、金融运作不规范、缺乏足够的平等竞争意识，这也是造成中国金融效率不高的主要原因之一。因此，中国金融机构需要强化内部管理，可以通过资产负债比例管理、风险管理、资本金管理、财务管理等业务方面的管理，以及岗位责任管理、人事管理等行政管理措施，来提高金融机构的运行效率。

（3）从金融服务来看，金融部门在为实体经济提供金融产品和服务的过程中，可以通过金融创新使金融中介机构满足经济各部门更为复杂、更加多样化的金融需求。同时，金融机构还需要为经济各部门提供更具特色的专业化金融服务，专业化经营将使一部分具有经营特色的中小型金融机构更易获得规模经济。

（4）从经营模式看，经济全球化使中国金融机构更多地参与到国际化发展中，因而必将受到全球金融混业经营趋势的影响。在混业经营模式下，金融机构业务交叉开展，业务界限变得模糊，金融机构有趋同发展的可能。在这种趋同中，金融机构需要根据自身资源权衡其业务范围和服务专业化的关系。

7.2.2 发展金融市场、提高直接融资份额应作为金融改革的一个突破口

近年来，中国金融市场发展迅速。从金融结构 SD 模型的运行结果来看，无论家庭部门还是厂商部门，其间接融资相对于直接融资的份额虽然在数值上仍然较高，但是，从趋势上来看，indirect / direct financing 模拟曲线呈下降趋势，并且下降趋势明显，这表明直接融资份额提升的速度是非常快的。更重要的是，SD 模型通过模拟金融结构与宏观经济增长的关系表明，提高直接融资份额将有助于提高经济增长的速度。尽管这种效应随着直接融资份额的提高其效用逐渐减小，但是，我国现阶段的直接融资份额仍然很小，要发挥直接融资对经济增长的作用存在很大的空间。这也是本节提出发展金融市场，并把提高直接融资份额作为中国金融改革的一个突破口的依据所在。

从实际情况看，由于中国金融市场发展时间较短，经验较少，在发展过程中仍面临着许多问题，如市场发展不平衡、金融结构不合理、各子市场间缺乏统一协调、部分市场法律法规不健全等，这

成为中国发展金融市场的障碍。因此，加快金融市场改革、提高直接融资份额是发展中国金融业的一个重要途径。

根据中国人民银行的《2005中国金融市场发展报告》，中国金融市场发展的总体目标是："经过一段时间发展，逐步建立与社会主义市场经济体制相适应的，统一开放、竞争有序的金融市场体系，建立健全货币市场、资本市场、保险市场等有机结合、协调发展的机制，进一步发挥金融市场在金融资源配置中的基础性作用，保持金融市场的整体稳定，形成良好的金融生态，防范系统性金融风险。"在这一总体目标下，中国金融市场的具体发展思路如下：

（1）构建多层次的金融市场体系，促进货币市场与资本市场的协调发展。多层有序、结构合理、运行安全的金融市场体系是金融市场快速发展的有力保障，因此，中国金融市场的发展，要以推进产品创新和制度建设为重点，以增强功能为着力点，加快发展和构建多层次的金融市场体系。要大力发展资本市场，协调债券市场、股票市场、期货市场的关系，扩大直接融资规模和比重；同时，也要注重货币市场、外汇市场、黄金市场、保险市场的发展，建立各市场之间稳定、规范、合法的市场准入和资金流通渠道，进一步提高金融市场的整体效率，发挥金融市场有效配置资源的作用。

（2）加强金融市场制度建设。中国金融市场仍处于发展初期，大力加强制度性和机制性建设是解决中国金融市场问题的重要工作。目前，中国需要尽快建立健全金融市场的法律体系，通过制定适应市场发展要求的各种法律规范，使金融市场活动有法可依，也为金融管理部门维护市场秩序、进行有效监管提供有力的法律武器。同时，要加大执法力度，依法保护金融工具持有人的权利，使市场约束和激励机制真正在金融市场发展中发挥作用。这样，金融市场运行有了良好的制度环境，才能更好地巩固市场发展成果。

(3) 处理好市场发展与防范风险的关系。有效的监管体系是维护金融市场良好秩序和促进金融市场健康发展的保障。因此，要切实完善金融监管体系建设，树立依法监管的理念，通过实施有效的监管，努力提高市场的公正性、透明度，降低市场的系统性风险。同时，顺应金融业综合经营的趋势，不断完善金融监管机制，实现信息资源的共享，以提高监管效率。并努力构建发展市场与防范风险的长效机制，可以通过加强对金融市场风险监测指标体系的研究，建立起金融市场的风险预警体系，妥善处理金融市场发展与风险防范的关系。

(4) 提高金融创新意识，加快金融市场创新的步伐。要适应金融业务综合化、金融活动国际化、金融交易电子化和金融产品多样化的发展趋势，就必须大力推进金融市场创新。主要包括：扩大银行间市场创新产品的规模，稳步发展短期融资市场；加快外汇市场创新力度，进一步研究在场外市场推出人民币衍生品；支持证券公司进行产品、服务和组织创新，丰富基金产品种类，稳步推进封闭式基金转型的创新；以稳妥推进金融期货为重点，适时推出新的商品期货品种，更好地发挥期货市场职能；大力加强金融衍生品的研发工作，确立金融衍生品的发展规划，积极推动相关机构加快金融衍生品的研发和技术准备。

(5) 积极稳妥推进金融市场对外开放。在经济全球化和中国加入世界贸易组织的新形势下，中国金融市场的发展需要统筹国内发展与对外开放的要求，并循序渐进、积极稳妥地推进金融市场对外开放。一方面，要提高法规和政策透明度，创造公平的市场环境，继续推动合格境外机构参与国内金融市场投资与融资活动，进一步深化交流与合作，扩大中国金融市场的影响力；另一方面，要搭建中国金融市场与国际金融市场的连通渠道与平台，积极利用国际金融市场资源，推动中国金融机构、企业与居民参与国际金融市场活动，促进中国金融市场与国际金融市场的融合，提升中国金融市场在国际金融市场中的影响与地位。适时适度地扩大对外开放，有利于进一步完善中国金融市场的运行与约束机制，并可以增强中国金融市场在开放条件下的竞争实力和发展能力，从而为中国金融市场的进一步发展创造良好的外部环境。

7.3 在市场机制基础上，强化政府对金融结构的政策引导和监管机制

7.3.1 健全金融调控机制，充分发挥政府部门的宏观调控作用

在现实经济运行中，宏观调控政策是发展经济必不可少的手段，它也会对经济金融的各个领域产生广泛的影响。对于金融体系来讲，国家总是希望能够实施有效的政策来调整和优化其内部结构，并由此获得良好的金融运行绩效。

前文关于金融机构变迁的 M（P）-S-E 框架表明，市场机制和政策引导都是推动金融结构变迁的重要因素。其中，市场因素主要体现为金融资源的供给与需求状况，以及金融供求对经济主体资金融通的影响；另一方面，金融管理当局可采取相应的政策安排并经过一定的传导机制来指导金融结构的调整方向。同时，政府引导与市场机制并不是孤立的，二者之间又相互作用、彼此协调。金融结构 SD 模型也进一步揭示了这种关系。

从世界各国来看，政府进行宏观调控的任务日益繁重，而保持宏观调控的高效率也是困扰政策制定者的困难之处。因此，笔者认为，对金融结构的调控政策应建立在市场机制的基础上，通过健全金融调控机制，充分发挥政府部门的宏观调控作用。也就是说，宏观调控必须以市场机制的有效作用为前提，以市场机制不能发挥作用的领域为界限，简言之，政府宏观调控必须建立在充分尊重和利

用价值规律的基础上,这就使得政府的宏观调控行为不能单纯地依靠排斥或忽视市场机制的行政命令或直接管制手段,必须采用符合市场经济发展要求的行为形式。

从当前中国经济运行的现实情况看,中国金融结构已发生了深远的变化,金融结构对宏观调控机制的影响日趋明显,而政府部门的金融调控措施经过其传导机制必然施加于金融体系的各个部分,这又将对金融结构产生影响。因此,健全中国的金融调控机制,提高金融调控对金融结构的引导作用,可以从以下几个方面着手:

(1) 改善宏观金融调控机制的运行环境。通过大力推进金融改革和其他配套改革,建立充分市场化的间接融资与直接融资并存的融资机制。从最广泛的意义上说,这一问题几乎与所有金融改革问题都有着不同程度的联系。

- 要切断居民储蓄—银行存款—国有企业贷款—银行不良资产的恶性循环。
- 重塑融资渠道,发展金融市场,适度分流银行储蓄,在坚持间接融资为主导的前提下,规范地发展直接融资。
- 推进国有专业银行的改革。
- 引导居民的资产结构调整。
- 推进企业制度改革,提高企业经济效益。
- 采取有力措施,尽快处理在银行体系中由于历史原因形成的不良资产。

(2) 建立健全宏观金融调控工具运行机制。目前,中国社会主义市场经济体制逐步完善,宏观金融调控方式正逐步由传统计划经济条件下形成的直接干预转向符合市场经济要求的、主要运用市场手段进行间接影响的调控方式,宏观金融调控工具的选择也在发生变化。为了提高中央银行微调的效果,除了一般性货币政策工具以外,建议中央银行增加对选择性货币政策工具的使用,如道义劝告、窗口指导等。因为单纯使用前者,并不能直接影响银行体系的资金用途等，而后者却可以弥补这一不足。

在选择金融调控工具时，首先，应该能够在宏观当局的政策操作下，高效率地影响到中介目标变量，进而影响到最终目标变量，能够高效率地影响到货币供给、利率水平和商业银行的经营行为；其次，应该具有比较充分的弹性，为宏观当局连续性、经常性地进行调控操作提供足够的回旋余地，防止宏观政策在较短时期内对经济金融运行形成过大的冲击。

（3）疏通金融宏观调控的传导机制。货币政策的传导机制问题一直是宏观金融调控理论的核心问题之一，货币政策的传导机制与货币政策目标、政策工具、操作方式等选择共同影响着金融宏观调控的效果。从金融宏观调控实施的角度看，一般意义上的货币政策是指宏观调控当局通过调节货币供应量，来影响最终支出，进而达到影响名义国民收入的调控目标。根据传导过程的不同环节，金融宏观调控当局通过调节货币供应量，到影响最终支出和名义国民收入的波动，可以经过以下四种传导渠道：利率渠道、财富渠道、资产结构渠道和信用供给渠道。

从传导机制的角度看，宏观当局是否能够有效地调节货币供应量以促使最终支出和名义收入等最终目标逐步达到均衡目标，取决于传导机制是否顺畅。至于如何疏通宏观金融调控的传导机制，需要从多个环节改进：

- 完善金融机构的经营机制，疏通银行内部贷款渠道。
- 规范和发展金融市场，拓展货币政策运作的空间。
- 加快利率市场化改革，疏通利率传导渠道。

（4）最后，宏观金融调控的有效实施，依赖于具体的经济金融结构和特定的经济金融环境。目前，我们处于一个开放的经济环境，这扩大了本币和外币的沟通渠道、增加了本外币政策的互动途径，改变了原来封闭经济条件下宏观金融调控的作用方式、作用渠道和作用效果，使得宏观金融调控从原来的主要局限在国内的本币政策

的方式,转向同时面对本币政策和外币政策协调进行的方式,宏观
金融调控的覆盖面随之扩大。因此,这就必然要求宏观金融调控根
据开放经济条件下的新特征进行相应的调整,选择和运用与开放经
济相适应的开放型调控机制,否则,宏观金融调控就会因不能适应
新的金融环境和运行机制而使其运行效率大大降低。从世界范围内
来看,开放经济的发展和经济对外开放程度的不断提高,是当前制
约全球各国宏观当局金融调控机制的运行效率提高、预定政策目标
顺利实现的一个十分重要的因素。

7.3.2 完善金融监管体制,为规范金融活动提供制度保障

金融监管与金融结构存在紧密的联系,本书就二者的关系在第 4
章的金融结构变迁中的政府行为及其影响一节有过研究。由于金融
监管更多的是一些强制性的制度规范,是对金融交易行为的直接管
理,因此,后来的金融结构 SD 模型中对金融监管涉及不多。但是,
作为金融管理部门干预金融体系的重要途径,金融监管当局依然可
以通过一系列规制措施对金融结构和金融运行产生影响。

在此,笔者将结合中国金融监管的特点,从完善金融监管体制、
为规范金融活动提供制度保障方面进行分析,以期为强化政府部门
对金融结构的管理提供参考。

与世界金融发展的大趋势相比较,中国金融业的经营模式明显偏
离于世界金融发展的主潮流之外。当 20 世纪 90 年代英国、日本等国
金融业逐步由分业经营向合业经营转变时,中国却刚刚开始酝酿并逐
步确立由"合"到"分"的发展道路。1999 年 11 月,美国废止了已
有 66 年历史的《格拉斯—斯蒂格尔法案》,并通过《金融服务现代化
法案》正式宣告金融混业经营的新时代的到来,此时,中国正在为分
业经营而紧张地筹备相应的分业监管机构。

混业经营向分业经营模式的转变,也客观上导致了中国金融监
管格局的变革:第一次变革是 1992 年 10 月 26 日把对证券市场的监

管从人民银行的职能中剥离出来，成立中国证券监督管理委员会（简称证监会），从而打破了人民银行集金融监管、货币政策等职能于一身的金融监管体制；第二次变革是 1998 年 11 月 18 日把对保险市场的监管从人民银行的职能中剥离出来，成立中国保险监督管理委员会（简称保监会）。第三次变革则是 2003 年 4 月 28 日将对银行业、信托业、租赁业的监管从中国人民银行的职能中分离出来，成立中国银行业监督管理委员会（简称银监会）。至此，银监会、证监会与保监会一起构成了一个与分业经营相对应的分业监管体系，金融监管全方位地覆盖银行、证券、保险三大市场，而中国人民银行则开始专注于货币政策调控等一系列非直接监管金融机构的任务。

虽然这样的金融管理格局得到了学术界和业界的多数认同，人民银行与各监管机构之间也建立了定期磋商制度。但是，由于在人民银行和银监会之间仍有许多未竟事项，其分别承担的职责之间存在交叉，这无形中造成了监管者定位不清晰和监管无序的现象。此外，随着加入世界贸易组织后中国逐步融入金融国际化的潮流，中国金融业面临的竞争压力使金融混合经营的要求日益增强，有一些银行、证券、保险之间边缘业务的合作与创新，突破了分业界限。也就是说，中国金融业目前的分业监管模式必然面临混业经营大趋势的影响。因此，中国应尽快建立有效的金融监管协调机制，完善金融监管体系。

(1) 加强金融机构内部控制。金融业外部监管只能起一定作用，有效地防范和控制风险还应从金融部门自身入手。因此，必须深入到金融机构内部的组织、结构、观念、管理等各个环节，建立有效的内部控制机制，才能更有效地达到规避风险（包括经营风险、业务风险、非系统性市场风险等），维持安全的目的。特别要加强金融机构内部控制的制度建设，它是金融监管当局进行非现场监管的基础，该制度是否可靠，直接关系到金融机构经营的风险度和财务报表的可信度。

(2) 完善金融监管法规体系，依法实施监管。健全的法规体系是规范金融市场活动和完善市场监管的基础和保障。为了规范监管行为，中国需要加快对金融法律法规的制定、修改和完善，建立健全与国际金融法规接轨的金融法律体系，包括证券发行、上市、交易制度，信息披露制度，财务公开制度，市场主体行为规范制度等，使银行机构、交易所、证券商和上市公司以及广大投资者都有法可依，以保证资本市场和货币市场能够规范有序、健康高效运行。按照国际惯例和世界贸易组织的需要，对一些不适应经济发展和金融发展的法律法规的条文进行修订完善或直接废止，并细化《中华人民共和国银行业监督管理法》、《中华人民共和国证券法》、《中华人民共和国保险法》中的监管规则，加快出台这些法律相应的实施细则，提高可操作性，真正使得金融监管有法可依、执法必严。同时，更要加强监管法制体系内部的协调，即注重立法的整体规划。此外，监管主体自身建设的制度化和规范化关系到整个金融监管法制及实施水平的提高，因此，监管主体需进一步明确其地位和权责，把防范地方政府干预、提高金融监管效率的具体措施制度化。

(3) 建立监管信息的共享机制，提高金融监管的有效性。在成熟的市场经济国家，金融监管很重要的一个渠道就是公开监督。这就要求金融机构和监管部门适当披露其财务和政策信息等，以利于公众了解金融机构的经营情况，提高金融体系的透明度，并实现监管信息的共享。监管信息的共享机制不仅仅是金融监管部门之间的共享，三大监管部门还应该及时、定期将本部门对所监管机构的现场、非现场监管信息资料以及其他相关的分析报告，及时送达中国人民银行与其共享。也就是说，通过监管信息的共享，建立健全银行、证券、保险监管机构及其与宏观调控部门的协调机制。

此外，除了国内金融监管部门与人民银行之间需要建立金融协调机制以外，逐步建立汇率的国际协调机制和控制国际游资的协调机制，将是今后完善金融监管制度的工作重点。

7.4 谨慎对待开放环境下的中外金融，提升中国金融业国际竞争力

金融国际化是世界各国金融业未来的发展趋势。在经济全球一体化的背景下，一国金融结构无论是短期的还是长期的变化，都要受到经济开放的影响。因此，中国需要通过协调中外金融，通过结构优化来提升中国金融业的国际竞争力。

就中国而言，自1979年至今，中国经济改革和对外开放已历时三十多年，这期间，中国金融业对外开放的程度总体上虽然并不高，但对外开放已对中国金融结构起了多方面的影响。一方面，外国金融机构的进入影响了中国金融业的组织体系，外国资金也成为中国金融资产的一个重要组成部分，使中国的金融资产结构发生了改变。另一方面，外资金融机构进入后，直接同中资金融机构争夺市场份额，改变了国内金融业的市场格局，增强了市场竞争机制，从而对国内金融服务与金融效率产生了深刻的冲击。特别需要说明的是，根据世界贸易组织协议的金融服务业部分，中国政府同意逐步开放外资金融机构在国内经营的地域范围和业务项目，并逐步解除其客户对象的限制（可以针对中资企业以及中国公民开展人民币业务），这就意味着我国金融业在2006年底进入全面开放的阶段，大量的外资将注入中国的金融体系，势必对中国金融结构造成不可忽视的影响。

关于中国金融业的开放情况以及国外金融机构在中国金融市场的发展，本书已在第3章中国金融结构总体考察与动态衡量中作过研究。根据应用MatLab对中国近30年来金融结构数据的FCM聚类，其中第二类（1981~1989年）便体现出了国际金融的特点，第三类（1990~1998年）和第四类（1999年后）这种金融国际化的趋势更加明显。

再从统计数据上来看，国际上规模较大的银行往往国际化水平也较高，如汇丰集团，其国际网络横跨全球79个国家和地区，机构总数超过6 500个，而且具有较高的竞争力，均能成为当地有影响力的主流银行。相比国外金融机构在中国金融体系中的份额，中国金融机构走出境外的数量显得很少，这说明了中国金融业的对外开放程度有待深化，在国际上的竞争力也有待提高。因此，为了增强中国金融业的国际影响力和竞争力，应鼓励中国金融机构发展境外业务，这样不仅可以为国内企业在境外发展提供比较便捷的金融服务，同时也拓展了自身的市场空间，并能够在更大范围内分散金融风险。由此可见，中资金融机构走出国门势在必行，这对于完善国内金融结构、扩展金融规模、降低金融系统的整体风险，以及提升中国金融业的国际竞争力都有着重要的意义。

然而，任何金融体系面对来自外界的冲击都会面临自身稳定性的问题，如宏观金融风险以及金融机构自身的风险等。本书第3章的中国金融发展中的结构性问题一节已经分析了这一国际背景及其带来的问题。因此，面对各国在发展程度上存在的差异，在应对来自外资注入的冲击时，我们必须考虑到金融开放的安全性、稳定性问题。

所以说，中国的金融开放必须根据中国国情采取循序渐进的方式，并把握对外开放的步调，最终实现中国金融国际化的战略目标。这一战略目标应该是一个由阶段性目标和最终目标构成的目标体系。从较长时期看，中国金融市场的国际化应该以建成世界性的国际金融市场为战略目标。但从中国现阶段国情和经济社会发展程度看，中国金融市场尚处在发展的初级阶段，市场国际化要经历一个由低到高、从初步开放到程度较大的开放，直至最后实现全面开放的逐步发展过程。总的来说，中国金融开放将是一个长期的、艰巨复杂的过程。

在这一过程中，中国的金融开放要注意防范、化解金融风险，以健全金融体制为保障来稳步推进金融改革的进程。为了适应加入世界贸易组织和社会经济发展的内在要求，中国还必须加快金融市场的全面开放，这就要求我国积极推进金融体制改革，尽快建立适应市场经济要求的新型金融体制，以创造金融市场国际化所需的必要条件。

同时，为了应对金融开放过程中的安全性与稳健性问题，政府部门需要发挥其对中外金融机构的政策引导和强化管理作用，并涉及一国金融结构及其优化问题，即协调好中外金融机构的数量规模、市场份额等各方面，而且金融结构的优化要求中外金融机构发挥各自所长、加强合作。

小结

从主要发达国家的金融发展来看，并不存在明显的证据说明市场主导（如美国、英国）的金融模式或银行主导（如德国、日本）的金融模式更有利于一国的经济增长。只能说，在不同的金融模式下以及经济发展的不同阶段，两种融资方式互为补充，发挥着不同的作用。因此，对金融结构的研究，更为关键的是金融体系的内外协调与平衡发展，以及政府部门对金融结构的政策引导。

金融结构的平衡发展，是关系到一国金融体系安全的重要因素。20世纪末持续不断的金融动荡，就是金融变迁所带来的金融非均衡的具体表现。由于中国金融结构变迁滞后于金融总量的增长，导致金融运行出现了非均衡、低效率的问题，并可能给国民经济运行带来隐患。因此，金融管理当局应当对金融结构的非均衡现象给予高度重视，充分运用各种调控与管理手段加以调整，其目的是寻求金融系统内部各组成部分以及金融系统与国民经济间的相互协调，以实现金融经济的高效运行与稳健发展。

附 录

金融结构 SD 模型方程

(01) absorption = Save Level * IF THEN ELSE (Time > SWITCH TIME1,

absorption ratio 1,

absorption ratio)

* Economic Growth Multiplier

* Financial System Multiplier

* Real Interest Rate Multiplier

Units：亿元/year

(02) absorption ratio = 0.6

Units：1/year

(03) absorption ratio 1 = 0.65

Units：1/year

(04) allocation = Bank * IF THEN ELSE (Time > SWITCH TIME2,

allocation ratio 1,

allocation ratio)

* Financial System Multiplier'

* Intermediate Cost Multiplier

* Invest anticipation Multiplier

Units：亿元/year

(05) allocation ratio = 0.7

Units: 1/year
(06) allocation ratio 1 = 0.75
Units: 1/year
(07) AVEIN CONS TAB ([(0, 0) - (220000, 2)], (13516.8, 0.7105), (46422, 0.8158), (80733.9, 0.8684))
Units: Dmnl
(08) Average Income = SMOOTH (income, Smooth Time)
Units: 亿元/year
(09) average profitability = 0.08
Units: 1/year
(10) Bank = INTEG (absorption + New Issue - allocation, 135484)
Units: 亿元
(11) bank loans = Save Invest/Invest Period
Units: 亿元/year
(12) capital in = sales + Transfer payments2 + bank loans + holding
Units: 亿元/year
(13) capital out = Firm Capital * (1 - Profit Margin) + interest out
Units: 亿元/year
(14) consumption = spontaneous consumption + (income * MPC
* AVEIN CONS TAB (Average Income/for unit1)
* WEAL CONS TAB (Family Wealth/for unit2))
Units: 亿元/year
(15) Disposable Expenditure = (state revenue - Transfer payments1 - Transfer payments2) /0.8

Units: 亿元/year

(16) dividends = Stock2 * average profitability

Units: 亿元/year

(17) Ecnomic Growth Finance Multiplier = ECNOMICG FIN MULT TAB

(Financial System Factor)

Units: Dmnl

(18) ECNOMICG FIN MULT TAB ([(0, 0) - (6, 2)], (0.3669, 0.5965), (2.3119, 0.6929), (3.8165, 0.8070), (4.97248, 1.01754))

Units: Dmnl

(19) Economic Growth Multiplier = ECONOMIC GRW MULT TAB (Economic Growth Ratio)

Units: Dmnl

(20) Economic Growth Ratio = (GDP/GDP Standard) * Economic Growth Finance Multiplier

Units: Dmnl

(21) ECONOMIC GRW MULT TAB ([(0, 0) - (3, 2)], (0, 0.5702), (0.7248, 0.6316), (1.4403, 0.7280), (2.1927, 0.8684), (2.6513, 0.9912))

Units: Dmnl

(22) expenditure = consumption + family taxes

Units: 亿元/year

(23) Family Save = income * (1 - MPC)

Units: 亿元/year

(24) family taxes = income * tax rate family

Units: 亿元/year

(25) Family Wealth = INTEG (income − expenditure, 99545.9)
   Units: 亿元
(26) FINAL TIME = 2020
   Units: year
(27) finance demand = 100000 * (1 + RAMP (0.001, 2000, 2020))
   Units: 亿元/year
(28) FINANCIAL SYS MULT TAB ([(0, 0) − (6, 2)], (0.0917, 0.3421), (0.9174, 0.6316), (2.2201, 0.8246), (3.156, 1.0087), (4.2935, 1.070))
   Units: Dmnl
(29) Financial System Factor = Save Invest/Bank
   Units: Dmnl
(30) Financial System Multiplier = FINANCIAL SYS MULT TAB (Financial System Factor)
   Units: Dmnl
(31) Financial System Multiplier' = FINANCILA SYS MULT TAB1 (Financial System Factor)
   Units: Dmnl
(32) FINANCILA SYS MULT TAB1 ([(0, 0) − (6, 2)], (0.0734, 0.3245), (0.8807, 0.5526), (2.1284, 0.6842), (3.2293, 0.8070), (4.1651, 0.921), (5.1559, 0.9912))
   Units: Dmnl
(33) FIR = (Save Level + Stock1) /GDP
   Units: Dmnl
(34) Firm Capital = INTEG (+ capital in − capital out, 108889)
   Units: 亿元
(35) Firm Save = capital in − capital out

Units: 亿元/year

(36) firm taxes = sales * tax rate firm

Units: 亿元/year

(37) for unit1 = 1

Units: 亿元/year

(38) for unit2 = 1

Units: 亿元

(39) GDP = consumption + investment + Disposable Expenditure

Units: 亿元/year

(40) GDP Standard = 99214.6

Units: 亿元/year

(41) Government purchase = 1000 * (1 + RAMP (0.01, 2000, 2020))

Units: 亿元/year

(42) Government Save = IF THEN ELSE (Disposable Expenditure > Government purchase, 0, Disposable Expenditure – Government purchase)

Units: 亿元/year

(43) holding = (Save Level * "stock/save level") * STOCK HOLD TAB (Stock1/for unit2)

Units: 亿元/year

(44) income = "Non – capital income" + Transfer payments1 + interest in + dividends

Units: 亿元/year

(45) "indirect/direct financing (family)" = Family Save/holding

Units: Dmnl

(46) "indirect/direct financing (firm)" = bank loans/holding

Units: Dmnl

(47) INITIAL TIME = 2000
　　　Units: year
(48) interest in = IF THEN ELSE (Time > SWITCH TIME ,
　　　　　Save Level * "nterest Rate - Deposit" (Time/unit
　　　　　year), Save Level * 0.0264/unit year)
　　　Units: 亿元/year
(49) interest out = IF THEN ELSE (Time > SWITCH TIME,
　　　　　Save Invest * "Interest Rate - Debt" (Time/unit
　　　　　year), Save Invest * 0.0624/unit year)
　　　Units: 亿元/year
(50) "Interest Rate - Debt" ([(2000, 0.02) - (2020, 0.08)],
　　　(2002, 0.0531), (2004, 0.0558), (2006, 0.0585))
　　　Units: 1/year
(51) "Interest Rate - Deposit" ([(2000, 0.01) - (2020, 0.04)],
　　　(2002, 0.019), (2004, 0.0225), (2006, 0.025))
　　　Units: 1/year
(52) Intermediate Cost Multiplier = 1
　　　Units: Dmnl
(53) INVEST ANTI MULT TAB ([(0, 0) - (3, 2)], (0.0367,
　　　0.4386), (0.8349, 0.5526), (1.6972, 0.6929), (2.23853,
　　　0.8158))
　　　Units: Dmnl
(54) Invest anticipation Multiplier = INVEST ANTI MULT TAB (E-
　　　conomic Growth Ratio)
　　　Units: Dmnl
(55) Invest Period = 100
　　　Units: year
(56) investment = bank loans + holding

Units: 亿元/year
(57) issuance time = 5

Units: year

(58) Issue Rate = 0.02

Units: 1/year

(59) Labor Expense = capital out/0.7

Units: 亿元/year

(60) Labor Market Efficiency = 0.94

Units: Dmnl

(61) Money Supply Initial = 134610

Units: 亿元

(62) MPC = 0.6

Units: Dmnl

(63) new issuance = (finance demand – bank loans) / (issuance time/unit year)

Units: 亿元/year

(64) New Issue = Money Supply Initial * Issue Rate

Units: 亿元/year

(65) "Non – capital income" = Labor Expense * Labor Market Efficiency

Units: 亿元/year

(66) Product Market Efficiency = 0.94

Units: Dmnl

(67) Profit Margin = 0.36

Units: 1/year

(68) Real Interest Rate Multiplier = 1

Units: Dmnl

(69) sales = (consumption + Government purchase) * Product

Market Efficiency

Units: 亿元/year

(70) Save Invest = INTEG (+allocation − bank loans − interest out, 99371.1)

Units: 亿元

(71) Save Level = INTEG (+interest in + saving − absorption, 123804)

Units: 亿元

(72) SAVEPER = TIME STEP

Units: year

(73) saving = Family Save + Firm Save + Government Save

Units: 亿元/year

(74) Smooth Time = 5

Units: year

(75) spontaneous consumption = 6500

Units: 亿元/year

(76) state revenue = (family taxes + firm taxes) /0.94

Units: 亿元/year

(77) STOCK HOLD TAB ([(0, 0) − (600000, 2)], (917.4, 0.0087), (45871.6, 0.1140), (100000, 0.3158), (185321, 0.6228), (267890, 0.9123), (370642, 1.1667), (469725, 1.2719), (570642, 1.3070))

Units: Dmnl

(78) "stock/save level" = 0.025

Units: 1/year

(79) Stock1 = INTEG (+new issuance − holding, 48091)

Units: 亿元

(80) Stock2 = INTEG (holding, 7917.72)

Units: 亿元

(81) SWITCH TIME = 2020

Units: year

(82) SWITCH TIME1 = 2010

Units: year

(83) SWITCH TIME2 = 2010

Units: year

(84) tax rate family = 0.3

Units: 1

(85) tax rate firm = 0.35

Units: Dmnl

(86) TIME STEP = 1

Units: year

(87) Transfer payments2 = state revenue * transpay rate

Units: 亿元/year

(88) transpay rate = 0.004

Units: Dmnl

(89) unit year = 1

Units: year

(90) WEAL CONS TAB ([(0, 0) - (500000, 2)], (9174.3, 0.7807), (67278.3, 0.9123), (122324, 1.0087), (181957, 1.0877), (256881, 1.1491), (363914, 1.1754), (449541, 1.2017))

Units: Dmnl

参 考 文 献

[1] 国家统计局．中国金融年鉴（2006）．北京：中国金融年鉴社，2006．

[2] 毕世杰．发展经济学．北京：高等教育出版社，1999．

[3] 陈宗胜．改革、发展与收入分配．上海：复旦大学出版社，1999．

[4] 王兆星．中国金融结构论．北京：中国金融出版社，1991．

[5] 方贤明．制度变迁与金融结构调整．北京：中国金融出版社，1999．

[6] 李量．现代金融结构导论．北京：经济科学出版社，2001．

[7] 刘仁伍．金融结构健全性和金融发展可持续性的实证评估方法．金融研究，2002（1）：101～107。

[8] 张捷．结构转换期的中小企业金融研究．北京：经济科学出版社，2003.7。

[9] 白钦先．百年金融的历史性变迁．国际金融研究，2003（2）：59～63。

[10] 王广谦．中国经济增长新阶段与金融发展．北京：中国发展出版社，2008．

[11] 林毅夫．中国的奇迹：发展战略与经济改革（增订版）．上海：上海人民出版社，1999．

[12] 董裕平．金融契约结构与发展．北京：中国金融出版社，2003．

[13] 李木祥，钟子明，冯宗茂．中国金融结构与经济发展．北京：中国金融出版，2004．

[14] 孟科学. 雷蒙德·W. 戈德史密斯的金融发展理论研究. 云南大学硕士学位论文, 2004.

[15] 博迪. 博迪教授论金融体系的革命. 中国人民大学金融与证券研究所（FSI）学术要报, 2000.

[16] 陶玲琴, 王振龙, 刘万翔. 比较金融学. 北京：科学出版社, 2005.

[17] 邢毓静. 美国金融结构的历史演变与金融业发展战略的调整. 国际金融研究, 1998（6）：35~39。

[18] 徐诺金. 从美国金融模式的演变看我国的金融改革. 金融研究, 2001（10）：13~21。

[19] 卞志村. 美国金融业模式的演变及其启示. 世界经济与政治论坛, 2002（5）：49~51。

[20] 朱松华. 证券投资基金的发展与美国金融结构变迁. 国际金融研究, 2002（10）：25~30。

[21] 王琪琼, 古雯. 80年代以来英国金融体制的变革. 国际金融研究, 2001（8）：30~35。

[22] 鲍永东. 英国金融监管体系的演变. 财经科学, 1999（1）：34~37。

[23] 朱石明, 乔海曙, 周鸿. 英国金融监管模式改革分析. 金融理论与实践, 2004（6）：56~58。

[24] 朱正圻. 德国金融业的变革. 德国研究, 2002（4）：32~36。

[25] 孙玉辉. 德国的金融体系及相关问题研究. 投资研究, 2001（5）：44~48。

[26] 舒志军. 英国金融集团及其与德国金融集团的比较. 国际金融研究, 1999（11）：49~52。

[27] 小栗诚治, 方爱乡译. 日本金融体系的现状分析. 财经问题研究, 2003（11）：48~50。

[28] 秦嗣毅. 日本货币金融政策的演变. 现代日本经济, 2003

(1): 12~16。

[29] 王刚, 牛天雪. 战后日本金融体制模式研究. 东北亚论坛, 1999 (1): 35~35。

[30] 白钦先. 比较银行学. 郑州: 河南人民出版社, 1989.

[31] 唐寿宁, 王晋斌. 投资者选择与金融系统演变. 北京奥尔多投资研究中心, 金融系统演变考. 北京: 中国财政经济出版社, 2002.2。

[32] 现代汉语词典. 北京: 商务印书馆, 1979。

[33] 董晓时. 金融结构的基础与发展. 大连: 东北财经大学出版社, 1999.

[34] 王广谦. 中国金融发展中的结构问题分析. 金融研究, 2002 (5): 47~56。

[35] 李建. 中国金融发展中的结构问题. 北京: 中国人民大学出版社, 2004.

[36] 李茂生. 中国金融结构研究. 北京: 中国社会科学出版社, 1987.

[37] 王维安. 金融机构: 理论与实证. 浙江大学学报(人文社会科学版), 2000 (2): 135~142。

[38] 段福印. 衡量我国金融结构和金融发展水平的指标及其运用. 华东师范大学学报, 1997 (2): 33~36。

[39] 孙伍琴. 论测量金融结构指标体系的完善. 浙江统计, 2003 (11): 17~19。

[40] 李健, 贾玉革. 金融结构的评价标准与分析指标研究. 金融研究, 2005 (4): 57~67。

[41] 赵胜来, 陈俊芳. 金融结构指标、类型及其演进. 上海金融, 2005 (12): 25~27。

[42] 中国人民银行金融市场司: 中国人民银行上海总部金融市场管理部. 2005 中国金融市场发展报告. 北京: 中国金融出版社,

2006.

[43] 李迅雷. 用泡沫消退泡沫. 新财富, 2007 (4): 16~17。

[44] 贝多广, 黄为, 李京晔. 金融发展的金融相关比率分析. 中央财经大学学报, 2005 (7): 6~12。

[45] 荣先恒. 金融资产结构与经济增长的协调机理研究——基于中国金融发展的理论与实证分析. 浙江大学博士学位论文, 2005.

[46] 宋光辉, 柴曼莹. 中国居民金融资产增长和金融结构分析. 华南理工大学学报, 2003 (6): 67~70。

[47] 于蓉. 我国家庭金融资产选择行为研究. 暨南大学博士学位论文, 2006.4。

[48] 马超群. 金融数据挖掘. 北京: 科学出版社, 2007.

[49] 高新波. 模糊聚类分析及其应用. 西安: 西安电子科技大学出版社, 2004.

[50] 数据源于中国银行业监督管理委员会 http://www.cbrc.gov.cn/。

[51] 罗伯特·蒙代尔. 世界经济中的中国金融体系. 上海金融学院学报, 2005 (6): 4~7。

[52] 马亚. 世界金融结构变迁趋势及对中国的启示. 金融教学与研究, 2005 (4): 2~4。

[53] 杨贵宾, 王晓芳. 国际金融系统演进趋势及我国的选择. 上海金融, 2004 (9): 46~48。

[54] 劳平. 金融结构历史演变的初步考察. 国际金融研究, 2003 (6): 59~63。

[55] 王振山. 金融效率论——金融资源优化配置的理论与实践. 东北财经大学博士学位论文, 1999.

[56] 世界银行报告小组. 金融与增长——动荡条件下的政策选择. 北京: 经济科学出版社, 2001.

[57] 巴曙松. 中国宏观金融调控机制及其运行效率研究. 中央财经大学博士学位论文, 1999.

[58] 王其藩. 系统动力学（修订版）. 北京：清华大学出版社, 1994.

[59] 张景绘. 动力学系统建模. 北京：国防工业出版社, 2000.

[60] 胡玉奎. 系统动力学——战略与策略实验室. 杭州：浙江人民出版社, 1988.

[61] 胡玉奎, 韩于羹, 曹铮韵. 系统动力学模型的进化. 系统工程理论与实践, 1997（10）：132~136。

[62] 王其藩. 复杂大系统综合动态分析与模型体系. 管理科学学报, 1999（2）：15~19。

[63] 杨晓光, 马超群. 金融系统的复杂性. 系统工程, 2003（9）：1~4。

[64] [美] 威廉·谢泼德（William G. Shepherd），乔安娜·谢泼德（Joanna M. Shepherd）. 产业组织经济学. 北京：中国人民大学出版社, 2007.10。

[65] [法] 泰勒尔（Jean Tirole），张维迎译. 产业组织理论. 北京：中国人民大学出版社, 1998.

[66] [美] 保罗·萨缪尔森（Paul A. Samuelson），威廉·诺德豪斯（William D. Nordhaus）. 经济学（第十七版）. 北京：人民邮电出版社, 2004.

[67] [古希腊] 色诺芬（Xenophon）. 经济论. 北京：商务印书馆, 1961.

[68] [英] 威廉·配第（William Petty）. 赋税论献给开明人士货币略论. 北京：商务印书馆, 1978.

[69] [英] 托马斯·马尔萨斯（Thomas R. Malthus），郭大力译. 人口论. 北京：北京大学出版社, 2008.

[70] [英] 大卫·李嘉图（David Ricardo），周洁译. 政治经济学及

赋税原理. 北京：华夏出版社，2005.

[71] [英] 亚当·斯密（Adam Smith），郭大力译. 国民财富的性质和原因的研究. 北京：商务印书馆，1983.

[72] [德] 马克思，郭大力译. 资本论（一九三八年版影印本）. 上海：上海三联书店，2006.

[73] [英] 罗伊·哈罗德，黄范章译. 动态经济学. 北京：商务印书馆，1981.

[74] [英] E. D. 多马，郭家城译. 经济增长理论. 北京：商务印书馆，1983.

[75] [英] 琼·罗宾逊，约翰·伊特韦尔. 现代经济学导论. 北京：商务印书馆，1982.

[76] [美] 约翰·G. 格利，爱德华·S. 肖，贝多广译. 金融理论中的货币. 上海：上海人民出版社，2006.

[77] [美] 罗纳德·I. 麦金农. 经济发展中的货币与资本. 上海：上海三联书店，1988.

[78] [美] 爱德华·S. 肖. 经济发展中的金融深化. 上海：上海三联书店，1988.

[79] [美] 雷蒙德·W. 戈德史密斯. 金融结构与金融发展. 上海：上海三联书店，1994.

[80] [美] 埃斯里·德米尔如克·肯特，罗斯·莱文. 金融结构和经济增长：银行、市场和发展的跨国比较. 北京：中国人民大学出版社，2006.

[81] [美] 兹维·博迪，罗伯特·默顿：金融学. 北京：中国人民大学出版社，2000.

[82] [美] 富兰克林·艾伦，道格拉斯·盖尔. 比较金融系统. 北京：中国人民大学出版社，2002.

[83] [英] 巴克尔，汤普森. 英国金融体系理论与实践（第四版）. 北京：中国金融出版社，2005.

[84] [日] 铃木淑夫. 现代日本金融论. 上海：上海三联书店，1991.

[85] [日] 铃木淑夫：日本金融自由化和金融政策. 北京：中国金融出版社，1987.

[86] [美] 道格拉斯·诺斯. 制度、制度变迁与经济绩效. 上海：上海三联书店，1994.

[87] [美] 托马斯·萨金特（Thomas J. Sargent）. 动态宏观经济理论. 北京：中国社会科学出版社，1997.

[88] [美] 斯蒂芬·J. 托洛维斯基. 宏观经济动态学方法. 上海：上海财经大学出版社，2002.

[89] [美] Mehmed Kantardzic：数据挖掘——概念、模型、方法和算法. 北京：清华大学出版社，2003.8。

[90] [美] 曼昆（N. Gregory Mankiw）. 经济学原理：微观经济学分册（第四版）. 北京大学出版社，2006.

[91] [美] 贝斯利（Scott Besley），布里格姆（Eugene F. Brigham）. 金融学原理. 北京大学出版社，2003.

[92] [美] 米什金（Frederic S. Mishkin）. 货币、银行和金融市场经济学（第七版）. 北京大学出版社，2007.

[93] [美] E. 曼斯菲尔德：微观经济学—理论与应用. 北京：中国金融出版社，1991.

[94] [美] 查尔斯·琼斯，舒元译. 经济增长导论. 北京：北京大学出版社，2002.

[95] Simon Kuznets. Economic Growth of Nations：Total Output and Production Structure. Cambridge：Harvard University Press，1971.

[96] John Maynard Keynes. The General Theory of Employment, Interest, and Money. London：Macmillian，1936.

[97] R. F. Harrod. Towards a Dynamic Economics：Some Recent Developments of Economic Theory and Their Applications to Policy.

Macmillan, London, 1948.
[98] Evsey D. Domar. Essays in the Theory of Economic Growth. London: Oxford University Press, 1957.
[99] James E. Meade. Balance of Payments. London: Oxford University Press, 1951.
[100] Robert M. Solow. A Contribution to the Theory of Economic Growth. Quarterly Journal of Economics, 1956 (1): 65 - 94.
[101] Paul M. Romer. The Origins of Endogenous Growth. Journal of Economic Perspectives, 1994, 8 (1): 3 - 22.
[102] Robert E. Lucas. On the Mechanism of Economic Development. Journal of Monetary Economics, 1988, 22 (1): 3 - 42.
[103] Josehp A. Schumpeter. The Theory of Economic Development. Cambridge: Harvard University Press, 1934.
[104] John G. Gurley, Edward S. Shaw. Financial Aspects and Economic Development. America Economic Review, September, 1955, 45 (4): 515 - 538.
[105] John G. Gurley, Edward S. Shaw. Financial Intermediaries and the Saving Investment Process. Journal of Finance, 1956, 11 (5): 256 - 276.
[106] Hugh T. Patrick. Financial Development and Economic Growth in Underdeveloped Countries. Economic Development and Cultural Change, 1966, 14 (2): 174 - 189.
[107] John R. Hicks. A Theory of Economic History. London: Oxford University Press, 1973.
[108] Raymond W. Goldsmith. Financial Structure and Development. New Haven: Yale University Press, 1969.
[109] Edward S. Shaw. Financial Deepening in Economic Development. London: Oxford University Press, 1973.

[110] Hellmann Thomas, Murdock Kevin, Stiglitz Joseph. Finacial Restraint: Toward a New Paradigm. The Role of Government in East Asian Economic Development: Comparative Institutional Analysis. London: Oxford University Press, 1997.

[111] Bencivenga Valerie R. , Bruce D. Smith. Financial Intermediation and Endogenous Growth. Review of Economic Studies, 1991, 58 (2): 195 - 209.

[112] Boot. A. W. , Thakor A. V. Banking Scope and Financial Innovation. Revie of Financial Studies, 1997, 10 (4): 1099 - 1133.

[113] Thorsten Beck, Asli Demirgüc - Kunt, Ross Levine, Vojislav Maksimovic. Financial Structure and Economic Development: Firm, Industry and Country Evidence. World Bank Mimeo, 2000.

[114] Asli Demirguc - Kunt, Ross Levine. Stock Market, Corporate Finance and Economic Growth: An Overview. The World Bank Economic Review, 1996, a (10): 223 - 239.

[115] Asli Demirgüc - Kunt, Ross Levine. Stock Market Development and Financial Intermediaries: Stylized Facts. The World Bank Economic Review 1996, b (10): 291 - 321.

[116] Raymond W. Goldsmith. Financial Structure and Development. New Haven: Yale University Press, 1969.

[117] King R. G. & R. Levine. Finance and Growth: Schumpeter Might Be Right. Quarterly Journal of Economics, 1993, a (108): 717 - 738.

[118] King R. G. & R. Levine. Finance, Entrepreneurship, and Growth: Thoery and Evidence. Journal of Monetary Economics, 1993, a (32): 513 - 542.

[119] Ross Levine, Sara Zervos. Stock Markets, Banks and Economic

Growth. American Economic Review, 1998, 88 (3): 537 - 558.
[120] Myers S. C.. The Capital Structure Puzzle. Journal of Finance, 1984, 39 (7): 575 - 592.
[121] Myers S. C., N. S. Majluf. Corporate Financing and Investment Decisions when Firms Have Information that Investors Do not Have. Journal of Financial Economics, 1984 (13): 187 - 221.
[122] R. Merton, Z. Bodie. A Functional Perspective of Financial Intermediation. Financial Management, 1995, 24 (2): 23 - 41.
[123] Ross Levine. Financial Development and Economic Growth: Views and Agenda. Journal of Economic Literature, 1997, 35 (2): 688 - 726.
[124] Yijiang Wang, Chun Chang. Economic Transition under a Semifederalist Government: The Experiment of China. China Economic Review. 1998, 9 (1): 1 - 23.
[125] A new database on financial development and structure from http: //econ. worldbank. org.
[126] Barnard, Bruce. London's Future in Finance. London's position as leading world financial center, 2000.
[127] Hoshi, Takeo. What Happened to Japanese Banks? Monetary and Economic Studies, 2001 (1): 1 - 29.
[128] R. Tachi. The Contemporary Japanese Economy. Tokyo: University of Tokyo Press, 1993.
[129] Hugh T. Patrick. Financial Development and Economic Growth in Underdeveloped countries. Economic Development and Cultural Change, 1966, 14 (2): 174 - 189.
[130] Claudia Dziobek, John R. Garrett. Convergence of Financial Systems and Regulatory Policy Challenges in Europe and in the United States, 2002.

[131] Allen Franklin, Gale Douglas. Comparing Financial Systems. Cambridge, MA: MIT Press, 1999.

[132] Henning C. Randall. Currencies and Politics in the United States, Germany and Japan. Washington DC: Institute for International Economics, 1994, 9.

[133] Marc Schaberg. Globalization and the Erosion of National Financial Systems. Cheltenham: Edward Elgar, 2000.

[134] E. Burmeister, A. R. Dobell. Mathematical Theories of Economic Growth. New York: Macmillan, 1993.

[135] Raymond W. Goldsmith. Financial Structure and Development. New Haven: Yale University Press, 1969. 9.

[136] Asli Demirgüc – Kunt, Ross Levine. Bank – Based and Market – Based Financial Systems: Cross – Country Comparisons. World Bank Working Paper, mimeo. 1999 (6): 1 – 40.

[137] Ross Levine. Bank – Based or Market – Based Financial Systems: Which Is Better? University of Minnesota, mimeo, 2000 (1): 1 – 42.

[138] Jay W. Forrester. Industrial Dynamics. Waltham, MA: Pegasus Communications, 1961.

[139] Jay W. Forrester. World Dynamics, Cambridge mass: Wright – Allen Press, 1971.

[140] Donella H. Meadows, Jorgen Randers, Dennis L. Meadows, William W. Behrens. The Limits to Growth. New York: Universe Books, 1974.

后 记

金融发展不仅体现为金融总量的增加，更表现为金融结构的变迁和优化。因此，在中国新的经济金融环境下，研究金融结构变迁的动态性，对于把握我国金融结构变迁的特征、内在规律、发展动向及其经济效应具有重要的指导意义，同时，这也可以为宏观管理当局的金融监管提供政策参考。2009 年全球金融危机的爆发，与结构失衡有着必然的联系，这使我们越来越认识到金融结构的重要性。本书的出版，希望对读者认识金融结构的内涵、变迁模式及其与金融发展和经济增长的关系有所帮助。

书中，作者参阅了大量的文献资料，在经济学、金融学、系统论和动力学等理论知识的基础上，阐释了金融结构的含义及表现形态。通过对世界主要金融模式的国际比较，以及对中国金融业发展的历史回顾和 1978 年以来金融结构数据的 FCM 聚类，对中国的金融结构进行了定量分析，总结了中国金融系统的结构特征和金融发展中的结构性问题。进而提出了金融结构变迁的 M（P）- S - E 框架，揭示了影响金融结构变迁的动因，详细探讨了市场机制和政策引导对金融结构变迁的经济学机理。针对金融系统的复杂性与金融结构动态演变的特性，构建了金融结构系统动力学（SD）模型，用以探索金融系统的内部结构、功能及其行为模式之间的联系。金融结构 SD 模型从结构—行为的角度，模拟分析了金融结构变迁即金融系统从旧结构向新结构的更迭过程中可能产生的行为模式，体现了金融结构变迁的动态性；又考察了不同政策方案对金融结构及其演变轨迹的影响。最后，提出了基于经济增长的金融结构调整建议。

本书是在整理总结我的博士学位论文的基础上完成的。在研究、构思和成文过程中，还有幸得到了许多老师的指导和帮助，在此谨向王立杰教授、丁日佳教授、安景文教授、李元生教授、刘海滨教授、宁云才教授、朱李平老师、李超英老师等各位师长表达深深的谢意。

关于金融结构的动态性问题，运用系统动力学原理和方法来研究还是一个开创性的探索。在本课题范畴内，有些问题还有待更深入的研究，一些相关的课题也有待发展。如对金融结构更深层次、更细致的剖析及对不同维度的关联性分析，系统动力学模型的优化和数据的完善，关于金融结构的合理性、平衡性与动态性均衡问题，金融结构对金融发展与经济增长的相关研究，等等。作者将在以后的学习和工作中继续关注这一充满挑战、又富有魅力的课题。

徐 静

2010 年 1 月

金融博士论丛

| 书 名 | 作 者 | 定价(元) |

第二辑

凯恩斯主义货币政策研究	陈银娥	16.00
跨国银行风险管理	宗 良	19.00
银行危机论	苏同华	24.50
关于货币本质及货币政策目标问题的讨论	王素珍	16.00

第三辑

金融工程与风险管理	周 立	17.00
金融契约、资本结构与公司治理	潘 敏	23.00
现代信用风险量化度量和管理研究	李志辉	18.50
金融深化理论发展及其微观基础研究	杨咸月	25.50

第四辑

现代合作金融制度研究	岳 志	28.00
住房抵押贷款证券化	宾 融	19.00
创业板证券市场研究	周民源	18.00
中国金融安全问题研究	陈松林	20.00
现代金融中介论	秦国楼	14.00
现代西方汇率决定理论研究	崔孟修	14.50

第五辑

| 国际收支结构研究 | 杨柳勇 | 18.00 |

股票市场功能演进与经济结构调整研究	王兰军	18.00
金融业混业经营的发展途径研究	张 艳	20.00
存款保险制度研究	何光辉	27.00
要约收购的理论与实证研究	王苏生	25.00
利益集团与制度变迁	罗金生	20.00
——渐进转轨中的中小商业银行		
中央银行独立性与货币政策	蔡志刚	32.00
国际资本流动	田宝良	32.00
——分析、比较与监管		
中国货币环境与货币运行分析	丁 欣	28.00

第六辑

商业银行信贷风险与行业分析	赵庆森	36.00
中国金融制度结构与制度创新	张 炜	22.00
货币政策传导机制论	曾宪久	30.00
非均衡信贷合约市场的微观基础	周 明	16.00
所有权配置与制度变迁的经济学分析	熊政平	25.00

第七辑

管理层收购	王苏生 彭小毛	26.00
——杠杆收购及其在公司重组中的应用		
投资与投机	宫玉松	32.00
——机构投资者投资行为研究		
银行并购问题研究	曹 军	28.00
中国资本市场配置效率研究	徐 涛	22.00
——一个制度经济学的分析		

第八辑

| 商业银行信贷风险度量研究 | 梁 琪 | 20.00 |
| 中国货币政策有效性问题研究 | 崔建军 | 18.00 |

人民币资本项目可兑换及国际化研究	赵庆明	25.00
金融功能的扩展与提升	禹钟华	20.00
——功能观视角下的金融发展		
出口信用论	王术君	18.00

第九辑

中国开放格局下金融竞争力研究	蔡红艳	24.00
金融摩擦条件下货币传导机制的微观基础研究	蒋 冠	30.00
中国的国际收支结构	邹 欣	26.00
全能银行与中国银行业未来	李 宽	23.00
汇率制度的选择	文 轩	22.00

第十辑

经济转型与开放条件下的货币需求函数:基于	易行健	22.00
中国的实证研究		
中国储蓄向投资转化的结构与效率	姚海明	20.00
开放条件下的货币政策规则研究	王晓天	22.00
个人信用评估研究	李曙光	20.00
中国养老保障体系变迁中的企业年金制度研究	郭 琳	29.00

第十一辑

资产价格波动与货币政策反应研究	徐慧贤	23.00
投资基金组织治理研究	周泉恭	25.00
中国产业投资基金综合绩效及发展战略研究	李素梅	20.00
经济增长、经济自由与不良贷款	李宏瑾	23.00
转型期金融制度区域化创新	李新彬	24.00
股票市场脆弱性与金融稳定	刘 钊	26.00

第十二辑

人民币国际化进程中的汇率变化研究	徐奇渊	刘力臻	27.00

金融业反洗钱监管有效性研究	边维刚	36.00
上市公司商标剥离决策研究	苏　静	18.00
中国货币政策目标研究	马君实	22.00
中国宏观经济波动背后的政府因素分析	董　进	25.00
商业银行操作风险管理新论	徐学锋	30.00

第十三辑

非对称信息与保险交易行为研究	许　莉	29.00
中国房地产信贷风险的度量与控制	张　雯	25.00
商业银行公司治理特殊性研究	洪　正	28.00
金融工程与商业银行资产负债管理研究	周鸿卫	18.00
商业银行信息披露的层次与边界	邱艾松	23.00
中国金融结构变迁的动态性研究	徐　静	28.00